Die Autorin

Susanne Hühn ließ einer Ausbildung zur Krankengymnastin eine weitere zur psychologischen Beraterin bei einer Heilpraktikerschule folgen. Anschließend widmete sie sich Rückführungen und spirituellen Heilmethoden, mit deren Hilfe sie ihren Patienten immer umfassendere Beratungen und Heilbehandlungen geben konnte.

Im Rahmen ihrer persönlichen Geschichte traf sie auf eine Selbsthilfegruppe, deren Genesungsprogramm auf den zwölf Schritten der Anonymen Alkoholiker basiert. Fasziniert von der Weisheit und Einfachheit dieser Schritte erkannte sie, daß diese alles zusammenfaßten, was sie in früheren Jahren gelernt hatte. Das war die Geburtsstunde der Idee, diese Schritte in einer kurzen, knappen, leicht verständlichen Anleitung zu beschreiben und zu erklären, wie man mit sich und seinem Leben umgehen kann. Denn auf die innere Stimme zu hören ist etwas, was jeder können sollte.

Das Buch

Dieses Buch führt Sie mit mehreren praktischen Übungen und Meditationen an das Thema »Channeling« heran und zeigt Ihnen, wie sie es auf ganz einfache Weise selber praktizieren können. So bekommen Sie einen eigenen Zugang zu höheren Anteilen Ihres eigenen Bewusstseins. Sie erlernen die Sprache des Lichtes, die hier die Sprache Gottes ist, der göttlichen Liebe und der Schöpfung, wie wir sie auf der Erde verstehen können.

Susanne Hühn

Channel werden für die Lichtsprache

Der Zugang zu kosmischen Informationen

ISBN 978-3-89767-275-8

Susanne Hühn:
Channel werden für die Lichtsprache
Copyright © 2007
Schirner Verlag, Darmstadt

Umschlag: Murat Karaçay
Redaktion & Satz: Kirsten Glück,
Sharmila Maas
Herstellung: Reyhani Druck & Verlag,
Darmstadt
Printed in Germany

www.schirner.com

3. Auflage 2008

Alle Rechte der Verbreitung, auch durch Funk, Fernsehen und sonstige Kommunikations-
mittel, fotomechanische oder vertonte Wiedergabe sowie des auszugsweisen Nachdrucks
vorbehalten.

Inhaltsverzeichnis

1. Botschaften deines Herzens 7
- Meditation über deinen Seelenplan 39

2. Die Werkzeuge 45
- Die »Hotline zu Gott« 46
- Vertraue deinen Wahrnehmungen 54
- Übung: »Just do it!« 57
- Übung: Schreiben und Sprechen 58

3. Der Verstand 69
- Meditation 72
- Erkenne die Stimme der Angst 75
- Meditation: Austausch der Mandelkerne 85

4. Was uns wirklich trägt 91
- Basisübung 101
- Meditation: Kristall des Vertrauens 106

5. Dein Chakra-System –
die Tore zu Himmel und Erde 111
- Meditation: Das Schöpferfeld der Erde 116
- Energie und Kommunikation 121
- Deine bewussten und unbewussten Absichten 129
- Stolperfalle spiritueller Hochmut und Kontrolle 135

6. Dein Emotionalkörper 147

- Die Brücke zwischen den zwei Chakras 150
- Heilung des Emotionalkörpers 156

Ballast im Energiefeld 161

Deine wahren Absichten....................................... 179

- Meditation über Luzifers wahre Gestalt 190

Loslassen 193

Die richtige Verantwortung übernehmen...................... 200

- Meditation: Engel des Mitgefühls 204

Der freie Wille.. 208

- Da habe ich dich getragen 212

7. Engel 217

8. Unser Körper 243

- Meditation:
  Informationen aus
  der geistigen Welt wahrnehmen............................ 257
- Heimkehr 260
- Meditation: Die Kraft des Wassers 265

9. Die inneren Kinder 271

- Meditation: Die Heimat des inneren Kindes............... 279

Nachwort 284

1.

Botschaften deines Herzens

*Wenn Gott gut ist, wie kann er dann
Böses zulassen?, fragen wir uns. Er muss.
Er ist durch und durch befreiend. Er kann
nicht kontrollieren.*

Stuart Wilde, Gotteskrieger

Wie dieses Buch Ihnen dienen soll

Dieses Buch schreibe ich, damit Sie Ihre Selbstbestimmung wiederfinden, Ihre ganz eigene Anbindung an die Schöpfung. Es soll dazu dienen, dass Sie von anderen Menschen, die Ihnen sagen (wollen), was für Sie richtig und falsch sei, unabhängig werden. Ich schreibe es, damit Sie lernen, sich wieder mehr auf sich selbst zu verlassen, und damit diese verrückte Angst, für Gott angeblich nicht gut genug zu sein oder sich falsch zu verhalten, endlich aufhört.

Wir alle sind Wesen Gottes, es gibt gar nichts anderes auf diesem oder auf irgendeinem anderen Planeten. Es ist ein natürlicher Zustand, die Schwingung der Schöpfung wahrzunehmen und so ein Leben im Einklang mit ihr zu führen. Denn diese Schwingung ist universell und erreicht jeden auf genau die Weise, die er versteht. Gerade deshalb überhört oder übersieht man sie leicht: Sie ist beinahe zu offensichtlich. Wie einfach diese schöpferische Schwingung tatsächlich wahrzunehmen ist und wie Sie lernen, dem, was Sie wahrnehmen, auch zu vertrauen, das zeige ich Ihnen in diesem Buch. Ich schildere es u.a. anhand meiner persönlichen Erlebnisse, die jedoch auch für andere Menschen gültig und anwendbar sind.

Im Prinzip geht es hier um die sehr ausführliche Beschreibung, wie Sie Ihre persönliche Verbindung zu Gott stärken, also einen »heißen«, funktionierenden Draht zu Gott entwickeln. Dabei wird Ihnen dieses Buch helfen.*

Was bei dieser Schilderung zu berücksichtigen ist: Die schöpferische Schwingung wird vorwiegend in heiligen und mystischen Räumen wahrgenommen, in denen »spirituelle Reporter« und »Kameras« (oder auch so etwas wie dieses Buch) unter keinen Umständen etwas zu suchen haben. Ich darf und kann Ihnen also nur das zeigen, was gezeigt werden darf, was gesehen werden will und was mir in diesem Moment zugänglich ist. Über das, was in diesen Räumen im Einzelnen geschieht, muss ich schweigen, weil dort Mysterien erlebbar sind, für die es bislang keine Worte gibt.

---

* Wenn Sie die 12 Schritte der Anonymen Alkoholiker kennen, werden Sie hier den elften Schritt wiedererkennen.

Einmal habe ich versucht, diese Orte wie eine Art spiritueller Reporter zu besuchen. Das funktioniert jedoch nicht, denn dann verschließen sie sich aus Selbstschutz. Seither nähere ich mich der schöpferischen Schwingung, die auch eine Sprache des Lichtes genannt werden könnte, und den Räumen, in denen sie erklingt, in Ehrfurcht, Achtsamkeit und Demut. Und so werde ich Sie nur in jene Bereiche führen, die meiner Sprache und meinem Geist derzeit zugänglich sind. Dennoch bin ich sicher, dass wir gemeinsam eine Menge Neues erfahren werden …

Ein Zugang zur schöpferischen Schwingung

Ich möchte Ihnen Ihren persönlichen Zugang zu dem zeigen, was wir die »schöpferische Schwingung« nennen. Das ist kein wissenschaftlicher Begriff, denn dieses Buch ist kein physikalisches Grundlagenwerk über die Energie des Universums und die Frequenzen von Licht, Klang und so weiter. Schöpferische Schwingung bedeutet hier die Sprache Gottes, der göttlichen Liebe und der Schöpfung, wie Sie sie auf der Erde aufnehmen und verstehen können. Es ist das, was echte Channels und Medien hören oder fühlen, wenn sie sich öffnen. Es ist das, was Sie in tiefer Meditation erleben. Diese Schwingung ist auch das, was sich als universelles Wissen zeigt, wenn Sie sich als Lichtarbeiter miteinander vernetzen. Diese lichtvolle Schwingung ist eine Art der Sprache, die im Herzen gefühlt und nicht nur mit dem Verstand wahrgenommen wird. Öffnen Sie sich deshalb auch bitte auf der Gefühlsebene für die Botschaften dieses Buches.

Die schöpferische Schwingung bringt im wahrsten Sinn des Wortes Licht in das Dunkel, wenn Sie sich einmal wieder in den Irrungen der irdischen Identität verfangen haben und glauben, es gäbe nur noch uns und unsere Angst. Die Schwingung weist Ihnen in jeder Sekunde den Weg zurück zur Liebe, zum Licht und zu dem, was Gott beabsichtigte, als er sein Universum und uns erschuf.

Alles, was ich – als Susanne – schreibe, überprüfe ich, indem ich mit anderen darüber rede, indem ich höre, wie sie es wahrnehmen, und indem ich selbst hineinspüre, ob es stimmig ist oder nicht – aber es ist keine absolute, universelle Wahrheit. Wenn ich Worte wie »Frequenzen« und »Energie« benutze, dann verstehen Sie sie bitte als Bilder, als Analogien, nicht unbedingt wörtlich. Ich denke, dass man alles, was wir durch die Sprache des Lichtes erfahren, eines Tages auch physikalisch wird nachweisen können. Dass man es noch nicht kann, heißt nur, dass man noch nicht die richtigen Werkzeuge dafür hat.

Mit diesem Buch möchte ich Ihnen beschreiben, wie ich und andere, die sich mit höheren Daseinsformen verbinden können, das tun. Ich möchte Ihnen schildern, was wir hören und wie Sie dieses Wissen und diese Erfahrungen für sich selbst nutzen können. Ich stelle Ihnen die Werkzeuge vor, mit denen Sie Zugang zu einer höheren Weisheit und einer liebevolleren Art, die Dinge zu sehen, bekommen können. Wenn das alles mit dem, was Sie selbst für möglich halten, was Sie selbst hören, spüren oder wissen, nicht übereinstimmt, dann vertrauen Sie bitte sich selbst. Es sei denn, Sie bemerken, dass Ihnen meine Informationen weiterhelfen.

Es geht mir darum, wie Sie und ich, die wir auch noch anderes zu tun haben, als uns ausschließlich mit Meditation und Bewusstseinsschulung zu beschäftigen, Zugang zum ureigenen Schöpferplan und zu klügeren, umsichtigeren und liebevolleren Anteilen unseres eigenen Wesens erhalten können. Ich will Ihnen zeigen, wie ich persönlich mit Engeln rede und mit anderen hohen geistigen Wesen wie Planeten, Sonnen und göttlichen Kräften kommuniziere. Außerdem erkläre ich Ihnen, woran Sie merken, ob Sie sich nur etwas einbilden oder ob Sie echte Antworten bekommen. Sie erfahren, wie Sie abfragen können, woher diese Antworten kommen und ob Sie ihnen vertrauen können. Und Sie lernen die Instanz kennen, die den Prüfstein für alles, was Sie lesen, hören, fühlen oder sehen, bilden sollte: Ihr eigenes untrügliches Gespür für Wahrheit.

Als ich den Auftrag erhielt, dieses Buch zu schreiben, meldete sich die Engelgruppe zu Wort, die mich 2003 bei Loslassen und vertrauen lernen geführt hatte. Ich habe immer Engel an meiner Seite, wenn ich schreibe, aber diese spezielle Engelgruppe hatte mich schon lange nicht mehr bei einem Projekt begleitet. Sie wirkte auf mich sehr verspielt und beinahe ein bisschen respektlos. Ich muss gestehen, die Größe des Themas flößte mir selbst so viel Ehrfurcht ein, dass ich mir fast nicht erlaubte, diesen Engeln die Tastatur zu überlassen. Gerade deshalb seien sie da, sagten sie, es sei nämlich weder zu groß noch zu schwer, sondern eine ganz und gar natürliche Angelegenheit.

Diese Engel sprechen alles und jeden mit »du« an, deshalb werde ich diese Anrede im weiteren Text verwenden. Ich hoffe, das ist Ihnen recht.

Ich spürte damals, dass sich meine Art, Bücher zu schreiben, veränderte. Ich öffnete mich nicht mehr, um »durch mich hindurch« schreiben zu lassen; es war eher so, als hätte ich mich so erweitert, dass ich die Ebenen, die ich früher gechannelt hatte, jetzt selbst bewohnte und erlebte. Es war also fast schwieriger, dieses Buch zu schreiben, weil das vertraute, etwas aufregende Gefühl, von einer höheren Energie durchströmt zu sein, nachließ. Es fühlte sich an, als schriebe ich es basierend auf meinem eigenen Erfahrungsschatz. Das war etwas, was ich nie hatte machen wollen, weil dieser Schatz, gleich wie groß er auch wäre, dennoch viel zu klein ist, um wirklich wichtig und interessant zu sein. Schließlich erkannte ich: Da sich meine eigene Energie immer weiter ausbreitet, sind meine Erfahrungen nicht mehr nur die normalen, eingeschränkten, allzu persönlichen, sondern sie sind universeller und werden auf andere übertragbar.

Ich weiß unterdessen, dass ich die Engelebene nicht nur betreten kann, sondern dass ein großer Teil meiner Energie dort zu Hause ist. Viele von uns spüren das und erlauben sich endlich, das zu glauben. Vielleicht geht es dir ähnlich. So kann ich von dieser Ebene aus schreiben und habe dennoch das Gefühl, ich bin diejenige, die schreibt, und nicht, dass jemand durch mich schreibt. Und letztlich geht es beim Channeling und bei der Verbindung mit höheren Bewusstseinsebenen ja auch genau darum: dich selbst, dein eigenes Bewusstsein zu erweitern, bis du irgendwann spürst, dass das alles du selbst bist, dass du eins bist mit allem im Universum, wirklich und wahrhaftig eins. Damit hast du dann Zugang zu allen Informationen und Energien, die es überhaupt gibt.

Bist du so weit, fühlt sich diese Anbindung leicht und natürlich an. Es ist kein Drama, nichts Weltbewegendes, es ist vollkommen selbstverständlich. Allmählich wird es so sehr Teil deiner selbst, dass du nicht mehr wahrnimmst, wie besonders deine Erfahrungen auf andere wirken und dass es viele Menschen gibt, die die Informationen, die du erhältst, brauchen. So hoffe ich, dass dich dieses Buch berührt, dich bereichert und dich verstehen lässt, was Gott eigentlich von dir will. Denn den Zugang zu schöpferischen Schwingungen zu finden ist dein Recht.

Lassen wir von nun an die Engel sprechen.

Geliebte Seele.

Wir* – die Engel – freuen uns sehr, dass du endlich nach der universellen Schwingung der Schöpfung suchst, nach dieser Sprache des göttlichen Lichtes. Diese Schwingung ist so einfach, leicht und natürlich, dass wir uns schon lange gefragt haben, wann du sie endlich für dich in Anspruch nehmen willst. Wir laden dich nun ein, dich auf die Suche zu machen, in deiner eigenen Wahrnehmung. Denn die schöpferische Schwingung ist nicht außerhalb deiner selbst, sondern in dir zu finden. Sie schwingt zwischen deinen Zellen, in den riesigen Räumen zwischen deinen Molekülen und Atomen; sie flüstert dir in jeder Sekunde das Geheimnis der Schöpfung und deinen ganz persönlichen Schöpfungsplan zu. Sie nutzt alle Werkzeuge, die du ihr zur Verfügung stellst: innere Bilder, Farben, Gefühle, körperliche Empfindungen, Worte und die scheinbar äußere Welt. Nimm bitte unsere Hilfe in Anspruch, denn wir sind die Übermittler dieser Schwingung. Wir sind nicht die Einzigen im Universum, die das können, aber wir sind mit

---

* Es gibt im Engelreich nicht diese ganz klare individuelle Identität, weil Engel sehr viel stärker miteinander vernetzt sind als wir hier auf der Erde, entsprechend gibt es kein »ich«. Engel reden niemals über sich selbst; sie kennen das Wort »ich« nicht wirklich. Ihre Aussagen lassen sich deshalb am besten in Wir-Form fassen.

deiner Frequenz, mit deiner irdischen Schwingung, sehr vertraut, und es ist unsere Aufgabe, unsere Berufung, dir diese schöpferische Schwingung zu vermitteln. Bitte lasse dir zeigen, wie du ganz einfach und leicht lernen kannst, sie zu verstehen, und zwar ganz und gar bewusst zu verstehen.

Jede deiner Zellen, deines Körpers, deiner Gefühle und sogar deines Verstandes kennt diese Sprache des Lichtes und spricht sie bereits. Es geht nur noch um einen kleinen, aber immens wichtigen Teil deiner selbst, nämlich darum, dass auch dein Bewusstsein diese Schwingung erkennt und verwendet. So wollen wir dir zeigen, dass du diese göttliche Schwingung eigentlich bereits kennst und wie du lernen kannst, sie bewusst und mit weiteren Werkzeugen zu nutzen, wie du lernen kannst, in und durch diese wundervolle Schwingung deinen Alltag zu bereichern.

Du kannst lernen, diese Sprache des Lichtes mit dem Herzen zu hören, mit deiner Intuition, vielleicht sogar mit deinen Ohren – wenn du bereit bist, dich tiefer auf dich selbst einzulassen, als du das bislang vielleicht je getan hast. Denn diese universelle Schwingung ist immer verfügbar, für alle und jeden; es ist die Schwingung der Schöpfung selbst, die Sprache Gottes – wenn du erlaubst, dass wir unseren Schöpfer so nennen. Wenn dir das Wort Gott nicht gefällt, weil es deinem Gefühl nach zu oft fälschlich gebraucht oder gar missbraucht wurde, dann nimm ein anderes. Aber bezeichne damit bitte jene Kraft, die all das, was du wahrnehmen kannst, und all das, was du noch lernen wirst, geschaffen hat.

Wir freuen uns sehr, dich auf diesem Weg begleiten zu dürfen. Es ist dein ureigener Weg zurück nach Hause, zurück in die Anbindung an das kosmische Wissen, das dir jederzeit frei zur Verfügung steht.

Was ist die schöpferische Schwingung, und wozu dient sie?

Die universelle schöpferische Schwingung ist die Sprache der Schöpfung. Sie offenbart den großen Plan, in dem alles auferlegt und vorherbestimmt ist, der alles enthält, was jemals war und jemals sein wird. Wir hören euren Aufschrei schon jetzt bis in unsere Reiche. »Was ist denn das für ein großer Plan, mein Leben bestimme doch immer noch ich selbst«, und so weiter.

Liebste Seele, ist das wirklich dein Wunsch? Willst du wirklich und wahrhaftig dein Leben selbst bestimmen, wenn du das Bewusstsein zugrunde legst, welches du im Moment besitzt? Kannst du dir ernsthaft vorstellen, nicht geführt und angeleitet zu werden, keine so genannten Zufälle zu erleben, keine innere Stimme zu haben, sondern alles gemäß deinem Willen zu gestalten, keine Impulse zu bekommen, keinen genetischen Code zu haben, nicht angebunden zu sein an ein größeres Ganzes? Das ist unvorstellbar, nicht wahr?

Nun sagst du vielleicht: »Klar, an ein größeres Ganzes will ich angeschlossen sein, an meine Familie, meine Firma, vielleicht sogar an die Erde.« Denn bedenke, wenn du einen uneingeschränkt wirksamen freien Willen hättest, dann gälten auch die irdischen Gesetze nicht länger für dich. Dann wärst du frei, alles neu zu gestalten, aber du hättest nicht die leiseste Ahnung, was du erschaffen wolltest, weil du keine unterstützenden Informationen von außen bekommen würdest. Auch deine DNS ist für deinen freien Willen pure Fremdbestimmung, denn sie zwingt – um es drastisch auszudrücken – deinen Körper in seine Form. Wenn dein Wille wirklich frei wäre und alles darauf reagieren würde (denn das gehört ja zur Freiheit dazu: Was wäre das für eine Freiheit, in der du zwar wollen könntest, wonach dir der Sinn steht, es aber keine Auswirkungen auf die Schöpfung hätte?), bräuchtest du nie wieder eine Diät, Geld, Haarfärbemittel oder einen Regenschirm.

Du erkennst bereits: So frei ist dein Wille nicht. Es scheint irgendeine Art von Gesetz zu geben, dem du unterliegst. Deine Zellen wissen das, denn sie reagieren darauf – sie folgen der Schwerkraft, sie folgen den Informationen der DNS, sie reagieren auf Hormone und auf äußere Einflüsse. Auch deine Gefühle geben dir entsprechende Signale – du hast manchmal ein ungutes Gefühl im Bauch, oder du spürst, etwas ist gut oder nicht so gut für dich. Oder du ahnst manchmal, was der andere gerade sagen wollte; vielleicht hast du gar schon Dinge geträumt, die dann tatsächlich eintrafen, oder du kennst das irritierende und aufregende Gefühl eines Déjà-vu.

Irgendetwas muss da also wohl sein, irgendwelche Informationen scheinen da draußen herumzuflattern, die manchmal für dich zugänglich sind und manchmal nicht. Und etwas in dir reagiert darauf oder wartet manchmal sogar darauf. Es ist, als gäbe es einen Teil in dir, der großen Wert darauf legt, in einen großen Plan eingebunden zu sein, der geradezu danach fragt und alles tut, um diesen Plan zu erfühlen und ihm zu folgen. Während dein Bewusstsein noch einige Pläne macht, scheint es dein Kör-per manchmal besser zu wissen: Er wird krank, oder du erleidest vielleicht gar einen Unfall. Manchmal scheint dich das Leben oder das Schicksal nachgerade zu behindern – kennst du das?

In einer solchen Situation hilft dir vielleicht eine Familienaufstellung, um zu erkennen, welche Großtante dir im Weg steht. (Familienaufstel-lungen sind ein wundervolles, äußerst hilfreiches Werkzeug, und wir sind immer dabei, wenn ihr euch damit beschäftigt. Bitte verzeih, dass wir uns erlauben, das ein bisschen durch den Kakao zu ziehen.) Nun, dann ist die Großtante endlich da, wo ihr sie hingeschickt habt, im Licht oder da, wo der Pfeffer wächst (also in Madagaskar … entschuldige, wir sind albern, das ist unsere Energie …), aber das, was du dir gewünscht hast, funktio-niert dennoch nicht.

Es ist wichtig, dass ihr selbst frei werdet von energetischen Verstri-ckungen, dazu gehören ganz besonders alte Verwünschungen und Flüche. Aber manchmal geht es auch um etwas ganz anderes. Manchmal erlaubt dir deine Seele einfach nicht, deinen vielleicht allzu eigenwilligen Plan durchzuführen. Und warum nicht? Weil ihr einen wahrhaft freien Willen habt, etwas viel Besseres als das bisschen Eigenwillen, das ihr in eurem Solarplexus antrefft. Der wahre freie Wille ist angekoppelt an den Plan der Schöpfung selbst und untrennbar mit ihm verknüpft.

»Moment mal, das geht mir viel zu schnell!«, denkst du vielleicht, und das stimmt.

Kannst du dich auf die Idee einlassen, dass du vielleicht nicht nur auf der Erde existierst, sondern gleichzeitig auch in anderen Dimensionen zu Hause und für andere spürbar bist, also in Beziehung zu ihnen stehst? Das ist schwierig für dich? Auch das ist verständlich.

Dürfen wir dich etwas fragen? Wozu willst du überhaupt etwas über die schöpferische Schwingung wissen? Was soll sie dir offenbaren? Dürfen wir davon ausgehen, dass du, der oder die das liest und sich für dieses Thema interessiert, durchaus weißt oder zumindest hoffst, dass du an etwas Größeres angebunden bist? Dürfen wir wagen, zu glauben, dass du diese Sprache des Lichtes tatsächlich verstehen willst, weil du deinen eigenen Plan bekommen möchtest? Bist du wirklich so weit, dass du uns fragst, was die Schöpfung für dich vorgesehen hat, dass du dich direkt anschließen willst an die »Hotline zu Gott«? Dürfen wir dir zeigen, wie alles zusammenhängt, müssen wir dich nicht mehr für uns gewinnen? Stehen deine Türen offen? Dürfen wir frei sprechen, sind wir ›unter uns‹?

Du kannst es vielleicht nicht spüren, aber bei uns macht sich ein Jubel breit, der alle Vorstellungen sprengt. Geliebtes Seelenwesen, da du dich für unsere Botschaft geöffnet hast, können wir dir im Folgenden einige Informationen vermitteln, ohne deinen Zweifel zuvor mühsam ausräumen zu müssen. Lieber Zweifel, wir danken dir, du bist ein wertvolles Werkzeug, aber mehr auch nicht, bitte bleib zu Hause, du bist im Moment nicht hilfreich. (Spüre bitte in dich hinein, ob das, was wir sagen, in dir eine angenehme oder sogar freudige Resonanz erzeugt. Wenn nicht, dann stimmt es für dich vielleicht nicht oder noch nicht. Das ist aber ein ganz anderes Gefühl als nagender Zweifel.)

Nun dann: Auf zu neuen Ufern!

Die Schwingung deines Erdenlebens

Du gehörst zu einer großen Seelengruppe, die eine bestimmte Schwingung hat. Wenn du weißt, dass alles im Universum Energie ist, dann ist dir klar, dass alles eine bestimmte Frequenz, eine bestimmte Wellenlänge hat. Diese Frequenz bestimmt letztlich die Eigenschaften dessen, was da schwingt.

Was das ist, was da schwingt, wie es genannt wird, woher es kommt und wer es geschaffen hat – das sind Fragen für Wesen höherer Dimensionen. Die Forscher unter euch werden sicher aufstöhnen, aber in anderen Dimensionen habt ihr andere Sinneswerkzeuge zur Verfügung. Mit dem menschlichen Körper und dem menschlichen Gehirn in seiner jetzigen Frequenz könntet ihr die Antworten auf diese Fragen gar nicht erfassen, es fehlt das Instrument, das mit ihnen, die auch wieder nur Frequenzen sind, in Wechselwirkung treten kann. Es ist in dir angelegt, aber noch nicht entwickelt. Außer bei einigen wenigen, aber die beherrschen den Wechsel der Dimensionen und sind somit keine Menschen mehr, sondern Besucher.

Du mögest dich bitte zunächst mit den irdischen Fragen herumschlagen, sagt gerade eine höhere Instanz, sonst könntest du abdriften und deine für dieses Leben gewählte Aufgaben nicht erfüllen. Alles Weitere folgt, sei dir sicher. Jeder wird am Ende des Weges alles wissen, erreicht haben und verstehen, was sein Herz nur begehrt, aber eben dann. Bis dahin ist es noch ein Stück, also löse bitte zunächst die Aufgaben, die direkt vor dir liegen. Die Fragen der irdischen Ebene beziehen sich darauf, wie du dich mit dieser Energie austauschen kannst, was sie für dich bedeutet und wie du sie nutzen kannst.

Du bist also eingebunden in eine große Gruppe von Seelen, von denen einige auf der Erde inkarniert sind, andere nicht. Einige haben Inkarnationen auf anderen Planeten gewählt. Manche haben Körper, die jedoch in anderen Frequenzen schwingen – in Tönen etwa oder in für dich nicht sichtbarem Licht – oder existieren aber auch in ganz anderen, für dich im Moment nicht erfassbaren Seinszuständen. Deine Seelengruppe hat mit ihrer Frequenz verbundene, bestimmte Aufgaben. Das heißt, ihre Grundschwingung bedingt bestimmte Eigenschaften und Möglichkeiten, mit anderen Energien in Resonanz zu gehen oder nicht. Einige Energieformen kannst du gar nicht wahrnehmen.

Wir zum Beispiel schwingen in einer Frequenz, die du als Engel wahrnimmst. Da gibt es viele Untergruppierungen, Spezialisten, verfeinerte und individualisierte Energieformen, aber wir alle teilen die gleiche Grundfrequenz. Stell dir das vor wie einen Ton, etwa ein hohes C. Wenn Engel als Geburtsfrequenz das hohe C hätten, dann wäre eine Individualisierung zum Beispiel das Instrument, auf dem es gespielt wird. Die Lautstärke, das Vibrato, die Länge des Tons, die Tonfolge – ist es ein langer, klagender Ton, sind es kurze Tonstöße, ein vibrierender, juchzender Laut? Sanft, fordernd, durchdringend, schmeichelnd? Erzengel Michael kann manchmal wie ein Fanfarenstoß wirken, während Gabriela* sanft wie ein Harfenton schwebt und wie Balsam wirkt. Mit bestimmten Frequenzen können wir nicht in Wechselwirkung treten, wir haben zum Beispiel keine Resonanz für Angst. Wir sehen dich in Angst, und wir sehen ihre Auswirkungen auf dich, aber wir können es nicht selbst fühlen – das macht unsere Aufgaben als Engel erst möglich. Es wäre für uns nicht sinnvoll, diese Frequenzen wahrnehmen zu können, sonst würden wir uns selbst zu sehr in das Schauspiel »Leben auf der Erde« verstricken und könnten euch nicht als Botschafter dienen. Hätten wir also die Möglichkeit, zum Beispiel Angst wahrzunehmen, wären wir nicht, was wir sind.

Du schwingst also mit einer ganzen Gruppe in einer bestimmten Frequenz. Allein das schränkt deinen eigenen Willen gewaltig ein – außer, du fasst ihn weitaus größer, als du das bisher vielleicht getan hast. Was wäre, wenn dein ursprünglich freier Wille bereits auf einer viel höheren Ebene seine Entscheidungen getroffen hätte? Was wäre, wenn du bereits auf der Lichtebene entschieden hättest, dass du im Spiel, im Tanz der Frequenzen mitmachen willst? Was wäre, wenn du schon längst die Freiheit deines Willens genutzt hättest und der Mensch, der du bist, und das Leben, das du auf der Erde führst, ein Resultat dieses freien Willens wären? Was wäre, wenn dein

---

* Gabriela: Erzengel Gabriel ist der Einzige, der eine ausdrücklich weibliche Energie hält. In einer Meditation hat sie mich gebeten, sie Gabriela zu nennen, weil das ihre Energie stärkt und besser ausdrückt. Ich meine mit Gabriela also Erzengel Gabriel. Wenn dir das nicht gefällt, dann streiche bitte einfach das ›a‹ durch, dies ist schließlich dein Buch.

eigener Wille auf der Erde nur deshalb nicht wunschgemäß funktioniert, weil du auf einer ganz anderen, viel grundsätzlicheren Ebene bereits deine Entscheidung getroffen hast? Das ist, als würde Luft, die sich entschieden hat, in der Frequenz des hohen C zu schwingen, auf halber Strecke kehrtmachen und plötzlich ein Gis sein wollen. Nun, die Luft ist bereits angeregt, sie hat das Instrument bereits verlassen ...

Ohne eine neue Anregung passiert nichts mehr, die Frequenz steht, sie ist nicht mehr aus sich selbst heraus zu ändern. Du als Mensch schwingst genau wie dieser Ton, der das Instrument verlassen hat. Deine Seelenenergie aber ist die Luft! Du kannst also entscheiden, durch welches Instrument du in der Welt gespielt werden möchtest, du kannst entscheiden, welcher Ton du sein willst und in welcher Tonfolge du auftreten möchtest. All dies geschieht auf der Kausalebene deines Aurasystems, auf der Ebene, auf der du deine Inkarnationen planst. Hier auf der Erde führst du die Schwingung lediglich aus – es sei denn, du lernst, Zugang zu den höheren Ebenen deines eigenen Seins zu bekommen, wie es dir dieses Buch vermitteln möchte. Auf der Kausalebene kannst du in Übereinstimmung mit der göttlichen Ordnung und deinen höheren Aufgaben neu entscheiden, welchen Ton – also welche Schwingung – du gern annehmen würdest.

Um etwas in deinem Leben zu ändern, ist es also wichtig, die Ebenen zu verstehen, denn nur wenn du auf der richtigen Ebene ansetzt, ändert sich etwas. Das, was herkömmlich als freier Wille bezeichnet wird, bezieht sich auf den Ton selbst; aber das trifft die Sache nicht. Du kannst nicht alles erreichen, nur weil du es willst, außer, du wechselst das Instrument (oder du hast es auf einer höheren Ebene sowieso bereits entschieden)! Alles, was du wirklich willst, was dir wirklich wichtig ist in deinem Leben, dein tiefstes Sehnen und deine wahren Träume, sind in deiner Frequenz mit angelegt. Du darfst und du solltest dich sogar intensiv darum kümmern, alles zu verwirklichen, was dein Herz begehrt. Dein Herz, hörst du? Nicht dein Ego, deine Angst oder dein Verstand sollten dich leiten, sondern dein Herz. Alles, woran dein Herz wirklich hängt, ist für dich möglich, denn diese tiefen, echten Wünsche sind dein Wegweiser, dein Leitstern. Sie sind in dir angelegt, damit du dich auf den Weg machst, damit du dich von der Couch erhebst und deine persönliche Pilgerfahrt zu inneren geweihten Stätten antrittst. Alles, was dir auf diesem Weg begegnet, will angeschaut und erlöst werden, mit Liebe durchflutet und losgelassen, auch und gerade die Ängste, die dich daran hindern wollen, frei und selbstbestimmt dafür zu sorgen, dass du das lebst, was du leben und verwirklichen willst.

Wenn du dich also auf den Gedanken einlässt, dass du diesen freien Willen bereits angewendet hast, als du dich entschieden hast, auf die Erde zu gehen, dann ist doch sicher auch dein Weg auf der Erde festgelegt, oder? Auch wir Engel gehören dazu; wir dienen im Moment der Erde und dir und sind Teil des Erfahrungssystems »Erde«. Wir haben entschieden, genau die Frequenzen anzunehmen, die uns das ermöglichen. Dein Weg auf der Erde ist also insofern vorbestimmt, als du – wie du anhand deines Geburtshoroskops leicht erkennen kannst – Meilensteine auf deinem Weg findest, die dich mit wichtigen Themen und Möglichkeiten in Kontakt bringen. Sie sind dein Geschenk an dich selbst; du hast damit dafür gesorgt, dass du im passenden Augenblick die Hinweise bekommst, die dich in die richtige Richtung lenken – selbst wenn sie in der Situation dann häufig eher wie ein Hindernis auf dich wirken.

Je mehr du dich mit deinem Seelenplan beschäftigst, desto rascher wirst du scheinbare Hindernisse als Chancen und Hinweise erkennen, und desto eher wirst du Möglichkeiten, die sie dir bieten, wahrnehmen und sie, ohne zu hadern oder zu zweifeln, annehmen. Auf welche Weise du sie umsetzt und wie lange das dauert, liegt natürlich bei dir selbst. Aber selbst wenn du deine Schwierigkeiten scheinbar nicht lösen kannst, sie nicht in den Griff bekommst, folgst du dem Plan deiner Seele. Sie will nämlich nur, dass du dich mit einem bestimmten Thema auseinandersetzt, nicht, dass du eine Prüfung bestehst. Gelegenheit zu einer solchen bekommst du nur, wenn du bewusst bereit bist, ein Thema abzuschließen und es ein für alle Mal hinter dir zu lassen. Dann gibt es eine Art Reifeprüfung, in der du noch einmal mit der Konstellation, in der du auf eine bestimmte, nun überholte Weise reagierst, konfrontiert wirst. Erkennst du die Situation als Herausforderung an, eben nicht in die alte Falle zu tappen, dann verändert sich die Schwingung deiner Aura, und du ziehst diese Art von Ereignissen nicht mehr so leicht an.

Hat sich die gesamte Schwingung deiner Aura erhöht, kann es allerdings sehr gut möglich sein, dass du wieder die alten Kamellen serviert bekommst. Dann glaubst du vielleicht, du hättest nichts, aber auch gar nichts gelernt – doch das stimmt nicht. Du wirst einfach mit diesem speziellen Thema ein weiteres Mal konfrontiert, allerdings in einer höheren Schwingung, auf einer feineren Ebene, viel subtiler. Du wirst feststellen, du reagierst sehr viel empfindsamer und erkennst schon schneller, welche alten Programme da abzulaufen drohen.

Du entwickelst dich entlang einer Spirale. Auf jeder Ebene begegnen dir zumindest eine Zeit lang die gleichen Themen, aber eben immer subtiler, und du erkennst sie viel schneller. Du fühlst dich vielleicht jedes Mal genauso gefangen und unglücklich wie zu Anfang, aber wenn du genau hinschaust, bemerkst du, dass der Auslöser bereits sehr viel kleiner ist, dass du dich längst nicht mehr so tief zu verstricken brauchst, um die Situation zu durchschauen, dass du viel schneller »nein« sagst und dich aus dem alten Muster befreist.

So, nun haben wir also eine sehr hohe Entscheidungsebene erreicht, nämlich die Seelenebene. In den Auraschichten ist sie als Kausalebene bekannt. Hier herrschen vollkommen andere Gesetze als die auf der sichtbaren Erde; es gibt völlig andere Schwingungen und Erfahrungsmöglichkeiten. Bislang haben wir von Frequenzen und Energie geredet; nun sprechen wir über das Bewusstsein. Bewusstsein bedeutet bewusstes Sein.

Was aber ist »Sein«? Wenn du einmal meditiert hast, in einer Yogaübung versunken bist oder dein gesamtes Fühlen und Wollen mit einem wundervollen Sonnenuntergang verschmolzen ist, dann weißt du, was »sein« bedeutet. Hast du je am Meer gestanden und das Gefühl gehabt, du löst dich auf, du bist das Meer, du wirst eins mit ihm, so weißt du es. Auch wenn du dich selbst in der Liebe zu deinem Kind oder deinem Partner völlig vergessen hast, wenn du nur noch aus Liebe bestandest, ohne deine Persönlichkeit länger wahrzunehmen, dann weißt du es.

Sein bedeutet, vollkommen eins mit dir selbst zu sein, jede innere Trennung, die sich als Gedanke oder Gefühl zeigen könnte, verschwindet. Sein bedeutet, vollkommen in Harmonie und in Stille zu ruhen, als stündest du im Auge eine Hurrikans. Du willst nichts, du spürst nichts, du denkst nichts, du hast keine Ziele, keine Impulse.

Es ist als Mensch nahezu unmöglich, diesen Zustand länger als ein paar Minuten lang zu erleben; all die menschlichen Werkzeuge wie Wille, Körper, Verstand, Unterscheidungsvermögen, Bedürfnisse etc. stehen dem entgegen. Denn sie dienen ja gerade dazu, die Energien zu erfahren. Und das geht nur, wenn du denkst, fühlst, willst, hoffst und bangst. Du kannst sie für eine kurze Zeit ausblenden, aber dann melden sie sich wieder, weil das ihre Natur ist (und sein darf). Du brauchst deine Werkzeuge nicht zu überwinden, um die Sprache des Lichtes zu verstehen; im Gegenteil, du darfst lernen, sie anzuwenden.

Wir sind auf der Entscheidungsebene, der Kausalebene angelangt. Wer oder was aber entscheidet, dass du überhaupt z.B. als Luft existierst? Könnte es nicht auch Feuer, Wasser, Erde, Metall oder etwas ganz anderes sein, um im Bild zu bleiben? Müsste es nicht mindestens noch eine Ebene darüber geben, eine Ebene, in der du dich in keiner Weise von allen anderen unterscheidest, in der es dieses »alle anderen« vielleicht gar nicht gibt? Eine Ebene, auf der dein Anfang liegt, eine Ebene, die alle Möglichkeiten offenlässt, dir vollkommene Freiheit gibt, zu werden, was du werden willst – wenn du das überhaupt willst. Es gibt diese Ebene, die noch völlig ungeformt und unstrukturiert ist, und wir bezeichnen sie als Lichtebene.

Sie liegt im vollkommenen, ungeteilten Sein; es ist die Schöpfung im Ruhezustand. Kannst du dir vorstellen, dass in diesem Ruhezustand Bewusstsein ist? Und dass es, wenn du dich entscheidest, diese absolute Ruhe zu verlassen, Gesetze geben muss, nach denen du dich entwickelst, weil sonst gar keine Entwicklung möglich wäre? Gäbe es kein einziges Gesetz, nichts, was wirksam würde, nach welchen Kriterien willst du dich dann entwickeln? Wenn du dich entscheiden würdest, eine Seele zu bilden, dann müsste es irgendwelche Vorgaben geben, wie eine Seele ist, oder? Wenn du weißt, alles ist Energie, alles ist Schwingung, dann bestimmen die Gesetze, welche Frequenz auf welche Weise wirkt und was sie enthält. Sie sind göttlicher Natur und gelten für alles, was im Universum existiert, egal in welchen Frequenzen die ungeteilte Lichtkraft sich zu verwirklichen entscheidet.

Jede Bewusstseinsebene, jede Dimension durchdringt die anderen. Egal, in welcher Dimension du gerade zu Hause bist: Sobald sich dein Bewusstsein öffnet, gelten immer die Gesetze der Frequenz, in welcher dein Bewusstsein schwingt. Du kannst also einen den irdischen Gesetzen unterliegenden materiellen Körper haben und zugleich die Gesetze anderer Dimensionen erfahren, je nachdem, wo sich dein Bewusstsein gerade stabil und dauerhaft aufhält. Das ist gemeint, wenn man sagt: »Der Körper unterliegt dem Geist.« Das ist auch vollkommen logisch, denn der materielle Körper formt sich nach den Gesetzen deiner feinstofflichen Energiekörper aus. Materie folgt immer dem Geist, weil die Gesetze der höheren Ebenen denen der darunterliegenden übergeordnet sind. Die Materie wird belebt und durchdrungen von den feinstofflichen Gesetzen, die sich in den Energiekörpern und Geistwesen zeigen, die sie beseelen, und von ihrer eigenen Wechselwirkung mit der Sprache des Lichtes.

Materie hat aber natürlich durchaus eigene Gesetze, es sind jene, die eure Naturwissenschaftler so eifrig erforschen. Das Bewusstsein, das Materie zu haben scheint, ist das Bewusstsein der sie beseelenden Geistwesen. Diese reagieren auf das Bewusstsein des Beobachtenden und Forschenden. Die das Wasser beseelenden Geistwesen ordnen die Moleküle des Wassers z.B. in immer neuen Mustern und wunderschönen Kristallformen an, wenn sie dazu angeregt werden, etwa durch eine bestimmte Musik oder das Bewusstsein eines sich auf die Liebe einschwingenden Meditierenden. Sie haben übrigens sehr viel Spaß dabei, lassen sie euch wissen. Wenn ihr das wollt, dann lernt, mit ihnen zusammenzuarbeiten, programmiert euer Wasser auf Liebe. Die Geistwesen des Wassers tun nichts lieber, als diese speziellen Kristallformen der Liebe zu bilden, sagen sie.

Das Gesetz der Liebe

Als stärkstes, alles durchströmendes Gesetz gilt zuallererst das Gesetz der Liebe. Liebe ist die höchste Frequenz im Universum und zwar die der göttlichen Kraft selbst. Alle anderen folgen aus ihr und dienen letztlich nur ihr. Schwingst du dich energetisch in die Frequenz der Liebe ein, dann bist du angebunden an die Frequenz, die alles andere in sich einschließt, dann können wahrhaftig Wunder geschehen, wenn du Wunder als etwas definierst, was aufgrund der den Menschen bereits bekannten irdischen physikalischen Gesetze eigentlich unmöglich zu sein scheint.

Wunder sind angewandte, verwirklichte göttliche Gesetze, welche die physikalischen oder psychologischen Gesetze der Ebene, auf der sie wirken, scheinbar außer Kraft setzen. Die göttlichen Gesetze, die für jede Frequenz, also auch für jeden Seinszustand, gelten, müssen nicht überwacht und eingehalten werden, sondern sie wirken einfach aus sich selbst heraus, wie natürliche Gesetze das eben tun. Sie verwirklichen sich selbst. Nur die Befolgung künstlicher Gesetze muss überwacht werden; den göttlichen folgt alles ganz natürlich, weil sie die Rahmenbedingungen für die gesamte Schöpfung darstellen. Sie sind ganz selbstverständlich wirksam, werden von den Zellen deines Körpers genauso empfangen wie von der Sonne, entfernten Galaxien und dem Engelreich. Jeder sogenannte Außerirdische unterliegt ihnen, jedes Geschöpf des Universums, und auch das Universum selbst folgt diesen Gesetzen.

Selbst wenn du bewusst versuchst, die göttlichen Gesetze zu umgehen, wirken sie. (Einige davon sind bereits erforscht, zum Beispiel dass jede Energie, die du aussendest, unweigerlich zur Folge hat, dass du in Resonanz mit ihr gehst und entsprechende Ereignisse im Außen anziehst.) Dann bekommst du die Folgen des Gesetzes in ebenjener Frequenz zu spüren, die deiner Verweigerung entspricht. Diese Gesetze bilden das Fundament der Schöpfung; sie gelten, egal, für wie frei du deinen Willen hältst. Du kannst natürlich machen, was du willst, wenn du deinen freien Willen so definierst, aber die Gesetze offenbaren dir die Konsequenzen – unparteiisch, übergeordnet, unabhängig.

Weil diese Gesetze für alles und für jeden gelten (immer entsprechend der Dimension, in der sich ein Bewusstsein bewegt), hat jede Struktur, jedes Lebewesen, jede Ebene des Seins uneingeschränkten Zugang zu ihnen. Sie wirken, und das bedeutet, sie treten mit allem, was ist, in Wechselwirkung, auch mit dir. Sie nutzen die Sprache des Lichtes, die jedes Geschöpf im Universum, ob belebt oder scheinbar unbelebt, auf seine Weise versteht. Du vernimmst sie vielleicht nicht bewusst, aber dein ganzes Leben und alle Leben, die du eventuell zuvor gelebt hast oder gar zugleich erlebst – gleich auf welchen Planeten, in welcher Sonne, in welcher Dimension und in welcher Form –, unterlagen und unterliegen diesen Gesetzen. Es spielt keine Rolle, ob du daran glaubst oder nicht; es spielt auch keine Rolle, ob du sie kennst oder nicht. Dein ganzes System ist daran angebunden. Durch die DNS kommuniziert die göttliche Frequenz auch mit dir.

Uff! Wir müssen uns mal schütteln. Dieses ganze Gerede von Gesetzen und davon, wer wem unterliegt, das hört sich ja an wie in einem irdischen Gerichtssaal! Dürfen wir es dir nun noch einmal in Engelworten erklären, nachdem wir uns sehr bemüht haben, es – leider nur unzureichend – in Erdenworten auszudrücken?

Die göttliche Frequenz ist die am höchsten schwingende Energie, die überhaupt existiert, und sie ist reine Liebe. Manchem erscheint sie als reines, pures Licht. Andere nehmen es anders wahr, je nachdem, was sie für Sinneswahrnehmungen haben: als Klang zum Beispiel oder als etwas, was ihr euch nicht vorstellen könnt, weil es völlig außerhalb eurer Sinneswahrnehmungen und Zellerinnerungen liegt. Auch für uns, die wir nahe den irdischen Ebenen wirken, sind einige Wahrnehmungsweisen so fremd, dass wir zwar davon wissen, sie aber nicht nachvollziehen können. Diese Liebe will sich in allem, was existiert, ausdrücken und in ihrer allerhöchsten Form verwirklicht sehen.

Gottes Gesetze sind nichts als die Gesetze der Liebe, und das wichtigste

Gebot ist: Da die Liebe die höchste Frequenz ist, schwingen sich alle auf sie ein, denn hohe Frequenzen überlagern niedrige (auch ein Gesetz … klug ausgedacht, nicht wahr?). Du brauchst dich also nur auf die Liebe einzuschwingen, dann wirkt sie – es geht gar nicht anders. Die Sprache des Lichtes will dir in jedem Moment die Sprache der Liebe nahebringen, so einfach ist das. Es gibt auch ein paar andere Dinge, die du durch sie erfährst, deinen Seelenplan zum Beispiel und ähnliche Nebensächlichkeiten (wir wissen, dass du jetzt aufhorchst; du bekommst den Zugang dazu in den nächsten Kapiteln). Denn letztlich dient auch dein wundervoller Seelenplan nur dazu, immer mehr von dieser einzigartigen, göttlichen Frequenz ungefiltert wirksam werden zu lassen.

Das ganze Universum ist wie ein Orchester, in dem alle Musiker in einem perfekten Rhythmus ideal zusammenspielen. Aber das Stück, das es spielt, will immer höher schwingen, immer mehr von der reinen, unermesslichen Liebe ausdrücken. Gott will sich selbst offenbaren, in allem, was ist und lebt und Bewusstsein hat, in allem, was überhaupt existiert. Alles, was lebt, alles, was ist, bewegt sich von niedrig schwingenden Frequenzen hin zu höheren. Die Sprache der Liebe wird so immer deutlicher und immer offensichtlicher. Nur darum geht es: Die göttliche Kraft, die Liebe selbst, offenbart sich im Universum Stück für Stück, nach und nach.

Das ist letztlich das einzige Gesetz. Alle anderen folgen daraus, weil jede Dimension und Bewusstseinsebene bestimmte Vorgaben braucht, damit sich dieser Plan erfüllt, zum Beispiel auch die Vorgabe, dass hohe Schwingungen niedrigere überlagern und deshalb auch Liebe immer stärker als Angst oder Hass ist!

Die Sprache des Lichtes ist so einfach oder so kompliziert, wie du sie haben willst. Das hängt – um bei unserem früher gewählten Bild zu bleiben – von dem Instrument ab, mit dem du sie wahrnimmst. Am leichtesten verstehst du sie mit dem Herzen, aber das heißt nicht, dass du sie nur da hören kannst oder hören solltest. Je offener du für die Sprache des Lichtes bist und je größer deine Bereitschaft ist, ihr zuzuhören und dich auch bewusst danach zu richten, desto leichter und natürlicher wird sich der Zugang zu ihr anfühlen. Sei dir gewiss, dass es natürlich ist, dass du sie hörst, denn sie richtet sich an dich wie an jeden anderen in diesem Universum. Du brauchst dir diesen Zugang weder zu verdienen noch zu erarbeiten, du brauchst wahrscheinlich nur etwas beiseitezulassen, und das sind deine Zweifel und die Sorge, zu wenig Kraft zu haben.

Das Schwierige am Erdenleben ist, dass ihr zwar mit den Lichtfrequenzen verbunden seid, natürlich, aber dass euer Bewusstsein, wenn es im materiellen Kraftfeld der Erde angelangt ist, zumeist sehr niedrig schwingt. Ihr habt also die Werkzeuge, um die Botschaften des Lichtes und der Liebe zu hören, aber euer Bewusstsein kann sie nicht erfassen und umsetzen und glaubt sie folglich nicht.

Wenn du dich entscheidest, als Mensch auf die Erde zu kommen, bekommst du außer dem materiellen Körper auch einen Emotional- und einen Mentalkörper. Das sind feinstoffliche Körper, die es dir ermöglichen, Energie als Gefühl oder als Gedanke wahrzunehmen. Es sind Werkzeuge, die sowohl der Sprache des Lichtes als auch der Angst dienen können. Du hast Einfluss auf diese Werkzeuge, und so liegt es bei dir, ob du zum Beispiel ein Gefühl zulässt und es so durch deinen Emotionalkörper hindurchziehen kann oder ob du es von dir weist, es unterdrückst und es damit in deinem Emotionalkörper »einfrierst«.

Du brauchst diese feinstofflichen Körper, um Energie in all ihren Daseinsformen erleben und unterscheiden zu können, denn dazu dient dieses ganze Experiment »Leben in der dritten Dimension«, also in einem festen Körper und der scheinbaren Trennung von Gott.

Doch die Körper werden zur Falle, wenn du dich allzu sehr von den niedrig schwingenden Energien beeindrucken lässt und die Rangfolge der Gesetze vergisst.

So sagen wir es dir nun noch einmal ausdrücklich, einfach, weil es so viele von euch vergessen haben: Es gibt kein stärkeres Gesetz im Universum als das Gesetz der Liebe. Wann immer du Liebe in eine Angelegenheit hineinfließen lässt, muss sie über kurz oder lang beginnen, der Liebe zu folgen. Nun gibt es in der Physik nicht nur Frequenzen, sondern auch Amplituden. Sie zeigen nicht die Länge der Welle, sondern ihren Ausschlag nach oben und nach unten (wenn du dir einmal eine sogenannte Sinuskurve vorstellst). Die Amplitude zeigt, in welcher Intensität eine Energie daherkommt. Wenn du also Angst vor einer hohen Amplitude hast und die Intensität der Liebe ganz schwach ist, dann sieht es zunächst aus, als hätte sie keine Wirkung. Aber das stimmt nicht, es ist nur eine Frage der Zeit und deiner Übung. Je mehr du übst, je mehr sich dein Bewusstsein erweitert, desto stärker wird die Kraft der Liebe, die du zulassen kannst.

Jetzt denkst du vielleicht: Liebe, Liebe, wer hat eigentlich gesagt, dass man die höchste Frequenz überhaupt Liebe nennen kann? Woher weiß man das, wer kann sich erlauben, zu glauben, er wisse, was Gott ist? Es ist wichtig, dass du diese Fragen zulässt, sonst konstruierst du dir ein Gedankengebäude, das von einer Annahme ausgeht, die vielleicht nicht stimmt. Ein Teil in dir weiß das und hätte damit immer irgendwelche Gegenargumente.

Also: Warum ist Gott Liebe? Wie kommt man darauf? Wer sagt das? Die Antwort darauf ist ganz einfach: Du hast recht damit, das in Frage zu stellen. Es ist vermessen, zu sagen, »Gott ist Liebe«, weil das wieder nur so ein Wort mit einer bestimmten Energie ist. Das Wort »Liebe« begrenzt die göttliche Kraft nur.

Vielleicht können wir uns aber dennoch einigen. Wenn du die Schöpfung betrachtest – und zwar nicht mit den Augen der Angst und mit dem Teil in dir, der Steuern für Ausbeutung hält, sondern mit den Augen, die Schönheit und Harmonie wahrnehmen können –, was siehst du dann? Das, was Forscher immer wieder fasziniert und was sie staunend wie Kinder erkennen: Alles folgt einem in sich absolut stimmigen, vollkommen logischen und harmonischen Plan. Nein, Gott sitzt nicht auf seiner Wolke und malt Blaupausen für das ganze Universum. Es scheint sich irgendwie selbst zu organisieren, als gäbe es eine unendliche Weisheit, die jeden Baustein und jedes Ereignis in ein großes, harmonisches Ganzes einwebt. Im ganzen Universum wirkt offenbar ein immer aktives Gesetz, nach dem sich alles in größtmöglichem Gleichgewicht ausrichtet.

Ob du an Gott glaubst oder nicht, spielt überhaupt keine Rolle, wenn du anerkennst, dass sich das Universum nach dem Gesetz des Gleichgewichtes und der Harmonie organisiert. Alles, was ist, unterliegt diesem Gesetz des Gleichgewichtes. Das gilt im Großen wie im Kleinen und auch für dich und deinen Körper. Jede Krankheit ist zum Beispiel ein Versuch deines Gesamtsystems, das Gleichgewicht zu halten. Wenn du es zum Beispiel damit gestört hast, dass du, wie zuvor beschrieben, ein Gefühl in deinem Emotionalkörper festhältst, dann schafft dein ganzes System einen Ausgleich dazu. Du wirst bestimmte Überzeugungen und dein Körper entsprechende Symptome entwickeln.

Falls du das Gleichgewicht nicht wahrnimmst, dann wohl nur deshalb, weil dein Blickfeld zu klein ist. Scheint dir etwas ungerecht oder ganz und gar nicht im Gleichgewicht zu sein, dann nur deshalb, weil du nicht alle Fakten kennst. Das ist so, wenn man auf der Erde lebt. Du hast diesen Überblick nicht, bevor du dein Bewusstsein erweiterst und dich öffnest. Sobald das aber geschieht, verstehst du plötzlich, welchen Sinn alles ergibt, selbst dein eigenes Leid. Das berichten Menschen, die diese Erfahrung gemacht haben, übereinstimmend.

Wenn du betest, dann bittest du also im Prinzip das Gesetz des Gleichgewichtes, in deinem Leben auf andere Weise zu wirken, als es das im Moment tut. Durch das Beten öffnest du dich selbst, du »kapitulierst«, bist bereit für neue Lösungen und Möglichkeiten. Das Universum liefert sofort, und sei es zunächst auch »nur« dadurch, dass du die Dinge anders zu sehen lernst. Manchmal erfordert es eine neue Wahrnehmung, damit du das Gesetz des Gleichgewichtes auch in einer scheinbar ausweglosen Situation erkennen kannst.

Warum also Liebe? Weil das euer Wort dafür ist, wenn eine Kraft dafür sorgt, dass alles im Gleichgewicht ist. Wenn du dir vorstellst, du wüsstest, dass ein Gesetz immer darauf achtet, dass du überall in Balance mit dir selbst bist, und es sich darum kümmert, dass du alles bekommst, um sie zu erhalten, dann fühlt es sich so an, als sorge eine Mutter für ihr Kind, als würde dir eine unermesslich große Gnade zuteil, ohne dass du etwas Bestimmtes dafür zu tun brauchtest.

Es gibt also eine Kraft im Universum, die immer und unter allen Umständen dafür sorgt, dass das Gleichgewicht bestehen bleibt, auch in dir ganz persönlich. Du musst also nichts unterdrücken, und nichts kann dich in deinem Selbstausdruck behindern oder hemmen. Gibst du dich dieser Kraft hin, fühlt sich das an, als würdest du unermesslich geliebt. Das ist das Wort, das diesen Zustand am besten beschreibt.

Wenn es aber diese Kraft gibt, warum fühlen wir uns dann nicht so?, magst du vielleicht fragen, und: Warum fühlen wir uns dann gehemmt? Warum legen uns andere Steine in den Weg? Warum gibt es Leid und Angst?

Nun, das ist ganz einfach: Wenn du dich nicht auf die Gesetze des offensichtlichen Gleichgewichtes einlässt, dann wirkt oder »funktioniert« es dennoch. Du trägst dann eben die Konsequenzen dafür, dass du dieses Gesetz nicht anerkennst und annimmst. Das Gesetz des Gleichgewichtes wirkt immer und überall. Verhungernde Kinder in Afrika sind der Ausgleich für den Größenwahn der Industrieländer und die Bürgerkriege, die Korruption und den Machtmissbrauch mancher afrikanischer Regierungen und so genannter Eliten. Auf der einen Seite gibt es viel zu viel Macht und fehlgeleitetes, nicht dem Leben dienendes Geld, auf der anderen Seite völlige Machtlosigkeit und Armut.

Das hört sich kein bisschen nach Liebe an, nicht? Es liegt ausschließlich an euch, das zu ändern. Folgt euren Herzen, lasst das Gesetz des Gleichgewichtes auf einer anderen Ebene wirken, und alles erlöst sich wie von selbst. Das, was du spürst, wenn du hörst, dass Lebensmittel aus Überproduktionen verbrannt werden, während anderswo Menschen Hungers sterben, ist die Sprache des Lichtes. Das, was du dann denkst, nämlich: »Kann man diese Nahrung nicht dahin bringen, wo sie gebraucht wird?«, ist die Sprache des Lichtes. Einfach, logisch, direkt und klar, ohne Wenn und Aber. Vielleicht gibt es auf Dauer noch bessere Lösungen, aber zunächst einmal ist das die einfachste und offensichtlichste Möglichkeit, für Ausgleich zu sorgen.

Je mehr du in Extremen lebst, desto größer ist die Kluft zwischen dir und dem Göttlichen, desto drastischer muss ausgeglichen werden. Entspanne dich also, folge deinem Herzen und deinen wahren Bedürfnissen, und das Gleichgewicht stellt sich automatisch auf einer viel angenehmeren, höheren Ebene ein.

Wenn du aber zu sehr gefangen bist in dem, was du für möglich hältst, oder erst recht in dem, was du nicht für möglich hältst, dann kannst du mit den Botschaften des Lichtes nichts anfangen, weil du nicht weißt, wie du sie mit Leben erfüllen sollst. Das ist äußerst ermüdend und enttäuschend und bewirkt oft, dass du aufgibst und dich von der Liebe abwendest. Wir können es uns nur ansatzweise vorstellen, wie es sein muss, zwar zu spüren, was das Herz sagt (denn darüber kommuniziert die Sprache des Gleichgewichtes, des Lichtes, am direktesten mit dir), aber nicht die Freiheit zu spüren, ihm auch zu folgen.

Wenn du also die Sprache des Lichtes bewusst hören und verstehen möchtest, dann öffne dich zunächst dafür, dass vielleicht sehr viel mehr möglich ist, als du glaubst und bislang erfahren hast. Tust du das nicht, kannst du ihr nicht folgen! Dann musst du bewusst wider dein Herz, deine innere Stimme und das, was du weißt, handeln, weil du keine Möglichkeit siehst, den in deinem Leben scheinbar wirkenden Mechanismen zu entgehen.

All deine Glaubenssätze, egal was sie aussagen, sind letztlich eine Begrenzung, sofern sie nicht die Botschaft enthalten: »Alles, einfach alles ist in diesen Universum möglich, wenn das Bewusstsein mit der entsprechenden Frequenz schwingt.«

Das wichtigste Werkzeug (im nächsten Teil des Buches gehen wir näher auf das Thema Werkzeuge ein) für ein bewusstes Verständnis der Lichtsprache ist ein offener Geist. Öffne dich, und halte es für möglich, deinem inneren Wissen zu folgen, dem, was dein Herz dir sagt und was du für richtig hältst. Warum? Weil du die Sprache des Lichtes sowieso verstehst und dein Bewusstsein sie gar nicht erst erlernen muss. Es wäre auch im höchsten Maße unlogisch, wenn alles, auch du, dem Gesetz des Gleichgewichtes unterläge, dir aber das Gefühl und der Sinn dafür fehlte, was Gleichgewicht überhaupt ist.

So will dich dieses Buch daran erinnern, welche Werkzeuge dir zur Verfügung stehen und wie du ihre Anwendung trainieren kannst. In erster Linie aber geht es darum, alles in dir loszulassen, was dich daran hindert, die Sprache des Lichtes zu hören. Reiße alle Bollwerke und Panzerungen nieder, die sich um dein Herz angesammelt haben, weil es zu schmerzlich war, die Sprache des Lichtes zu verstehen. Du wusstest nicht, wie du ihr folgen solltest, und hast Schutzwälle gegen sie errichtet. Doch all die Zweifel und vom Verstand suggerierten »guten Gründe« dienen nur der Verschleierung deiner Verzweiflung darüber, dass du nicht weißt, wie du Liebe auf diesem Planeten leben sowie die reinsten Absichten und die höchste Form der Liebe verwirklichen kannst, wenn du Miete zahlen musst.

Ein letztes Mal: Das höchste Bestreben der Schöpfung, das einzige Ziel Gottes, ist, seine reine, pure Liebe in Form von absoluter Harmonie in alles fließen zu lassen, was existiert, alles zu Gott selbst werden zu lassen, zu offenbarter Liebe und Harmonie. Alles ist Gott, weil nichts anderes als diese Energie existiert; das ist nur nicht immer offensichtlich, wenn sie in niedrigen Frequenzen daherkommt. Dennoch ist es die eine, einzige Kraft und Energie, aus der alles, wirklich alles besteht. Sie in ihrer höchsten Form zu verwirklichen, im wahrsten Sinne in ihrer am höchsten schwingenden Form, das ist der Sinn der Schöpfung. Alle göttlichen Gesetze dienen dazu, diesen Plan zu verwirklichen. Die Sprache des Lichtes ist das Medium, durch das diese Gesetze in die Welt gesandt werden.

Der Seelenplan oder das hohe Selbst

Liebste Seele.
Wir sagen es dir an dieser Stelle ausdrücklich: Du darfst dich zurücklehnen und dein Leben geschehen lassen, denn du hast dir einen wundervollen, weisen Seelenplan geschaffen. Auf der Ebene der Seele ist alles Licht und Wahrhaftigkeit. Du hast dort einen sehr guten und weitreichenden Überblick über die Bereiche, in denen du als Mensch noch der Bewusstseins-

entwicklung bedarfst, um das zu erfüllen, was Gottes Gesetz ist: nämlich Liebe und Bewusstheit auch in die Materie zu bringen. Gleichzeitig bist du mit anderen Seelen und Seelenkollektiven sehr eng verbunden, sodass du leicht Abmachungen treffen kannst und in stiller Übereinkunft gemeinsame Erfahrungen vereinbarst. Auf der Seelenebene erkennst du sehr genau, was nötig ist, um das erwähnte Gleichgewicht wiederherzustellen oder auf höherem Niveau zu verwirklichen.

Das ist anders als bei euch auf der Erde; da du auf der Seelenebene sehr eng an das Bewusstsein des Lichtes angeschlossen bist, es dort weder Angst noch Ego gibt und diese Frequenzen erst in langsamer schwingenden Energiebereichen auftauchen, sind die Verabredungen sehr viel weitreichender und grundsätzlicher, als du dir das als Mensch vorstellen kannst. Und sie sind wirksam, du entkommst ihnen nicht, egal, wie sehr du dich dagegen wehren willst. Versuchst du, sie zu umgehen, wird die Verabredung in immer neuen Konstellationen daherkommen, bis du dich ihr stellst. Du wirst zum Beispiel immer wieder auf die gleiche Sorte Partner oder Parterin treffen (zumindest wird es sich so anfühlen, denn sie werden dich immer wieder mit denselben Themen konfrontieren, egal wie unterschiedlich sie sind), immer wieder die gleichen Erfahrungen machen, was deine berufliche Anerkennung betrifft – so lange, bis dein Seelenplan erfüllt ist. Das geschieht immer genau dann, wenn du erkennst, dass du in einem Muster gefangen bist, und du dich ernsthaft entscheidest, auszusteigen und etwas anderes zu verwirklichen.

Diese Entscheidung ist ein Signal für deine Seele, neue Energien zu aktivieren und dein System langsam umzustellen. Anschließend wirst du dich vielleicht noch ein paar Mal in der gleichen Situation wiederfinden, aber du wirst sie immer rascher durchschauen und irgendwann nicht mehr darauf hereinfallen – oder aber die Konsequenzen bewusst in Kauf nehmen. Auch das ist möglich. Es geht nicht darum, ein Heiliger zu werden, sondern darum, das Bewusstsein zu gewinnen, welche Konsequenzen Tun und Lassen haben, und diese ausdrücklich zu tragen.

In diesem Prozess, den du durchläufst, erfährt dein Bewusstsein genau das, was es sich vorgenommen hat zu lernen, um noch mehr Liebe fließen lassen zu können. Vielleicht wird das nicht gleich offensichtlich, aber sei sicher, im nächsten Leben wirst du dieses Thema nicht mehr anschauen müssen, sondern es wird erlöst sein und zu einer Quelle von Liebe und Lebenskraft für dich werden. Vielleicht wirst du in dieser Sache sogar zum Lehrer für andere.

Sicher wendest du bereits jetzt ein: Wie kann sich ein Kind mit jemandem verabreden, sich vergewaltigen zu lassen? Das ist doch purer Zynismus! Ja, natürlich, liebste Seele.

Wir nehmen das zur Gelegenheit, dir gleich die erste Lektion über die schöpferische Schwingung zu geben: Auf der menschlichen Ebene seid ihr natürlich für eure Taten verantwortlich, aber ihr seid nie, nie schuld an dem, was eure Seelen miteinander ausgehandelt haben. Jeder Mensch verdient höchste Ehrfurcht und höchste Achtung hinsichtlich des Schicksals, das er selbst gewählt hat; wir bitten euch, das zu berücksichtigen. Ein vergewaltigtes oder auf andere Weise misshandeltes Kind braucht mehr Hilfe als vielleicht jeder andere auf diesem Planeten, so lasst ihnen und ihren Angehörigen alle Unterstützung, alle Liebe und alles Mitgefühl zuteil werden, die ihr zur Verfügung habt.

Jede Situation der Gewalt bietet dem Opfer die Möglichkeit, durch die extreme Herausforderung über das erfahrene Leid hinauszuwachsen und sich dadurch weiterzuentwickeln. Versteht das Opfer nicht, welche Erfahrungen seine Lage ihm ermöglicht und auf welche Weise es unter Umständen selbst entschieden hat, diese Rolle einzunehmen, wird es das Thema in diesem Leben nicht hinter sich lassen können. Meist dauert es mehrere Inkarnationen, eine solche Erfahrung zu überwinden und die eigene Schöpferkraft kennenzulernen. Natürlich gilt das Gleiche für den, der von sexueller Kraft und der Gier nach Macht so besessen ist, dass sein Herz keine Chance hat, gehört zu werden, auch weil sein eigenes inneres Kind Zeter und Mordio schreit.

Viele der Kinder, von denen ihr in den Nachrichten hört, sind wie kleine Engel, die auf die Erde kommen, um den Menschen bewusst zu machen, was geschieht, wenn das Herz nicht offen oder die Sexualität nicht an das Herz angeschlossen ist; sie machen darauf aufmerksam und verschwinden wieder. Das den Eltern zu erzählen wirkt wie der blanke Hohn, das wissen wir natürlich. Und dennoch ist es auch für die Eltern unermesslich wichtig, zu verstehen, auf welche Weise sie eingewilligt haben, an dieser Erfahrung teilzuhaben.

Wir – auf der Ebene der Engel – und die meisten anderen im Universum sind fassungslos angesichts der Ernsthaftigkeit, des Mutes und der Hingabe, mit denen ihr dem Schöpferplan dient. Wenn ihr wüsstet, wie kraftvoll und mutig ihr seid, liebe Menschen, wie ihr alles auf euch nehmt, was ihr nur könnt, um die Energien und die Materie in all ihren Einzelheiten und Möglichkeiten zu erforschen! Es ist für uns geradezu unverständlich, auf wie viele Gebiete ihr euch vorwagt, welche aberwitzigen Vereinbarungen ihr trefft, um wirklich jede Energieform zu erforschen. Wenn die Menschheit als Kollektiv etwas wirklich dringend braucht, dann die Anerkennung und die Hochachtung für das, was sie auf sich genommen hat. Werdet euch bitte bewusst, dass ihr euch auf der Erde trefft und das Schauspiel der in unendliche viele, scheinbar voneinander getrennte Einzelteile aufgespaltenen Schöpfung spielt, um alles zu erfahren, was es über die Schöpfung und ihre unendlichen Möglichkeiten zu erfahren gilt. Werdet euch aber auch bewusst, dass ihr nun alles erforscht habt! Es wird Zeit aufzuwachen; es gibt keinen Grund mehr, den bisherigen Schmerzen noch weitere hinzuzufügen. Es gehört nicht zum Schöpferplan, euch allzu sehr und allzu lange Leid zuzufügen; es ist jetzt genug.

Das gilt für jeden Einzelnen von euch: Ihr dürft aufhören, Angst, Leid, Mangel und Schmerz zu verwirklichen, und euch Glück, Erfüllung, Liebe und Leichtigkeit zuwenden.

Stell dir nun einmal vor, du befändest dich selbst auf dieser Seelenebene. Du hättest den Überblick über die Bereiche, in denen deine Lebens- und Liebeskraft noch nicht so richtig fließt, in denen du dich weiterentwickeln willst und in denen du spürst, dass du nicht deinem Herzen gefolgt bist.

Nun planst du also, diese Bereiche zu erforschen. Du bist voller Liebe für dich selbst und hast ein absolutes Interesse daran, so gut wie möglich unterstützt zu werden in dem, was du lernen willst. Also sorgst du dafür, dass du die scheinbar zufälligen Gelegenheiten, die du brauchst, um diese besonderen Bereiche deines Lebens mit Liebe zu erfüllen, auch bekommst. Du sorgst ebenfalls dafür, dass du immer einen Anreiz hast, weiterzugehen und zu forschen. Auf der Seelenebene verschwendest du keine Energie und keine Zeit. So wirst du dich nicht lange auf deinen irdischen Lorbeeren ausruhen können, sondern neue Impulse bekommen, dich weiterzuentwickeln und immer mehr Liebe in dein Leben strömen zu lassen. Du bereitest also auf der Seelenebene die Erfahrungen vor, die du dich entschließt zu machen.

Es ist demnach unglaublich hilfreich, die Sprache, in der diese Seelenebene mit dir kommuniziert, zu verstehen. Dann kannst du sofort durchschauen, welche Erfahrung hinter einem scheinbar sinnlosen oder zufälligen Ereignis liegt, egal, ob es sich gut oder schlecht anfühlt.

Nun mögen vielleicht einige einwenden: »Gut, wenn sowieso alles geplant ist, was gibt es dann noch zu tun? Dann bleibe ich einfach zu Hause auf der Couch liegen und warte ab, was geschieht.«

Das steht dir natürlich frei. Und manchmal mag das tatsächlich die beste Vorgehensweise für dich sein, denn vielleicht rennst du deinem Glück viel zu sehr hinterher. Entspannung ist willkommen und sinnvoll – Trägheit aber nicht. Denn ist es wirklich das, was du willst? Befriedigt es dein Streben nach Erfüllung, nach Zufriedenheit, nach Liebe, nach Lebendigkeit, wenn du dich um nichts mehr kümmerst? Bedenke, dass sich dein Seelenplan über deine tiefen Bedürfnisse, deine Herzenswünsche, über deine Talente und Fähigkeiten ausdrückt und erfüllt. Deine Seele nimmt die Fähigkeiten und Möglichkeiten, die du bereits entwickelt hast, und setzt sie ein, um sich in immer weiteren Bereichen deines Lebens auszudrücken und zu offenbaren. Das ist, als wärest du als Mensch ein Gefäß, das sich immer mehr mit Liebe füllt, bis es schließlich überquillt. Dann wird es Zeit für ein größeres Gefäß, für mehr Möglichkeiten, für mehr Kraft und Freiheit.

Dabei spielt es keine Rolle, wie du diese Freiheit einsetzt und definierst. Du kannst als langhaariger Althippie an einem Strand in Kalifornien genauso viel Liebe verwirklichen wie als Manager eines großen Konzerns, es sind nur verschiedene Lebensbereiche und verschiedene Aufgaben. Es spielt keine Rolle, wie viel Geld du hast, welchen Beruf du erlernt hast, ob du überhaupt einen ausübst und wie du aussiehst. Du kannst, egal wo du dich befindest, ein Kanal für Liebe sein, für Schöpferkraft, für Hoffung, vorausgesetzt, du bist im Kontakt mit deinem Seelenplan.

In schwierigen Situationen darfst du sogar so weit gehen, die Hilfen, die du dir auf der Seelenebene selbst schon auf den Weg gelegt hast, jetzt anzufordern! Zu wissen, dass du einen gut geplanten Lebensweg hast, der dich zu mehr Freude, Weisheit, Liebe und Freiheit führt, soll dich ermutigen, »nein« zu allem zu sagen, was dich nicht unterstützt, und alles zu tun, wovon du spürst, dass es dir Freude macht oder Energie gibt. Wenn du also demnächst einmal wieder in eine Lage geraten solltest, in der du nicht weißt, ob du deiner inneren Stimme folgen solltest, dann sei sicher, dass du dir auf der Seelenebene selbst ein Sicherheitsnetz gespannt hast.

Du kannst mit deinem menschlichen Verstand gar nicht erfassen, wie weise und überaus liebevoll die Energie deiner Seele ist. Wenn du das wüsstest, hättest du nie wieder Angst, würdest dir nie wieder Sorgen machen. Alles, was in deinem Leben geschieht, dient einzig und allein dazu, deinen Seelenplan zu verwirklichen, wie ausweglos die Situation auch scheint, in der du steckst. Und dieser Plan dient wiederum ausschließlich dazu, die bewusst gelebte Liebe in diesem Universum zu vermehren. Es ist nichts anderes als ein riesiger, kosmischer Bewusstseinsprozess, den du, wie wir alle, mit trägst. Es gibt letztlich nichts anderes als Liebe, und je mehr du dir erlaubst, sie zu verwirklichen, sie also wirksam werden zu lassen, sowie in Liebe zu handeln und zu leben, desto natürlicher und leichter wird dein Leben sein. Du verlierst die Angst, wenn du dich der Liebe und nur der Liebe hingibst, denn wie es ein bekannter und vollkommen richtiger Spruch sagt: »Du kannst nie tiefer fallen als in Gottes Hände.«

Deshalb musst du aber die Welt nicht durch eine rosarote Brille betrachten. Liebe ist die kraftvollste und mächtigste Energie im ganzen Universum. Viele von euch Menschen scheinen zu glauben, Liebe zu leben würde euch eure Kraft kosten, als dürftet ihr nun auch nie mehr auf den Tisch hauen und es krachen lassen. Das Gegenteil ist der Fall. Ein Farn, der sich durch den Asphalt bohrt, ist weder sanft noch nachgiebig. Seine Liebe zeigt sich darin, dass er kompromisslos für das Leben einsteht und nicht nachlässt, bis er das Licht sieht. Du kannst viel von diesem Farn lernen. Wenn dich etwas daran hindert, voller Leben und Freude zu sein, dann durchbohre es mit deiner Willenskraft, um im Bild zu bleiben. Du brauchst nicht sanft und nett zu dem Asphalt zu sein, es ist keine Liebe, ihn nicht verletzen zu wollen! Das bedeutet natürlich nicht, dass du nun im Namen der Liebe um dich schlagen sollst. Aber du brauchst die innere Erlaubnis, zu tun, was nötig ist, wenn du spürst, etwas oder jemand hindert dich in deinem lebendigen, an die göttliche Kraft angeschlossenen Selbstausdruck.

Dazu gehört zum Beispiel auch, zu erkennen, wodurch du dir Situationen schaffst, die dich in deinem Selbstausdruck behindern, und sie zu verlassen. Das können Menschen sein, die dich kritisieren und klein halten wollen, oder eine Arbeitsstelle, die dir nicht mehr gefällt. Oder es handelt sich, und zwar meistens, um innere Kritiker und Stimmen, die das, was früher von außen an dich herangetragen wurde, nun ganz automatisch erledigen, nämlich dich entmutigen.

In dem Moment also, in dem du bewusst deine Aufgaben annimmst und alles in dir zulässt, erfüllst du deinen Seelenplan. Von dem Augenblick an, in dem du deinen tiefsten Sehnsüchten folgst und dem Raum gibst, was in deinem Herzen schlummert, gleich was es dich kostet, vermehrst du die gelebte, wirksame Liebe auf diesem Planeten und im ganzen Universum – und um nichts anderes geht es im Spiel der Schöpfung. Dazu allerdings ist es wichtig, dass du deinen Platz auf der Erde findest und ihn einnimmst. Im Folgenden findest du eine Übung, mit der du das tun kannst.

Meditation über deinen Seelenplan

Als du entschieden hast, auf die Erde zu kommen, als Mensch zu leben und deine Erfahrungen zu machen, plante deine Seele dein Leben in Übereinstimmung mit deinen vergangenen Inkarnationen und den seelischen Aufgaben, die du dir gestellt hast und die zu lösen du dich bereit erklärt hast. Dieser Seelenplan ist in deinem Herzen verankert und drückt sich über deine Herzenswünsche aus.

Stelle dir nun bitte vor, es gäbe einen Lichtstrahl, der von deinem Seelenplan ausgeht. Dieser Strahl fällt auf die Erde und schwingt in der Frequenz, die deinem Seelenplan entspricht. Der Lichtkreis, der dadurch auf die Erde fällt, ist dein Platz auf der Erde, der Platz, an den du gehörst und der sich sicher, heimisch und ganz selbstverständlich anfühlt. Ob du dich willkommen gefühlt hast oder nicht, ob deine Eltern dich wollten oder nicht, spielt in diesem Lichtkreis gar keine Rolle; er ist einfach da, weil du es so entschieden hast. Wärst du auf der Erde nicht willkommen oder erwünscht, dann gäbe es diesen Lichtkreis nicht, und du hättest keine Möglichkeit bekommen, dich zu inkarnieren. Es ist sehr wichtig für deine Entwicklung, diesen dir angestammten Platz bewusst einzunehmen – der entstanden ist, weil du es so entschieden hast –, wenn du mit deiner ursprünglichen Kraft und den ursprünglichen Informationen des göttlichen Schöpferplans verbunden sein willst.

Atme ein paar Mal tief durch. Mache es dir bequem, und schließe deine Augen.

Suche in Gedanken einen schönen Platz in der Natur auf, gehe dort ein bisschen spazieren, und stimme dich darauf ein, deinen Platz auf der Erde zu finden.

In einiger Entfernung siehst du einen Kegel oder eine Säule aus Licht, das aus deinem Seelenplan herunter auf die Erde scheint; es hat eine ganz bestimmte Farbe oder Frequenz, vielleicht sogar einen Ton oder eine Melodie.

Der Lichtkegel auf der Erde bildet einen stabilen Kreis mit einem Durchmesser von zwei oder drei Metern. Vielleicht ist er auch etwas größer oder kleiner, jedenfalls erscheint er dir genau richtig. Du spürst Vorfreude, dieses Licht fühlt sich auch von weitem so vertraut an, strahlt so viel Geborgenheit aus, dass du darauf zugehen willst. Je näher du ihm kommst, desto wohler und zugleich aufgeregter fühlst du dich. Du spürst, hier wartet etwas sehr Wichtiges auf dich.

Du stehst schließlich am Rande dieses Lichtkegels. Möglicherweise traust du dich nicht, einzutreten. Du spürst, es wird etwas ganz Besonderes geschehen, und es wird dein Leben verändern. Dennoch entschließt du dich, dich nun mitten in den Kreis hineinzustellen. Du kannst einfach nicht anders. Es fühlt sich so gut an, deinem Platz auf der Erde zu begegnen.

Du trittst also in die Lichtsäule, den Lichtkegel hinein, stellst dich in die Mitte des Lichtkreises, der hier auf die Erde scheint. Augenblicklich durchströmt dich Energie, reines Licht in genau der Frequenz, die dir entspricht, und du spürst, wie dein Herz reagiert. Du fühlst, wie es schneller zu schlagen beginnt, wie deine Herzenswünsche aktiviert werden, während das Licht direkt in dein Herz hineinfließt. Es durchströmt deinen ganzen Körper: Es ist das Licht deines eigenen Seelen- und damit Lebensplanes.

Du spürst dich. Während du an diesem Platz stehst, verbindest du dich mit dem, was du dir für dieses Leben zu lernen und zu tun vorgenommen hast. Du erkennst deinen Plan, deine eigene Schöpfung, und bekommst ein Gefühl dafür, wozu du überhaupt hier bist und was du wirklich willst. Du fühlst dich vollkommen sicher und geborgen in diesem Lichtkreis und stehst hier ganz für dich. Du kannst natürlich auch anderen Menschen begegnen. Allerdings haben alle

*ihren eigenen Lichtkreis. Niemand kann und wird deinen betreten,
es sei denn, du erlaubst es ihm ausdrücklich.*

*Nimm nun die Energie dieses einmaligen Lichtes in dich auf. Das
ist deine Frequenz; diesen Lichtkreis gibt es nur ein einziges Mal
auf der Erde, und er gehört dir. Niemand anders kann damit etwas
anfangen, du nimmst ihn niemandem weg. Wenn du ihn nicht betrittst, bleibt er leer. Es ist ganz allein dein Platz auf der Erde, und
es ist Zeit, dass du ihn einnimmst.*

*Spüre die Kraft und die Selbstverständlichkeit, die dich an diesem
Platz erfüllt, öffne dich immer weiter, öffne besonders dein Herz,
und erkenne, wie es immer deutlicher auf die Informationen reagiert, die in diesem besonderen Licht gespeichert sind. Immer
deutlicher empfindest du deine Herzenswünsche, und immer klarer
fühlst du, dass deine Herzenswünsche die Antwort auf die Fragen
sind, was du auf der Erde tun sollst und wozu du hier bist.*

*Ein bestimmter Herzenswunsch kristallisiert sich allmählich immer
deutlicher heraus, du nimmst ihn nun ganz klar wahr. Vielleicht
kennst du ihn schon, vielleicht hast du ihn verdrängt, vielleicht wunderst du dich aber auch, weil er dir so neu und ungewohnt erscheint.
Lasse ihn zu, und stelle dir nun bitte vor, er wäre bereits erfüllt. Das
ist wie ein Energiefeld, das sich ein bisschen von dir entfernt in der
Zukunft befindet. Du siehst es als Lichtkreis in deiner inneren Landschaft. An diesem Ort ist dein Wunsch erfüllt, du hast das erreicht
oder bekommen, was du dir von ganzem Herzen wünschst.*

*Du stehst also in deiner Lichtsäule und siehst deinen erfüllten Her-
zenswunsch als Energiefeld, als Lichtkreis oder als Leuchten in der
Landschaft. Nun schau, ob sich deine Lichtsäule, dein Platz auf der
Erde darauf zubewegt. Wenn du erfüllt, deinem Plan gemäß leben
willst, dann ist es deine Aufgabe, dem Lichtkreis zu folgen. Es ist
nicht seine Aufgabe, dir hinterherzuwandern. Schau also, ob sich
dein Lichtkreis auf das Ziel zubewegt. Vielleicht ist er längst dort
angekommen, oder er wandert zu einem dritten Ort. Geh einfach*

mit, und sei dir sicher, dass du in deinem Seelenplan Vorkehrungen getroffen hast, die dafür sorgen, dass du zur Erfüllung gelangst.

Wenn dich dein Platz auf der Erde an einen dritten Ort führt, dann gehe mit, und spüre, wie es sich anfühlt. Vielleicht ist dein Ziel mit einer bestimmten Person verbunden; dann muss sie auch einen Schritt machen, damit sie dich im Energiefeld des erfüllten Zieles treffen kann. Vielleicht ist dein Ziel aber auch an ganz bestimmte Umstände gebunden; dann erlaube, dass sich das Energiefeld des erfüllten Zieles so verwirklicht, wie es für alle Beteiligten am besten ist.

Das Ziel wird auf jeden Fall erreicht, wenn dein Lichtkreis darauf zuwandert; aber auf welche Weise dies letztlich passiert, das kannst du noch nicht wissen. Siehe, wie dein Platz auf der Erde, dein Lichtkreis, mit dem erfüllten Herzenswunsch verschmilzt, und bleibe energetisch dort stehen. Lasse all deine Vorstellungen, wo und mit wem sich dein Wunsch erfüllen soll, los. Hier auf diesem Platz findest du genau die Frequenz, die zu seiner Verwirklichung auf der Erde führen wird, so, wie es stabil und richtig ist.

Hängt das Erreichen deines Ziels von äußeren Umständen oder von bestimmten Personen ab, so ist es zu instabil, dann musst du es kontrollieren und dich sehr anstrengen, es zu erreichen. Wenn du es sich aber frei entfalten lässt, wenn es sich verwirklichen darf, wie es will, gehört es zum Schöpferplan, und du musst dich nicht darum kümmern, dass dein Wunsch erfüllt bleibt. Dann brauchst du dich nicht anzustrengen, dein Ziel zu erreichen; du musst es nicht kontrollieren. Es bleibt stabil in deinem Leben, weil es zu deinem Seelenplan gehört, zu deinem Weg, wie auch immer es sich dann verwirklicht.

Sofern du das willst, kannst du dich jetzt entschließen, auf diesem Platz auf der Erde zu leben, wohin auch immer dein Weg dich führen wird. Denn du weißt nun: Hier verwirklichen sich all deine Herzenswünsche, hier bist du immer von Energie durchströmt. Bleibst du in deinem Lichtkreis und folgst ihm, so wirst du dich nie wieder fragen, ob du überhaupt dein Leben lebst. Du wirst nie wieder unsicher sein, wenn du Entscheidungen treffen möchtest, weil du weißt, dass sich alles genau so fügen wird, wie es richtig ist.

In diesem Lichtkreis kannst du wahrhaft loslassen, selbst wenn du nicht weißt, wohin dein Weg dich führen wird. Denn du spürst, es ist dein Platz, und dein Leben ist ganz und gar erfüllt, einfach, weil du hier stehst. Bleibe von nun an auf deinem Platz auf der Erde, und lass dich von deinen Herzenswünschen leiten. Du brauchst dieses Energiefeld nie wieder zu verlassen.

Probiere diese Übung mit einem wichtigen Ziel oder einem Herzenswunsch aus. Lasse dich an den energetischen Ort führen, an dem das Ziel erreicht, der Wunsch sich erfüllt ist, und bleibe da! Dann kommt das Ziel auf dich zu, der Wunsch verwirklicht sich, es geht gar nicht anders, denn du bist nun angeschlossen an das Schöpferfeld, du bist in Kontakt mit deinem Seelenplan. Alles, was dir nun begegnet, gehört zu deinem Leben.

Was du in diesem Kapitel gelernt hast:

- Du kennst die göttliche Schwingung und weißt, dass sie auch für dich immer erreichbar ist. Du brauchst sie dir nicht zu verdienen, denn du bist ein untrennbarer Teil von ihr.
- Der freie Wille ist mit dem Plan der Schöpfung verknüpft – das, was du wirklich willst, ist das, was Gott für dich will.
- Deine Herzenswünsche sind die Wegweiser zu deinem Seelenplan.
- Die bewusste Beschäftigung mit dir und deinem Seelenplan lässt dich Hindernisse als Chancen erkennen.
- Dein menschlicher Wille, dein Körper, dein Verstand und deine Gefühle sind wertvolle Werkzeuge, mit denen du auf irdischer Ebene Energie erfährst –nutze sie in ihrer ganzen Bandbreite.
- Das göttliche Gesetz des Ausgleichs fühlt sich auf der Erde an, als würdest du unermesslich geliebt – deshalb setzen wir Gott mit Liebe gleich.
- Ob du an Gott glaubst oder nicht, spielt keine Rolle, wenn du anerkennst, dass sich das Universum nach dem Gesetz der Harmonie organisiert. Entspanne dich, denn auch du unterliegst diesem Gesetz.
- Leben ist Wachstum – deine Seele nutzt die Fähigkeiten, die du in diesem und in anderen Leben bereits entwickelt hast, und setzt sie ein, um dir immer weitere Bereichen des Lebens zu offenbaren.
- Immer dann, wenn du deinen tiefen Sehnsüchten folgst, wenn du das lebst, was dein Herz dir eingibt, egal was es dich kostet, vermehrst du die gelebte Liebe auf diesem Planeten und im ganzen Universum – und um nichts anderes geht es im Spiel der Schöpfung.

2.
Die Werkzeuge

Was Ihnen wie eine außersinnliche
Wahrnehmung Ihrer Gefühle
erscheinen mag,
ist in Wirklichkeit Ihre primäre
Wahrnehmung.

Stuart Wilde, Gotteskrieger

Die »Hotline zu Gott«

Wenn du die Sprache des Lichtes verstehen lernen willst, passiert das über die transpersonalen Chakras. Chakras sind Energiezentren, die inner- und außerhalb des physischen Körpers liegen. Sie nehmen die Frequenz des Lichtes auf und übersetzen sie in die jeweiligen Erfahrungen. Du kennst sicher die sieben Hauptchakras, die im Körper angesiedelt sind. Wie alle Chakras kommunizieren sie mit dem göttlichen Plan und der universalen Lichtenergie, allerdings nicht direkt, sondern über das, was wir gern die »Hotline zu Gott« nennen.

Diese Hotline ist nichts als eine Reihe von Energiezentren, die sich wie eine Perlenkette immer höher in die Lichtebenen der göttlichen Kraft aufschwingen. Das Lichtbewusstsein, die göttlichen Informationen, strömen also in Energiezentren, die dir im Moment wahrscheinlich nicht einmal ansatzweise bewusst sind. Wie in einer Löschkette werden sie von Chakra zu Chakra nach unten weitergegeben und dabei immer stofflicher, die Energie immer dichter und konkreter; gleichzeitig werden die Informationen immer persönlicher. Irgendwann kommen die Informationen in deinem Körper an und werden umgesetzt. Du bemerkst sicher: Dein Bewusstsein hat in diesem Prozess bis jetzt noch keine Rolle gespielt. Die Informationen aus dem Kosmos kommen jedoch immer bei dir an, denn dazu sind die Chakras da.

Die Chakras, die innerhalb deines Körpers liegen, kommunizieren mit deinen Drüsen, z.B. mit der Thymusdrüse oder deinem Sonnengeflecht, einem großen Nervengeflecht im Oberbauch. So reagiert dein Körper auf die Informationen, die du aus dem Kosmos bekommst.

Das gleiche System verbindet dich mit der Erde. Die unteren, subpersonalen Chakras versorgen deinen Körper und deine höheren Chakras mit

Informationen aus der Erde. Durch sie fließt die Kraft, die dich Dinge verwirklichen lässt; durch sie wirst du genährt und geschützt. Die Erd-Chakras ermöglichen dir eine direkte Kommunikation mit Gaia, dem geistigen Wesen, dessen Körper die Erde ist; über sie kannst du ihre Kraft und Liebe in dich einströmen lassen. Gaias Gehilfen sind die Erdgeister und die Elemente, ihre Kraft ist die der Verstofflichung aller Energien. Außerdem sind in den Erd-Chakras alle irdischen Informationen gespeichert, deine persönlichen und die globalen. Wenn du nicht richtig geerdet bist, dann hast du wenig Anbindung an diese Chakras. Dennoch gehören sie zu dir; sie sind ein natürlicher Bestandteil deiner Energie. Du brauchst keine Wurzeln in die Erde hineinzuschicken, um dich an sie anzubinden, du musst lediglich deine eigenen Chakras wahrnehmen.

Die meisten Chakras kommunizieren nicht nur gemäß ihrer Reihenfolge miteinander; sie stehen darüber hinaus auch in direkter Verbindung und reagieren aufeinander. So gibt es zum Beispiel eine Verbindung zwischen dem Seelenpunkt* und dem Inkarnationspunkt**, in dem alle vergangenen Leben eines Menschen gespeichert sind. Es ist sinnvoll, dass Informationen blitzschnell zwischen deinen Energiezentren hin und her fließen; so muss nicht erst jede Information durch dein gesamtes Energiesystem hindurchströmen.

Du erkennst schon, dass alles, wirklich alles universelle, schöpferische Schwingung ist. Die Frage ist nur, in welcher Frequenz du sie hören möchtest. Willst du sie erst dann bewusst wahrnehmen, wenn dir dein Rücken wehtut, weil dir dein Seelenstern schon seit Jahren mitteilen will, dass du

---

* Als Seelenpunkt bezeichnet Elias Wolf in: Das Buch der 28 Chakren (Darmstadt 2006) ein Chakra, das eine Handbreit über dem Kopf liegt und als Sitz des höheren Selbst betrachtet werden kann. Dieses Chakra ist möglicherweise gemeint, wenn von einem Heiligenschein gesprochen wird.)

** Er liegt gemäß Elias Wolf (s.o.) entgegengesetzt zum Seelenpunkt eine Handbreit unter den Füßen und wird angesprochen, wenn wir uns »erden«, unser spirituelles Selbst also bewusst im ganz normalen Alltag, in der Materie und im konkreten Handeln verankern und zeigen.

dir zuviel Verantwortung auflädst? Das ist nicht im Sinne der Liebe, das widerspricht dem kosmischen Gleichgewicht, deshalb kann das Universum das auf Dauer nicht dulden und teilt dir mit, dass du gegen ein Gesetz verstößt.

Diese Information kommt irgendwann im Körper an: Die Drüsen reagieren, geben die Informationen an die Organe weiter, die Durchblutung wird schlechter, die Nährstoffe kommen nicht mehr in den Zellen an, damit fällt die Produktion von Energie in den Zellen geringer aus. Du fühlst dich schlapp und müde, die Muskeln verlieren ihre Spannkraft, die Bandscheibe muss eine größere Belastung aushalten, weil die Muskeln den Rücken nicht mehr stabilisieren – wie es weitergeht, weißt du. Und selbst wenn du nun zu trainieren anfängst, hilft dir das nicht wirklich, denn damit hast du zwar die Symptome unter Kontrolle, die eigentliche Botschaft ist aber nicht im Bewusstsein angekommen.

Weil nun aber der energetische Informationsfluss in beide Richtungen funktioniert, kann Folgendes geschehen: Dein Körper wird durch das Training straffer und gesünder, die Durchblutung wird wieder besser, deine Erd-Chakras reagieren, denn die Bewegung lädt sie mit Energie auf. Weil diese Chakras in enger Verbindung zu deinen höheren Chakras stehen, über welche die Information, dass du dir zu viel auflädst, zu dir kommt, kann es nun sein, dass dir diese nun auf direktem Wege zugänglich wird. Du hast zwar keinen bewussten Kontakt zum Seelenstern, aber die Verbindung zum Erdstern* ist intensiver geworden, wenn sie dir auch nicht klar ist. So bekommst du irgendwann das Gefühl, dass du dir zu viel auflädst. Du bemerkst die Wut, die sich im Wurzel-Chakra ausdrückt, wenn du immer wieder »ja« sagst statt »nein«, und reagierst endlich.

Es ist letztlich unwichtig, auf welche Weise du dafür sorgst, dass es dir besser geht. Deine Energiezentren sind so intelligent miteinander verschaltet, dass es nahezu unendlich viele Möglichkeiten gibt, dein Bewusstsein

---

*   Er liegt nach Elias Wolf etwa zwei Meter unter den Füßen und verankert uns in der Weisheit und Fülle von Mutter Erde, insbesondere verbindet er uns mit der weiblichen Göttinnenkraft, mit allumfassender irdischer Geborgenheit.

zu erreichen. Irgendwann kommt jede Information dort an, egal wie lange die Reise auch sein mag.

Das ist auch sinnvoll, denn wenn du dich als Seele dazu entschließt, Teile deiner Energie in einem Körper zu inkarnieren, brauchst du die Möglichkeit, sehr viele unterschiedliche Erfahrungen zu machen und dennoch in Kontakt mit deinem Seelenplan zu bleiben. Besonders wichtig ist die Erfahrung, deine Bewusstheit zunächst »zu verlieren«, denn deshalb kommen wir ja auf die Erde: um unsere Bewusstheit auch im Körper, in der stofflichen Welt mit all den unterschiedlichen Energieformen und Frequenzen, sozusagen wiederzuerlangen.

Wir fallen regelrecht in Ohnmacht, wenn wir uns in einem Körper inkarnieren. Unser Bewusstsein ist an diese niedrig schwingenden Frequenzen nicht gewöhnt und verabschiedet sich vorläufig. Im Laufe der Inkarnationen und Jahrhunderte wachen wir schließlich nach und nach aus unserem Dornröschenschlaf auf. Wenn wir aber voll erwacht sind, dann sind wir zu Meistern des riesigen Instrumentes der Schöpfung geworden.

Stelle dir ein nahezu unendlich großes Klavier vor (nahezu deshalb, weil du es dir sonst nicht vorstellen kannst). Um auch die tiefen Töne zu erforschen, brauchen wir eine entsprechende Frequenz, und das ist unser Körper. Diese Töne sind so tief und machtvoll, dass wir lange Zeit vergessen, dass es auch hohe Töne gibt. Nun sind uns die hohen aber viel lieber, weil sie uns vertraut sind. Also versuchen wir, das Werkzeug der tiefen Töne zu ignorieren, und bestehen darauf, weiterhin die hohen Töne zu hören und zu spielen. Das funktioniert nicht, weil unser Körper, gerade weil wir ihn zu ignorieren versuchen, uns daran hindert. Wir bleiben in einem ziemlich kleinen Frequenzbereich hängen. Wir spielen immer wieder »Für Elise«, weil wir nichts anderes können, so lange, bis wir uns – meist unbewusst – entschließen, endlich unseren Plan durchzuführen und die tiefen Töne tatsächlich zu erforschen. Der Preis ist, dass wir die hohen Töne dabei für eine ziemlich lange und manchmal sehr schmerzhafte Zeit aus den Augen und aus dem Bewusstsein verlieren. Wir vergessen sogar, dass es sie überhaupt gibt.

Irgendwann haben wir aber genug, und wir erinnern uns. Unsere unbestimmte Sehnsucht nach Liebe, Leichtigkeit, Freude und Licht treibt uns an, das Gefühl, dass es noch mehr geben muss, dass dieses dumpfe Leben auf der Erde nicht alles sein kann. Nun beginnt ein langer Weg: Wir werden allmählich zu echten Meisterpianisten ausgebildet. Weil uns die tiefen Töne nun vertraut sind und wir die Lieder und Melodien der tiefen Töne beherrschen, folgt endlich der Aufstieg. Wir werden zu Komponisten, wir schreiben Stücke, die sowohl die tiefen als auch die hohen Töne enthalten, Stücke, die das Universum noch nie gehört hat. Es gibt eine Unzahl von Meistern der verschiedenen Oktavenbereiche. Es gibt traumhafte Melodien aus dem Reich der Engel, Hitlisten der Sonnensysteme, Toptitel der Venus und vieler anderer Planeten. Wir auf der Erde scheinen im Universum die Trauermusik zu spielen, dumpfe Marschmusik und den Trashmetal. Nun, vielleicht im Moment noch.

Wenn wir aber aufwachen und erkennen, dass auch wir längst Meister der hohen Töne geworden sind, dann steht uns die gesamte Bandbereite des kosmischen Klaviers zur Verfügung. Wir können Stücke spielen, die es so noch nie gab. Unsere Melodien umfassen alles, was Gott je schuf, sämtliche Tonhöhen, jeden Rhythmus. Deshalb sind wir hier, und wir wissen, dass sich für diese gewaltige, allumfassende Musik der Schöpfung jeder noch so weite und lange Weg lohnt.

So gibt es immer, wirklich immer, eine Möglichkeit, mit den entsprechenden Energiezentren in Verbindung zu treten, ungeachtet dessen, wie bewusst oder unbewusst du lebst. Dein Körper sorgt dafür, dass du in Kontakt mit den Informationen bleibst, die wichtig für dich sind, selbst wenn du deine Gefühle oder Gedanken nicht wahrnimmst. Alles, was du also zu lernen brauchst, ist, diese Verbindung bewusst herzustellen.

Dein Bewusstsein ist wie eine Art Abholdienst. Je leichter es deinem Bewusstsein fällt, in die oberen oder unteren Chakras zu reisen und die Informationen direkt abzuholen, desto rascher und direkter kommst du in Kontakt mit deinem Seelenplan, mit Engeln, mit dem globalen kosmischen Plan, sogar mit dem Bewusstsein von Außerirdischen, mit Planeten oder

Sonnensystemen. Du hörst die Musik der hohen Töne wieder und kannst sie nun mit den tieferen Tönen zu völlig neuen Klängen verweben.

Ist dein Bewusstsein geübt, die Informationen aus den Erd-Chakras abzuholen, dann bekommst du ein Gefühl dafür, wie du deine Berufung in die Tat umsetzen kannst. Du weißt, wo dein Platz im Leben ist, du fühlst dich verwurzelt und gefestigt. Du übernimmst die Verantwortung für dein Leben, du setzt deine Pläne in die Tat um. Du stellst deine Verbindung zu den Kräften der Erde her, zu den Heilkräften, die zum Beispiel von Schamanen und Heilern aller Naturvölker angewandt werden. Du nimmst die unterschiedlichen Energien der Elemente wahr und kannst sie ganz selbstverständlich im Alltag nutzen. Du bist in Kontakt mit reiner, purer Lebenskraft, mit sich körperlich ausdrückender Lebensfreude, du liebst die Erde und alle Wesen, die auf und in ihr leben, aber nicht mit dieser vergeistigten, unpersönlichen Liebe, sondern voll Leidenschaft und persönlichem Bezug. Du weißt, dass du versorgt bist, du spürst Mutter Erde wie ein wohlwollendes, liebendes Wesen, du bist wahrhaftig ein Kind Gaias. Du beendest deinen persönlichen Trauermarsch, du wirst ein Meister der tiefen, kraftvollen, dunkelroten Töne.

Alles, was es also zu tun gibt, ist, dein Bewusstsein zu trainieren. Die Ausrüstung, die du benötigst, damit du die schöpferische Schwingung aufnehmen kannst, um sie als Sprache des Lichtes zu verstehen, ist dir angeboren. Üben wir also, in die einzelnen Chakras zu reisen; üben wir, bewusst die Informationen von weiter oben oder unten abzuholen.

Welche Techniken gibt es aber, mit Hilfe derer man die Sprache des Lichtes hörbar machen kann? Und sind sie alle gleich wirksam? Es spielt keine Rolle, ob du hellhören, -sehen oder -fühlen kannst. Einige nehmen Kontakt auf, indem sie schreiben: Setze dich einfach hin, nimm einen Stift, und schreibe auf, was dir so einfällt: Nach einiger Zeit kristallisiert sich eventuell ein klarer Gedanke heraus, du wirst plötzlich angeschlossen an ein System höherer Ordnung und bekommst für dein Leben wichtige Informationen. Andere malen oder setzen die Impulse in Musik um. Vielleicht empfängst du auch körperliche Impulse, bekommst etwas Gänsehaut, wenn du spürst, etwas ist zutiefst wahr. Möglicherweise hast du auch plötzliche Eingebungen, ohne den Weg der Information bewusst wahrgenommen zu haben. Plötzlich erscheint eine Idee oder eine Antwort, die sich wie eine Erleuchtung anfühlt.

Außerdem nutzt diese universelle Schwingung natürlich alles, was dir begegnet. Bei einer Reklame leuchtet genau dann, wenn du vorbeifährst, ein bestimmtes Wort auf, das die Antwort auf deine Frage enthält. Ein Auto biegt genau in die Straße ein, in die du auch musst, an der du aber vorbeigefahren wärst, hätte der Kosmos nicht deine Aufmerksamkeit auf dieses andere Auto gelenkt. Dein Energiesystem ist mit der Sprache des Kosmos, des Lichtes, mit der göttlichen Ordnung vernetzt, denn letztlich bist du einfach ein Teil der Schöpfung und gehörst untrennbar in diese Ordnung mit hinein. Auf welche Weise du also deine Botschaften erhältst, spielt überhaupt keine Rolle.

Das Wichtigste ist, dass du dir erlaubst, zu glauben, du könntest die schöpferische Schwingung bereits wahrnehmen, denn das stimmt ja auch. Du erkennst sie bislang nur noch nicht als solche. Es ist nichts Besonderes, nichts, was nicht jeder könnte, der den innigen und aufrichtigen Wunsch verspürt und der ein bisschen übt. Wenn du den aufrichtigen Wunsch hast, dann bist du auch bereit. Du brauchst nur etwas Übung und Disziplin, um die göttliche Schwingung aufzunehmen, um sie gewissermaßen zu hören und zu verstehen. Die vielleicht schwierigste Übung wollen wir dir jetzt vorstellen; sie ist ein wesentlicher Schlüssel zum Erfolg.

Was du in diesem Kapitel gelernt hast:

- Deine Chakras bilden eine »Hotline zu Gott«.
- Du bist durch deine Körper (den physischen und die energetischen) und deine Energiezentren unausweichlich mit der Schöpfung verbunden.
- Bitte die göttliche Ordnung, sich dir zu zeigen. Nach einiger Zeit der Übung kristallisieren sich neue Gedanken heraus, und du fühlst dich an die Weisheit einer höheren Ordnung angeschlossen.
- Glaube, dass du die göttliche Ordnung – wenn auch nur teilweise – bereits wahrnehmen kannst; dein gesamtes Energiesystem reagiert darauf.

Vertraue deinen Wahrnehmungen

Selbst wenn das, was du wahrnimmst, nicht immer zutrifft, brauchst du das Vertrauen in deine Wahrnehmung; es ist ein wesentliches Werkzeug zur Erschließung der schöpferischen Schwingung. Später kannst du immer noch nachfragen und etwas überprüfen. Zunächst aber brauchst du die Bereitschaft, das Zweifeln zu lassen und davon auszugehen, dass das, was du wahrnimmst, auch richtig ist. Denn das ist es immer.

Wenn du mit einer Antwort, die du erhältst, nichts anfangen kannst, dann wahrscheinlich deshalb, weil sie nicht aus lichterfüllten Bereichen zu dir kommt, sondern aus mangelbesetzten Energieebenen. Ja, auch das gibt es, und wir erklären dir später gern, wie du sicher sein kannst, dass du mit lichtvollen Ebenen in Kontakt bist. Erst einmal aber geht es darum, überhaupt eine Verbindung zu bekommen. Es ist nahezu unumgänglich, dass du auch niedrig schwingende Energien wahrnimmst; einfach, damit du weißt, wie sie sich anfühlen, und du sie später erkennen kannst.

Auf welche Weise auch immer du »Botschaften« erhältst, glaube einfach, dass es solche sind. Das heißt nicht, dass du gleich danach handeln sollst und dass sie richtig sind, aber halte sie für echt.

Die leichteste und gebräuchlichste Technik, mit anderen Ebenen des Seins und auch deines eigenen Bewusstseins in Kontakt zu kommen, ist, wie bereits erwähnt, das meditative Schreiben. (Weiter unten findest du eine genauere Anleitung dazu.) Während du schreibst, bittest du darum, von deiner Seelenebene Unterstützung und Antwort zu erhalten. Sie meldet sich entweder über deinen Schutzengel oder über dein höheres Selbst, vielleicht auch auf eine ganz andere Weise. Möglicherweise bemerkst du anschließend, dass dir andere Gedanken durch den Kopf zu gehen beginnen, Gedanken, die sich irgendwie klarer oder weiser anfühlen als jene, die du sonst hast, vielleicht sind sie auch ehrlicher oder gar mahnend. Was sie uns sagen, ist meistens das, was wir tief in uns wissen, denn unsere Zellen kommunizieren sowieso mit dem Seelenplan.

Wenn ich, Susanne, das mache, kann das zum Beispiel so aussehen:

Liebe Göttin
(ich spreche meine höheren Ebenen immer so an).
Du weißt, ich bin im Moment auf der Suche nach einem Partner. Was kann ich tun, um einen Mann zu finden, der mich liebt?

Das ist bestimmt eine der häufigsten Fragen, nicht wahr? Deshalb stelle ich sie hiermit stellvertretend. Für Männer: Die Frage nach einer Frau kann ich nicht stellen, weil sie sich zu fremd anfühlt; ich würde keine Antwort bekommen. Formuliere sie dir bitte einfach um. Die Antwort, die ich gleich schreibe, war natürlich die Antwort, die ich erhielt, als ich diese Frage vor einiger Zeit stellte. Ich möchte dir nur zeigen, wie so eine Antwort aussehen kann:

»Du weißt, dass du auf der Seelenebene eine Verabredung hast. Es gibt nichts zu tun. Öffne dich, gehe unter Leute, habe Spaß, und schaue dich um, damit du zu unterscheiden lernst, was gut für dich ist und was nicht. Aber es gibt nichts zu tun. Wisse, dass ihr verabredet seid, weil diese neue Beziehung ein wichtiger Meilenstein für deine Entwicklung bedeutet.«

Und genauso war es auch. – So können sich Antworten anhören. Sie machen stets Mut, sind immer sehr stimmig; und sie spiegeln meistens das wider, was du tief in dir spürst. Wenn du anfängst, an deiner eigenen Antwort auf deine eigene Frage herumzumäkeln, dann untergräbst du das

Vertrauen in deine Wahrnehmung. Du könntest natürlich einwenden: Aber wie soll ich ihn finden? Ich arbeite viel zu viel. Ich sehe nicht gut aus. Es gibt in meinem Alter kaum noch Männer, die nicht verheiratet sind …

Was auch immer du dir ausdenkst, höre nicht auf diese innere Stimme, denn so spricht dein Seelenplan nicht mit dir. Entschließt du dich, mit diesen Ebenen des Bewusstseins in Kontakt zu kommen, dann hilft es sehr, dich zu verpflichten, ihr zu glauben und das zu tun, was sie dir empfiehlt; selbst wenn es dich mit Angst konfrontiert.

Dabei ist es natürlich wichtig, dass du unterscheiden kannst, wer dir gerade antwortet. Wenn es sich nicht klar und liebevoll anfühlt, wenn es dich nicht tief innen trifft und dir das Gefühl gibt, dass du die Antwort irgendwie schon kanntest, dann frag lieber noch einmal nach. Es kann geschehen, dass sich niedrig schwingende Astralwesen einklinken, wenn du beginnst, deine Kanäle zu öffnen. Das macht nichts. Es ist aber sinnvoll, dessen gewahr zu sein. Es macht deshalb nichts, weil die falschen Antworten letztlich nur dazu dienen, dich aufmerksam zu machen, damit du nicht alles glaubst, was man dir sagt. Am Ende zählt immer dein eigenes inneres Gefühl für richtig und stimmig oder falsch und unecht. Das widerspricht nicht dem, was ich vorhin gesagt habe. Du darfst darauf vertrauen, dass du wirklich etwas wahrnimmst und dir nichts einbildest, wenn du auf diese Weise versuchst, einen Kontakt herzustellen. Das heißt aber nicht, dass die Antwort selbst richtig sein muss.

Hier sind zwei Übungen, die dir helfen, besser mit dir selbst in Kontakt zu kommen.

Übung:
»Just do it!«

Nimm dir bitte eine Stunde Zeit. Wenn dir das zu viel erscheint, genügt vielleicht auch eine halbe Stunde für den Anfang. In dieser Zeit folge bitte allen deinen inneren Impulsen. Stelle sie nicht infrage, sondern tu, was immer dir in den Sinn kommt. Egal wie unsinnig es dir erscheint: Es ist wichtig, dass du deine innere Stimme trainierst, dass du lernst, ihr zu folgen, dass du deine Impulse überhaupt spürst und wahrnimmst.

So tue eine Stunde lang genau das, was dir gerade einfällt, lass dich führen. Wenn dir eine Stunde lang überhaupt nichts einfällt, dann tust du eben gar nichts, auch das gehört dazu. Streng dich bitte nicht an, hier ist genau das Gegenteil gefragt. »Folge deinen Impulsen« bedeutet auch: Hör mit allem auf, wovon du merkst, du magst es nicht (mehr) tun; brich sofort ab, sobald du spürst, dein Impuls führt dich woandershin oder will etwas anderes von dir.

Es ist wie eine Art Trainingslager. Versuche nicht, den tieferen Sinn deiner Impulse zu erkennen, vielleicht gibt es keinen. Es geht bei dieser Übung nur darum, deine innere Stimme kennenzulernen und ihr zu folgen. Dadurch verschalten sich die Synapsen in deinem Gehirn, die für eine rasche Datenübertragung zwischen deiner inneren Stimme und deinem äußeren Verhalten zuständig sind. Du schließt die Kluft zwischen dem »Ich weiß es eigentlich« und dem »Ich halte mich nun auch daran und setze es im Außen um«.

Auch wenn du dir jeden Tag nur zehn Minuten Raum für diese Übung gibst, ist das wunderbar – zehn Minuten, in denen du deinen Impulsen freien Lauf lässt, gleich was sie von dir fordern.

Übung:
Schreiben und Sprechen

Nimm dir etwas zu schreiben, und schreibe einfach alles auf, was dir in den Sinn kommt. So befreist du dich zunächst von den Fesseln deines Verstandes, du leerst sozusagen den inneren Mülleimer aus.

Dann bitte deinen Schutzengel, dir die Feder zu führen. Richte deine Aufmerksamkeit aus, verbinde dich bewusst mit deinen höheren Chakras, und spüre oder beobachte, was geschieht. Vielleicht ändert sich der Ton, und du bekommst neue Informationen.

Schreibe einfach immer weiter, und lasse deinen Gedanken freien Lauf, egal wie unsinnig, langweilig, dahergeredet oder konstruiert dir auch vorkommt, was du schreibst.

Damit trainierst du jene Zentren im Gehirn, welche die schöpferische Schwingung sowie die Lichtimpulse in Worte übersetzen und welche die Informationen so transformieren, dass dein Sprachzentrum und dein Verstand sie aufnehmen und umsetzen kann.

Schreib einfach auf, was kommt. Es ist, als lerntest du eine neue Sprache, indem du mitschreibst, während du Worte dieser neuen Sprache hörst. Das wird natürlich zunächst einmal ein komisches Kauderwelsch sein –, aber nicht lange.

Die Informationen fließen durch dein Chakra-System in den Mental- und Emotionalkörper. Sie strömen ins Gehirn und erzeugen bestimmte Impulse in bestimmten Gehirnregionen. Von dort werden die Informationen an den Teil deines Gehirns weitergeschickt, der für Sprache zuständig ist, wenn du es erlaubst und forderst. Und das tust du, indem du es aufschreibst – oder aussprichst.

Nun zum zweiten Teil der Übung: Setze dich bequem und entspannt hin. Atme ein paar Mal tief durch. Verbinde dich bewusst mit hö-

> *heren Ebenen deines Bewusstseins, und beginne, auszusprechen,*
> *was dir so einfällt. Sprich einfach deine Gedanken aus, ganz gleich,*
> *wie merkwürdig sie dir vorkommen. Das öffnet dein Hals-Chakra.*
> *Vermutlich musst du einige Male husten oder dich räuspern.*
>
> *Dieser Teil der Übung trainiert deine Fähigkeit, diese universelle*
> *Schwingung in Worte zu übersetzen – das geschieht im Gehirn – und*
> *sie auszusprechen, diese Worte also zu formen und in Laute zu über-*
> *setzen.*

Während du diese Übungen durchführst, ist es sinnvoll, deinem Gehirn mitzuteilen, dass du diese Übersetzungen lernen möchtest, dass die entsprechenden Gehirnareale jetzt aktiviert werden sollen und dass du bereit bist, mehr von deinem eigenen Potential zu nutzen.

Die reine Absicht ist wie immer sehr wichtig, denn sie fokussiert die Aufmerksamkeit und sichert die Hilfe des Unterbewusstseins zu. Du stehst dir nicht selbst im Weg, wenn du deine Absichten bewusst ausdrückst. Die inneren Wächter, die dich schützen und die entscheiden, welche Erfahrungen sie zulassen und welche sie energetisch abblocken, treten zur Seite, denn sie haben dein bewusstes Signal zum »Go« erhalten.

Lasse uns dir nun etwas zu den sogenannten niedrig schwingenden Astralwesen erzählen, damit du weißt, mit wem du es zu tun bekommen könntest. Es gibt Wesenheiten, die sich energetisch in den Bereichen aufhalten, in denen eure Gefühle angesiedelt sind. Sie erreichen euch über eure Bedürfnisse und über euer Ego. Sie versprechen dir das Blaue vom Himmel, wenn sie dadurch Aufmerksamkeit bekommen; sie sind wie kleine Kinder, die Energie und Zuwendung brauchen. Diese Wesen sind weder böse noch bewusst dunkel, sondern einfach hungrig nach Energie, weil sie selbst nicht wissen, wie sie sich an die Nahrung der Liebe und des Lichtes, an die Nahrung der Seele also, anschließen können. Sie werden dir alles Mögliche erzählen, damit du dich nur lange mit ihnen beschäftigst und ihnen deine Energie in Form deiner Aufmerksamkeit und Lebenskraft gibst.

Wir können dir an dieser Stelle leider keine Kostprobe ihrer Stimmen geben, weil sie nur reden, wenn sie Lebenskraft dafür bekommen. Da dies hier nicht möglich ist, klinken sie sich nicht ein.

Und genau das ist dein Schutz, so du es als solchen wahrnehmen möchtest. Wenn du dich mit Licht umhüllst, dir also vorstellst, dass du in einer Lichtsäule stehst, die von außen geschützt und nur nach oben hin offen ist, dann prallen die Astralwesen an dieser Lichtsäule ab. Das häufigste Problem ist, dass die Menschen unbewusste »Löcher« in der Aura haben, unbewusste Defizite und Mangelzustände, in denen sich die Astralwesen einnisten können. Je bewusster dir also deine eigenen Mangelzustände und unerfüllten Bedürfnisse sind und je mehr du die Verantwortung dafür übernimmst, desto weniger angreifbar bist du, desto weniger dazu zu verführen, deine kostbare Lebensenergie zugunsten einer scheinbaren Befriedigung abzugeben.

Dazu ist es unumgänglich, dass du absolut ehrlich zu dir selbst bist, deine Verführbarkeit erkennst und wahrzuhaben bereit bist. Das ist nicht so einfach; es wirft bestimmt dein Selbstbild über den Haufen. Wenn du aber deine Ängste nicht kennst und damit die Stellen, an denen du dir leicht etwas vormachen lässt, dann ist es schwierig, sich für höhere Ebenen zu öffnen, weil du Tür und Tor für alle möglichen Energien gleich mit öffnest. Wie gesagt, die niedrig schwingenden Wesenheiten sind nicht schlecht, sie sind nur nicht in Kontakt mit deinem Seelenplan, weil der sie gar nicht interessiert. Sie haben schlicht Hunger und wollen essen.

Dabei kann sich das, was sie sagen, durchaus klug und weise anhören, aber du fühlst dich hinterher irgendwie ausgelaugt und benutzt. Wenn du überhaupt Kontakt mit diesen Wesenheiten haben willst, dann zeige ihnen, wie sie sich vom Licht ernähren können. Es genügt, ihnen ein paar Engel zu schicken, wenn sie selbst bereit sind, sich aus den allzu erdgebundenen Energiefeldern zu lösen.

Die schöpferische Schwingung bedient sich, um sich auszudrücken, immer der Technik, die du ihr anbietest. Das, was dir am leichtesten fällt – Hören, Riechen, Sehen, Fühlen, Malen, Schreiben oder Reden –, ist das Medium, das sie dazu benutzt, mit dir Verbindung aufzunehmen. Mache dir also nichts daraus, wenn du »nichts siehst«, sondern nimm wahr, wie du stattdessen auf andere Weise in Kontakt mit der Sprache des Lichtes, mit der Weisheit der Schöpfung selbst, stehst. Es geht für dich immer darum, dass du den göttlichen Schöpfungsplan bewusst verstehst, und zwar du ganz persönlich, in der Minute, in der du ihn erlebst.

Du fragst im Prinzip – wenn du mit der Sprache des Lichtes Kontakt aufnimmst – einfach nur direkt nach, was dich zu größtmöglicher Harmonie mit allem führt, was ist, auch mit dir selbst und allem, was du bereits erlebt hast. Je reiner und – vom Ego aus gesehen – gelöster die Energieebenen sind, aus denen deine Frage kommt, desto klarer und kraftvoller, aber auch unpersönlicher, hört sich die Antwort an.

Ein Astralwesen würde dir auf die Frage, ob du zum Beispiel eine Beziehung beenden solltest, mit »ja« oder »nein« antworten und dir versprechen, dass gleich hinter der nächsten Ecke die nächste Liebe wartet, die viel besser ist als alles, was du bis jetzt erlebt hast. Viele Menschen, die konkrete Antworten hören und wissen wollen, was sie zu tun haben, ohne einen echten Bewusstseinsschritt im Sinn zu haben, ziehen diese Astralwesen wie magisch an. Du bekommst immer die Antwort, die du im wahrsten Sinne des Wortes verdienst, und von der Ebene, die mit deiner Energie in Resonanz geht. Wenn du unbewusste, dunkle Wünsche hast, wenn du ichbezogen und nicht im Dienste des Ganzen handelst, dann ziehst du entsprechende Wesenheiten an. Das geschieht noch immer in der Sprache des Lichtes, nur eben in niedrigen Frequenzen!

Ein Engel würde auf die Frage, ob du deinen Partner verlassen solltest, vielleicht so antworten: Erlaube der Liebe, wieder zwischen euch zu fließen. Begegne ihm aufrichtig und in aller Wahrhaftigkeit. Lege deine Absichten dar, erläutere die Gründe für dein Verhalten, und nimm wahr, auf welche Weise du die schwierige Situation, in der ihr gerade seid, mit geschaffen hast. Übernimm die Verantwortung für deinen Anteil; bitte um Vergebung, und nimm wahr, wie dein Partner reagiert. Gehe nur dann, wenn du spürst, dass keine Liebe mehr fließen kann, aber gehe nicht, bevor du verstanden hast, auf welche Weise du zu dieser Situation beigetragen hast.

Das hört sich doch schon ganz anders an, oder? Und gehst du auf die Ebene der eigenen Seelenentscheidung oder deines hohen Selbst, so bekommst du vielleicht folgende Antwort: Ihr habt euch getroffen, um zu lernen, Liebe fließen zu lassen und scheinbare Hindernisse zu überwinden. Ihr seid euch in vielen Leben nahe gewesen, und zwischen euch herrscht tiefe Verbundenheit und Liebe. Ihr habt euch verabredet, um gemeinsame Erfahrungen zu machen, um zu lernen zu vergeben, um loszulassen und um zu spüren, wann es Zeit ist zu gehen. So vergib ihm und auch dir selbst. Lasse los; erkenne, was du mit diesem besonderen Menschen geteilt hast, und lasse ihn in Frieden und Liebe gehen.

Oder du hörst: Ihr habt verabredet, zusammenzubleiben, weil ihr auf einer sehr hohen seelischen Ebene tief miteinander verbunden seid. Spüre bitte in dich hinein, ganz tief, und nimm wahr, ob du ihn wirklich verlassen oder nur der Situation ein Ende machen willst. Dann erschaffe dir eine neue Situation, aber nicht mit einem neuen Partner.

Wie aber hört man überhaupt etwas? Nun, das Hören selbst ist nicht so schwierig. Die Schlüssel sind Offenheit, Konzentration und reine Absichten. Du setzt dich hin, öffnest dich, konzentrierst dich und bittest um eine Antwort. Und nachdem du deine wahren Absichten überprüft hast, vertraust du der empfangenen Botschaft. Das war es schon: Du reist einfach in das Chakra, in dem die Information ankommt. Das ist ein völlig natürlicher Vorgang, der dir vertraut wäre – wären da nicht all die inneren Blockaden …

Denn so leicht das Hören, Fühlen, Wahrnehmen selbst auch ist: Die Hindernisse, die du überwinden musst, um anzunehmen, was du zu hören bekommst, haben es in sich. Woher aber kommen diese Hindernisse? Um das zu verstehen, brauchst du einen mentalen Systemwechsel. Dazu höre dir bitte Folgendes an, und halte es zumindest für möglich:

Du bist kein Mensch, der Erfahrungen mit Licht und Seelenenergie macht, sondern eine Seele, ein Energiefeld, die/das Erfahrungen mit dem

Menschsein macht. Mensch sein bedeutet, einen Körper, Gedanken und Gefühle zu haben. Als Mensch bist du geneigt, zu bewerten, du lebst in der Dualität: gut und schlecht, schwarz und weiß, hell und dunkel. Du erlebst Liebe nicht als Seinszustand, in dem du stets geborgen bist, sondern als äußerst instabiles Gefühl, das kommt und geht. Für deine Seele ist das neu und äußerst ungewohnt; für dich, für das, was du in Wahrheit BIST, ist es geradezu schockierend, völlig unnatürlich. Und genau diesen Schock erlebst du, wenn du einen Teil deiner Energie zu einem Körper verdichtest. Der Schock führt dazu, dass du vergisst, wer oder vielmehr was du wirklich bist, nämlich ein riesiges Energiefeld aus purer Schöpferkraft, untrennbar verbunden mit der göttlichen Liebe – und das ist auch der Sinn der Sache.

Erst wenn du durch die vermeintliche Trennung vom Licht, von deiner Seele und von der göttlichen Liebe hindurchgegangen und am untersten Ende deiner persönlichen Evolution angekommen bist, bist du bereit, die mentalen Konzepte und emotionalen Strukturen, die du dir aufgebaut hast, um dich auf der Erde zurechtzufinden, infrage zu stellen. Am dunkelsten Punkt deiner Reise, auf dem niedrigsten Niveau deiner persönlichen Inkarnationsfrequenz, ruft ein Teil von dir um Hilfe, oft fast gegen deinen Willen.

Dieser Ruf ist mit deinem Schutzengel und deinem höheren Selbst abgesprochen; er ist wie das Ziehen der Reißleine, wenn du mit dem Fallschirm abspringst. Er ist äußerst wichtig für deinen Weg; jeder, der auf dem spirituellen Pfad wandelt, kennt ihn, diesen Moment. Irgendwann fällt jeder, zumindest innerlich, auf die Knie und fleht darum, den Weg nach Hause gewiesen zu bekommen – selbst wenn dieses Flehen nur den Bruchteil einer Sekunde dauert und du es gleich im nächsten Augenblick von dir weisen würdest. Meistens erinnern wir uns an diesen kurzen Moment als die dunkelste Zeit unseres Lebens, die oft verbunden ist mit der Absicht oder zumindest dem Gedanken, sich umzubringen.

Für dein höheres Selbst aber stellt genau dieser Moment die Initialzündung dar, er ist das Signal für dich, dich auf den oft sehr langen Weg zurück zu machen. Von nun an geschehen nur noch Dinge, die dazu führen, dass du aufwachst. Vielleicht fühlst du dich nun lange Zeit einfach furchtbar, nichts ist mehr richtig, du verstehst dich selbst nicht mehr, die Dinge verlieren ihren Sinn und ihren Bestand. Dein Leben scheint immer schlimmer zu werden: Vielleicht wirst du krank, verlierst den Job, wirst verlassen, gehst pleite. Das scheinbar sichere Netz, das du um dich geknüpft hast, verabschiedet sich aus deinem Leben; alles, woran du dich festgehalten hast, sogar deine gewohnten Gedanken und Gefühle, werden plötzlich infrage gestellt. Du fühlst dich, als fielest du ins Bodenlose.

Nichts trifft die Wahrheit weniger als das. In Wahrheit fällst du direkt in Gottes Hände, und je bereitwilliger du dich diesem Fallen hingibst, desto leichter und rascher kommst du an. Für deinen Mental- und Emotionalkörper, auch für dein Zellgedächtnis, kommt nun die Zeit der scheinbaren Katastrophen … außer du weißt, was geschieht … außer du lässt dich ganz bewusst auf die Veränderung ein und gibst dich ihr hin.

Loslassen ist also der Schlüssel, und je grundsätzlicher und bestimmter du loslässt, desto leichter und undramatischer kann dein Bewusstsein nach Hause zurückkehren. Allmählich fließt immer mehr von deinem eigenen Seelenlicht in deinen Körper, in deine Gedanken und in deine Gefühle. Deine Seele wird dir immer bewusster, du hörst auf, nach rein emotionaler Liebe zu suchen, und öffnest dich für den inneren Zustand, die innere Haltung der Liebe. Unaufhaltsam gehst du den Weg zum Licht, denn du weißt nun, wie es sich anfühlt, mit dem Seelenlicht, mit der allumfassenden Schöpferkraft verbunden zu sein, während du in deinem Körper bist.

Hast du das einmal bei vollem Bewusstsein gespürt, so verblassen alle anderen Erfahrungen, du willst dann nur noch Liebe und Freude verwirklichen. Gängige Ziele wie vordergründige Sicherheit, vordergründige Macht und vordergründiger Reichtum interessieren dich nicht mehr. Du wirst jedoch immer Sicherheit, immer Macht und immer Reichtum erlangen, wenn du diesen Weg gehst, weil das natürliche Zustände sind, sobald du mit deiner Schöpferkraft in Kontakt bist. Deshalb sehnen wir uns so sehr nach dieser Verbindung und haben gleichzeitig eine solche Angst davor.

Wer würde schon zugeben, dass er nach Macht strebt? Und doch tun wir nichts anderes, indem wir alles und jeden, inklusive uns selbst, zu kontrollieren versuchen. An unserer Sehnsucht nach Sicherheit verdienen sich die Versicherungen eine goldene Nase – dabei liegt die einzige echte, stabile Sicherheit darin, mit deinem Schöpferplan den Kontakt zu halten und ihm zu folgen. Solange dir das nicht klar ist oder du nicht weißt, wie es geht, ist es völlig angemessen und sinnvoll, dir deine Sicherheit woanders zu suchen; aber erkenne, dass es eine vordergründige Illusion ist. (Ich bin nicht gegen Versicherungen, auch wenn sich das so anhören mag. Ich hab auch welche, sie bilden eine Möglichkeit, wie dir das Universum im Notfall Geld zukommen lassen kann – aber mehr auch nicht.)

Wenn du den Weg deiner Seele bereitwillig gehst, wirst du Reichtum, Macht, Liebe und Sicherheit verwirklichen, einfach so. Aber du wirst es auf so andere Weise erleben, dass es von außen schwierig, wenn nicht gar unmöglich ist, sie als solche überhaupt zu erkennen.

Warum schreibe ich über Macht? Gerade spirituell interessierte Menschen weisen diesen Anspruch bzw. diesen Wunsch oft weit von sich. Wir wollen keine Macht mehr haben, wir sind doch so voller Liebe und total im Fluss. Ha! Was nutzt dir all deine wundervolle Liebe, wenn du keinen Einfluss hast, wenn du nichts bewirkst und niemanden damit erreichst?

Macht kommt von »Ermächtigung«, und genau die benötigen wir mehr denn je. Wir brauchen die Ermächtigung, in aller Liebe und Weisheit wirken zu können, und dazu ist es unerlässlich, dass du deine Füße auf den Boden bekommst und deine Kraft und Macht annimmst. Wie können wir die Welt in Liebe erlösen, um es plakativ auszudrücken, wenn wir wie Fähnchen im Wind sind und nichts bewirken können? Schau noch einmal auf den Farn, der sich durch den Asphalt drückt: Er wendet seine Macht an, um zu leben. Das ist eine gesunde Form der Aggression, keine emotional aggressive Haltung, sondern angewandte Tatkraft.

Und seien wir ehrlich: Was sollen denn all die Bücher über Bestellungen beim Universum, darüber, wie man eine ideale Beziehung findet und wie man Reichtum schafft, anderes befriedigen als den Wunsch nach Macht? Wer sucht nicht nach der Ermächtigung, das Leben wahrhaft zu meistern?

Wenn du deine dir innewohnende Macht mit der Kraft des Herzens verbindest und an den göttlichen Plan anschließt, wodurch du die unselige Koppelung von Macht an Angst und Mangel erlöst, dann dient ja die Macht, die du besitzt oder innehast, der Schöpfung!

So hab keine Angst vor deiner eigenen Macht. Koppele sie einfach nur ab von den Zielen, die du in der Vergangenheit damit zu erreichen versucht hast, und binde sie ausdrücklich und ausschließlich an das Licht an.

Susanne:

Ich habe hier zum Beispiel eine ungemein machtvolle Stellung. Ich schreibe dieses Buch und trage die volle Verantwortung für das, was darin steht. Es berührt hoffentlich viele Menschen und gibt ihnen vielleicht einen zusätzlichen Funken Erkenntnis. Hätte ich keinen Verlag, der das Buch verlegt (was ein Ausdruck von Macht ist), und hätte ich nicht den Mut, es zu schreiben, könnte ich die Aufgaben, die ich zumindest zu haben glaube, nicht erfüllen. Ohne die Bereitschaft, die Verantwortung für alles zu tragen, was hier zu lesen ist, gäbe es diesen Funken nicht, jedenfalls nicht auf diese Weise und nicht durch mich. Nun sage ich natürlich nicht, dass sich die Erde nicht auch so weiterdrehen würde, aber ich würde meiner Aufgabe nicht nachkommen, ich würde aus Angst vor Verantwortung meinen Funken nicht beitragen. Das ist pure Feigheit und das Gegenteil von bewusst genutzter lichtvoller Schöpferkraft.

Dieses Buch will dir helfen, den Weg zurückzugehen, zu verstehen, was in dir geschieht, und die Werkzeuge, die du erhalten hast, ausdrücklich in den Dienst des Lichtes zu stellen. Sie stehen ohnehin im Dienst des Lichtes, gleich was du mit ihnen veranstaltest, denn alles, was geschieht, dient dazu, dass die Schöpferkraft sich selbst erfährt. Du kannst aber lernen, das Licht bewusst zu verwirklichen, ganz nach dem Motto: »Stell dir vor, es ist Krieg und keiner geht hin.« Stelle dir vor, es gäbe die Frequenz von Unglück und Armut, aber keiner ginge mehr mit ihr in Resonanz! Dann müssten wir gar nichts ändern, bräuchten die Armut oder das Unglück nicht zu bekämpfen, bräuchten sie nicht einmal mehr wegzuschieben oder loszulassen – wir ge-

hen einfach nicht hin, wir bleiben innerlich auf der Party, feiern das Leben und verankern uns in der Haltung von Liebe.

Ja, das ist schwierig, aber hier steht auch nicht, dass es leicht ist, oder? Wir alle, die wir solche Bücher schreiben und seit langer Zeit geschrieben haben, könnten uns das sparen, wenn der Weg so leicht zu finden wäre? Aber dennoch ist es möglich, es gibt Menschen, die ihn bereits gegangen sind, und solche, die ihn im Moment gehen, also ist es machbar. Und damit hast du keinen echten Grund mehr, ihn nicht auch zu gehen. Liebste Seele, was andere können, kannst du zumindest ausprobieren, nicht wahr?

Bist du also bereit, dich auf die Reise zu machen, hinein in das größte Abenteuer, das diese Erde, wenn nicht das ganze Universum, überhaupt zu bieten hat? Die Kahunas, die Weisen und Heiler auf Hawaii, nennen sich selbst und alle Erwachenden »Lichtmenschen«. Diesen Begriff nutzen wir ab sofort zumindest innerlich auch für uns selbst!

Hier ist nun das erste Hindernis, das du überwinden musst: Es gilt das Werkzeug zu meistern, das sich im Laufe der Jahre zum Herrscher aufgeplustert hat – deinen Verstand.

Was du in diesem Kapitel gelernt hast:

- Vertraue deiner Wahrnehmung – aber überprüfe die Quellen, aus denen sie stammt.
- Informationen aus göttlicher Quelle äußern sich zumeist in besonders klaren Gedanken.
- Unsere Zellen kommunizieren mit dem Seelenplan, deshalb fühlen sich die Informationen aus höheren Ebenen oft an wie tief verwurzeltes Wissen.
- Verpflichte dich dazu, den höheren Ebenen deines Bewusstseins zu glauben.
- Folge deinen Impulsen, und setze sie – zunächst in einem geschützten Rahmen – in spontane Handlungen um.
- Meditatives Schreiben und Sprechen trainiert die Gehirnteile, in denen geistige Informationen als Sprache wahrgenommen werden.
- Willst du Verbindungen aufnehmen, stelle dir vor, du stehst in einer Lichtsäule, die nach oben zum Gottesbewusstsein geöffnet ist.
- Das, was dir am leichtesten fällt – sei es Hören, Sehen, Fühlen, Malen, Schreiben, Singen oder Reden – ist der Kanal, welchen die schöpferische Schwingung bevorzugt nutzt, um mit dir in Kontakt zu treten.
- Die Schlüssel zum Verständnis der Lichtsprache sind deine Offenheit, Konzentration und reine Absicht.
- Traue dich, um die Macht zu bitten, in aller Liebe und Weisheit wirken zu können.
- Habe den Mut, die Verantwortung für dich und deine Handlungen zu übernehmen.

3.

Der Verstand

*Nicht der Verstand ist die Hauptsache,
sondern das, was ihn lenkt –
die Natur, das Herz, die edlen
Instinkte, die Entwicklung.*

Fjodor Michailowitsch Dostojewskij
(1821–1881), russischer Romanautor

Um die schöpferische Schwingung aufzunehmen, ist es wichtig, dass wir unterscheiden können: Was nehmen wir tatsächlich wahr, was wollen wir wahrnehmen, und was wollen wir nicht wahrnehmen. Sonst bleiben wir im Wunschdenken gefangen. Wir brauchen also ein Bewusstsein über unseren Mentalkörper, über das, wozu er dient, und darüber, auf welche Weise er vielleicht verbogen ist, also falsche Schlüsse zieht oder alten Glaubensmustern folgt.

Das zu erkennen ist eine ziemlich schwere Aufgabe. Aber wenn du innerlich nicht frei wirst, dann kannst du die Sprache des Lichtes nicht verstehen, denn sie erzählt dir die Wahrheit und nichts als die Wahrheit.

Warum kann es sein, dass du etwas nicht hören oder auf eine andere Weise wahrnehmen möchtest? Darauf gibt es nur eine Antwort: Weil du Angst hast. Du glaubst, es könnte dich in Schwierigkeiten bringen, weil es vielleicht bedeutet, dass du etwas loslassen oder aber beginnen solltest. Du kannst Botschaften, die unwahr oder nicht stimmig sind, ganz leicht von Impulsen unterscheiden, die Angst auslösen: Wenn etwas falsch ist, dann bekommst du keine Angst, sondern ein inneres Gefühl, das dir sagt: »Das kann aber nicht sein.« Es ist, als meldete sich ein weiser Teil deines Verstandes und riefe: »Aber ...« Jedoch – und das ist wichtig – du hast keine Angst, kein Gefühl, das ist nur eine Sache des Verstandes.

Dein Verstand ist bereits angeschlossen an die universellen Gesetze, einfach weil du als menschliches Wesen ein Teil der Schöpfung bist. Es gibt nichts, was nicht daran angeschlossen ist. Weil du deinen Verstand aber zweckentfremdet hast, fühlt es sich so an, als führe er ein Eigenleben. Und weil dein Verstand in Wahrheit sowieso an das kosmische Netz, an die Lichtströme von Informationen angeschlossen ist, weiß er, ob etwas richtig oder falsch ist. Er dient dir und deiner Angst gern, wenn du es ihm befiehlst, aber das ist nicht seine Natur.

Wenn du also beginnst, bewusst hören zu wollen, was der kosmische Plan dir zu erzählen hat, dann erinnert sich dein Verstand sehr schnell an seine wahre Bestimmung. Das, was dich also hindert, ist nicht dein Verstand. Es ist deine Angst vor dem, was du vielleicht hören könntest. Um dich auf die kosmische Wahrheit einzulassen, brauchst du die Bereitschaft, deine Angst zu spüren, deine inneren Engstellen, die Bereiche, in denen du nicht vertraust, verletzt bist und einfach dicht gemacht hast – warum und in welcher Inkarnation auch immer. Und weil sich Angst immer auch körperlich zeigt, kannst du sie nutzen, indem du deinem untrüglichsten Instrument genau zuhörst.

Ein weiteres Organ, das dich das, was du hörst, spürst, siehst und erfährst, entscheiden lässt, ist dein Körper.

Du sagst vielleicht: Auch das noch? Was hat denn der Körper damit zu tun? Können wir den nicht weglassen, der ist ja die Quelle meines Leidens …

Keine Sorge, liebes Lichtwesen, das geht ganz leicht. Es sind dein Atem und dein körperliches Gefühl, die dir die Unterschiede verraten. Wenn du etwas hörst, spürst, ahnst, was dir Angst macht, dann wird dein Atem flacher, und dir wird kalt. Du atmest nur noch im Brustbereich, die Schultern verkrampfen sich, dein Gesicht erstarrt, und deine Stimme wird höher, härter und gepresst. Du wirkst und fühlst dich wie gelähmt oder versteinert, schutzlos und angreifbar. Wenn du dagegen etwas hörst, was einfach nicht stimmt, hältst du inne, dir stockt der Atem, du wirst unruhig, und dein Verstand beginnt zu arbeiten. Du erstarrst nicht, sondern bist wie auf dem Sprung. Du wirst stutzig und beginnst nachzudenken; etwas in dir setzt an loszupreschen.

Das Schwierige daran ist, dass diese Zustände nur wenige Sekunden andauern, dann setzt die Kontrolle wieder ein. Du bekommst nicht mit, dass du erstarrst, weil du diesen Zustand gut kennst und zu vermeiden versuchst. Dein Verstand setzt ein und dient der Angst, indem er jede Menge Gegenargumente findet. Er will dir einreden, dass das, was du gehört hast, doch stimmt, und du winkst innerlich ab.

Du musst also äußerst achtsam sein, willst du deine echten ersten Reaktionen wahrnehmen. Denn wenn du innerlich gar nicht zu Hause bist, dann bekommst du natürlich auch nicht viel von dem mit, was in dir passiert. Möchtest du dich für die Zeichen und Formeln der Sprache des

Lichtes und der schöpferischen Schwingung öffnen, so brauchst du die innere Freiheit, zunächst einmal jede deiner Wahrnehmungen für real zu halten. Du wirst, wenn du geübter bist, lernen, sehr genau zu spüren, was nicht ganz stimmig sein kann. Aber zu Beginn ist es sinnvoll, dir zu vertrauen. Auch und gerade dann, wenn du glaubst, du kannst nicht.

Lass uns kurz über Einbildung reden. Wenn du dir etwas einreden und einbilden willst, ist das ein ungeheurer Kraftaufwand. Probiere es bitte einmal aus. Bilde dir jetzt ein, in diesem Moment, du könntest einen Engel sehen. Schließe deine Augen, und stelle dir also vor, du wärst in Kontakt mit Engeln. Rede mit ihnen, stelle ihnen Fragen, wenn du willst, auch dann, wenn du das noch nie gemacht hast.

Enttäuschend, oder? Sicher wirst du dir irgendeinen Engel vorgestellt und herbeigezogen haben, vielleicht hast du sogar eine Art Antwort bekommen, aber es war ziemlich anstrengend und nicht gerade befreiend oder gar beglückend, nicht wahr? Daran erkennst du Einbildung. Das Bild aufrechtzuerhalten ist anstrengend; es bleibt irgendwie flach und unbefriedigend. Was du da siehst, ist schlicht und ergreifend künstlich, nicht echt, und damit gibt es dir keine Energie, sondern es raubt dir welche.

Wie anders dagegen ist ein echter Kontakt! Du wirst dabei von Energie durchströmt, fühlst dich geborgen und innerlich frei. Ein tiefes Glücksgefühl durchrieselt dich; vielleicht bekommst du eine Gänsehaut, oder dein Körper kribbelt. Falls du dich schon ein bisschen öffnen kannst, dann probiere es doch bitte einfach aus (falls nicht, probiere es dennoch aus, aber sei nicht allzu enttäuscht, wenn du noch nichts wahrnimmst, das ist nur Übungssache). Gehe dazu wie folgt vor:

Mache es dir bequem. Atme ein paar Mal tief durch. Entspanne dich, und bitte deinen Schutzengel, dir zu erscheinen, sich dir bemerkbar zu machen, und das auf eine Weise, in der du ihn auch tatsächlich wahrnehmen kannst.

(Wenn du an dieser Stelle im Text angekommen bist, auch wenn du die Übung nicht durchführst, wirst du irgendetwas wahrnehmen, spüren; dir wird etwas einfallen, oder jemand sagt etwas zu dir. Dein Schutzengel verspricht dir hiermit, sich zu melden. Vielleicht atmest du auch einfach auf, entspannst dich, wirst wacher und innerlich leichter.)

Öffne dich, soweit dir das möglich ist, für völlig neue Erfahrungen und Empfindungen.

Was immer nun geschieht, nimm es an! Es wird sich leicht und natürlich anfühlen, vielleicht sogar so natürlich, dass du es innerlich abtust. Aber in Wahrheit ist es nun mal leicht und ganz selbstverständlich! Wenn du glaubst, komplizierte Übungen zu brauchen, und es gewöhnt bist, dich anzustrengen, dann wird dir der Kontakt vielleicht sogar als zu einfach erscheinen. Doch es wird dir wie ein Wunder vorkommen, sobald du zum ersten Mal wirklich etwas wahrnimmst, und das ist es auch. Es ist das Wunder des Erwachens. Hast du einmal innerlich wahrgenommen, was möglich ist, so wirst du auf lange Sicht gesehen nie wieder im Dämmerschlaf versinken. Dennoch ist der Kontakt mit deinen höheren Anteilen – dazu gehören auch die Engel – ganz natürlich, ganz einfach, ein selbstverständlicher Teil deiner Wirklichkeit, der nie in Frage steht oder gestanden hat.

Was du in diesem Kapitel gelernt hast:

- Dein Verstand ist an die universellen Gesetze angeschlossen: Er ist klar, ruhig und logisch; er weiß, was richtig oder falsch ist.
- Deine Angst, die sich immer wieder der scheinbar logischen Stimme deines Verstandes bedient, blockiert dich.
- Erfährst du etwas auf geistiger Ebene, was dir Angst macht, wird dein Atem flach und du erstarrst innerlich.
- Ist eine Information nicht vollständig oder falsch, wirst du unruhig und dein Verstand beginnt zu arbeiten.
- Halte zunächst all deine Wahrnehmungen für real, sonst stolperst du in die Falle »Zweifel«.

Erkenne die Stimme der Angst

Nun wird es Zeit für dich, zu verstehen, dass und wie sich deine Angst häufig der Stimme deines Verstandes bedient. Das, was wir landläufig die Stimme der Vernunft nennen, ist meistens nichts als unsere Angst, die zu uns spricht. Oder findest du es zum Beispiel wirklich vernünftig, eine festgefahrene, langweilige Beziehung aufrechtzuerhalten, nur, weil du schon so viele Gefühle »investiert« hast? (Das Wort »investieren« in Bezug auf Gefühle ist natürlich an sich schon Unsinn.) Dein wahrer Verstand, der Teil, der klar, frei und vernünftig denken kann, der dem Leben dient und nicht der Angst, würde dir raten, entweder echte Lösungen zu suchen oder dein Leben ohne diese Beziehung weiterzuführen. Du verschwendest sonst deine Zeit.

Der Verstand ist ein Werkzeug des Geistes, und als solches ist er frei, klar, messerscharf und kann unterscheiden, was richtig und was falsch ist, wenn er dem Leben dient. Er weiß, wann ein Gedanke nicht zu Ende gedacht ist. Dann hörst du ein angeregtes und inspiriertes: »Moment mal …« Kann der erlöste Verstand frei agieren, so erkennt er, ob eine Information aus dem göttlichen Plan kommt oder ob sie selbst gemacht ist. Dient er jedoch der Angst, so verbiegt er sich. Er zeigt dir immer noch, was richtig und was falsch ist, aber durch die verzerrende Brille der vermeintlichen persönlichen Sicherheit. Das »Moment mal…«, das in diesem Fall kommt, ist mit Enge und Verkrampfung gekoppelt, nicht mit Aufregung und Begeisterung. Dann rät er dir tatsächlich, in der Beziehung zu bleiben, damit dir der Wind des Lebens und der Freiheit nicht allzu sehr um die Nase weht.

Also erlaube deinem Verstand, der göttlichen Ordnung zu dienen und ihre Gesetze zu achten. Er weiß, wie das geht, denn das ist seine Natur, er braucht nur etwas Übung. Lasse alle Glaubenssätze los, und wisse, dass es im Universum keine Dogmen gib, nur reine Liebe. Sie drückt sich aus, wie sie es will und wie es das universale Gleichgewicht erfordert. Akzeptiere, was immer du in dir wahrnimmst, ob es dir passt oder nicht – es sei denn, es fühlt sich völlig falsch an.

Stelle dir vor, du hast auf der seelischen Ebene erkannt, dass du Angst bekommst, wenn Menschen dir allzu fremd sind und du das Gefühl hast, dass du sie nicht kontrollieren kannst, weil sie nach anderen Maßstäben »funktionieren« und anderen Moralvorstellungen folgen. Du hast also erkannt, dass du in bestimmten Bereichen des Lebens keine Liebe, sondern Angst fließen lässt.

Liebe kann nur in absoluter Freiheit fließen. Deine eigene innere Freiheit gehört unbedingt zu der Liebe. Denn nur durch deine freie Entscheidung, die ausgleichenden Bewegungen des Universums zu akzeptieren, in dem du dich sowohl individuell als auch global befindest, kannst du eben diesen Bewegungen anmutig und entspannt folgen.

Sofern du aber innerlich in der Vorstellung gefangen bist, dass alles, was du nicht kontrollieren kannst, gegen dich ist und du ständig auf der Hut sein musst, dann wirst du dir für dein Leben auf der Erde vornehmen, genau diese innere Freiheit zu erlernen. Warum? Weil innere Freiheit ein natürlicher Zustand ist, zu dem du unbedingt zurückkehren willst. Alles im Universum ist so, wie es nun einmal ist. Niemand kann sich dauerhaft wirklich verbiegen.

Du hast dir also vorgenommen, diese innere Freiheit zu erlangen. Infolgedessen erschaffst du dir ein ideales Lernfeld, weil diese Absicht wie eine Prägung in deinem Energiemuster verankert wird. Wenn du auf die Erde kommst, ist es bereits ein fester Bestandteil deines Wesens. Das zu erkennen, dabei hilft dir zum Beispiel dein Geburtshoroskop, denn da kannst du es in Symbole gefasst nachlesen.

Dieses Energiemuster verselbstständigt sich, es beginnt zu wirken, und der symbolische Lebenszug gerät unaufhaltsam ins Rollen. Du bekommst bestimmte Eltern, bei denen du jene Erfahrungen machst, die du brauchst, um auf deine Absicht aufmerksam zu werden. Vielleicht ist dein Vater Ausländer, und du wirst in der Schule gehänselt; vielleicht denkt deine Mutter rassistisch und verbietet dir den Umgang mit den Ausländerkindern von nebenan – in jedem Fall wird dir dein Thema serviert, damit du es bemerkst und es Raum in deinem Leben einnehmen kann. Deine Eltern übernehmen die undankbare Aufgabe, das, was du dir zu lernen vorgenommen hast, auch in deinem emotionalen System zu verankern, damit du dich auf den Weg machen kannst, es zu erlösen. Die Aufgaben, die auf höheren Ebenen so logisch und frei wirken, werden, wenn wir beginnen, sie auf der Erde umzusetzen, durch all die schmerzhaften Erfahrungen immer stärker in unser System integriert.

Wenn du es nun nicht zulässt, es verdrängst und nicht wahrhaben willst, auf welche Weise du reagierst (vielleicht bekommst du Angst vor den anderen Kindern, vielleicht entwickelst du selbst eine Abneigung gegen die fremden Nachbarn), weil es in deiner Schule verpönt ist, auf diese Weise zu fühlen, wie du fühlst, dann rutscht dein Thema in die innere Schattenwelt. Du bekommst gar nicht mit, dass es ein Thema ist! Aber es wird dir trotzdem immer wieder begegnen, denn es ist nun einmal das, was du dir zu lernen vorgenommen hast und was deshalb ein unauslöschlicher Bestandteil deines Energiemusters ist.

Deine Gefühle können, genauso wie dein Verstand, sehr schlechte Ratgeber sein, wenn sie nicht frei fließen dürfen. Immer dann, wenn du nicht alles fühlen willst, was es an Gefühlen in dir gibt, friert ein Teil deines emotionalen Systems ein. Du kennst das sicher: Du bekommst zum Beispiel eine Nachricht, die dich beunruhigt. Anstatt dir die Zeit zu nehmen, deine Unruhe wirklich zu fühlen und sie durch dich hindurchfließen zu lassen, ihr Raum zu geben, bis sie sich verabschiedet hat, beschwichtigst du dich mit Gedanken wie: »Es wird schon nicht so schlimm sein«, oder: »Du sollst doch positiv denken, dann passiert das nicht.«

Vielleicht fühlst du die Unruhe dann nicht mehr, aber sie ist nicht weg.

Deine Gedanken haben keinen echten Einfluss auf deinen Emotionalkörper, sie können ihn nicht in seiner Frequenz erhöhen, sie können ihn nur erschrecken oder besänftigen. Die Unruhe bleibt jedoch in deinem System, bis du sie ganz gefühlt hast. Wenn du nun wieder eine Situation erlebst, die ähnliche Gefühle in dir auslöst, dann stößt die frühere Unruhe sofort zur neuen hinzu, weil sie hofft, jetzt endlich gefühlt zu werden, damit sie wieder gehen kann. Also fühlst du nun eine doppelte Unruhe, eine hängen gebliebene und eine aktuelle. Natürlich kannst du das nicht unterscheiden, und du wunderst dich vielleicht, warum du scheinbar so überreagierst. Doch du überreagierst nicht, sondern du reagierst auf zwei Situationen gleichzeitig, eine alte und eine jetzige.

Wieder wirst du dich vielleicht beruhigen und beschwichtigen, denn auch darin hast du unterdessen Übung. Und je besser du das Beschwichtigen beherrschst, desto mehr Angst und Unruhe sammeln sich in deinem System an. Die Ursache dieser Unruhe und Angst ist fast immer eine echte Bedrohung, eine Situation, in der du wahrhaftig einen Verlust erlitten hast oder in echter Gefahr warst. Ist eine solche Situation in deinem emotionalen System und im Gehirn gespeichert (und das ist sie bei jedem, nämlich in der sogenannten Amygdalae, dem Mandelkern im Gehirn), so bildet diese Angst oder Unruhe den Resonanzboden für jede weitere bedrohliche oder auch nur scheinbar bedrohliche Situation. Die Angst fühlt sich irgendwann so vertraut an, dass du gar nicht merkst, dass letztlich alle anderen Gefühle davon durchzogen sind. So kannst du natürlich keine klaren Signale empfangen; das verstehst du, nicht wahr? Also ist es wichtig, deine Gefühle erst mal ins »Jetzt« zu bringen, dein emotionales System von allen Altlasten zu befreien oder dir diese zumindest bewusst zu machen, damit du fühlst, was im Moment wirklich stattfindet – und zwar nur in diesem.

Wie aber lernen wir nun, wirklich in Kontakt mit uns selbst zu sein? Der Schlüssel dazu und zugleich der Universalschlüssel zur Sprache des Lichtes ist das, was so schön mit »ganz im Hier und Jetzt sein« beschrieben wird. Und jetzt ganz schnell: Mit wie viel Prozent deiner (zur Zeit inkarnierten) Energie und Aufmerksamkeit bist du in dieser Sekunde bei uns? Ganz spontan, ohne Wertung. Wenn es mehr als fünfzig Prozent sind, dann bist du schon sehr präsent. Und wo hängt der Rest von dir herum, um es mal flapsig auszudrücken? In der Vergangenheit, in der Zukunft? Geht ein Teil von dir gerade einkaufen, und der andere kocht schon mal das Abendessen oder macht die Buchhaltung?

Du brauchst also bewusste Aufmerksamkeit für das, was jetzt, in diesem Moment geschieht; du musst anwesend sein! Die Lichtsprache nimmst du innerlich wahr; du erkennst sie an der Klarheit, die mit der Botschaft einhergeht. Aber das geht nur, wenn du ganz da bist und deine Systeme von Senden auf Empfangen geschaltet sind. Du musst innerlich still sein, dir Raum geben und es aushalten, ein bisschen Freiraum und Leere zu schaffen und zu bewahren. Wir sind die meiste Zeit so mit »Tun« beschäftigt, dass wir nur sehr selten in den Zustand des »Geschehenlassens« kommen, und gelingt es uns, so bekommen wir sofort Angst, unnütz zu sein, weil wir anscheinend so passiv sind. Aber du kannst die Botschaft von einer anderen Ebene nur vernehmen, wenn du still bist; du kannst nur nach innen schauen, wenn du die äußeren Bilder für eine Zeit lang aus dem Blick verlierst.

Wir reden gerade andauernd vom Verstand, dabei erzählt doch fast jeder, der ein ganzheitliches Menschenbild vertritt, dass wir nicht so sehr im Kopf sein sollten. Was also reden wir die ganze Zeit?, fragst du vielleicht. Geht es nicht um das Herz, um die höheren Chakras, um das Gefühl, wenn wir die schöpferische Schwingung wahrnehmen und nutzen wollen? Sofern dir jemand lapidar sagt, du sollst bitte nicht so sehr »im Kopf« sein, sondern mehr auf deine Gefühle hören, dann hat er meistens nicht wirklich verstanden, was passiert und wozu du »im Kopf« bist, oder er drückt sich nicht klar aus.

Dein »Kopf« ist der Sitz des Verstandes, ja. Aber er ist ganz besonders das Fluchtmittel der Wahl für deine Angst und damit für deine Kontrolle. Und das ist gemeint, wenn dir jemand sagt, du sollst nicht so im Kopf sein. Denken sollst du bitte schon. Wovor auch immer du Angst hast: Solange du sie nicht zulassen kannst, willst oder darfst, braucht sie ein Versteck. Angst ist zunächst ein körperlicher Zustand, ein Zustand akuter Bedrohung, egal ob diese Bedrohung tatsächlich existiert oder ob es in naher oder ferner Zukunft dazu kommt.

Der Adrenalinspiegel erhöht sich durch Angst dramatisch: Deine Systeme zeigen Alarmstufe Rot, deine Muskeln füllen sich mit Blut, damit du flüchten kannst. Dein gesamtes System wird wach, und du bist höchst konzentriert. Der Sympathikus, ein Nervenstrang im vegetativen Nervensystem, der für die Anregung des Herzkreislaufsystems zuständig ist, wird aktiviert und sorgt dafür, dass dir alle Energiereserven zur Verfügung stehen, wenn du sie brauchst. Das ist ein äußerst wacher Zustand, der dich im Falle einer echten Bedrohung in die Lage versetzt, angemessen zu reagieren.

Nun sind aber die Bedrohungen, denen wir uns ausgesetzt fühlen, meistens hausgemacht und unecht. Entsprechend ist unsere natürliche Art der Reaktion nicht nur nicht sinnvoll, sondern sogar gesundheitsschädigend. Was tun wir den ganzen Tag? Wir erlauben den Medien, unseren eigenen Gedanken und fast jedem, der uns begegnet, »im Kopf« Furcht einflößende Zustände heraufzubeschwören. So gut kann es uns gar nicht gehen, dass wir uns nicht beeindrucken lassen von der Sorge um den Arbeitsplatz, um unsere Rente, darum, was man heutzutage eigentlich noch essen kann (erkundige dich einmal, was man vor hundert Jahren essen konnte, wie viel Gemüse und Obst damals zur Verfügung stand ...), und darum, was aus unseren Kindern einmal werden soll.

Wir befinden uns also den ganzen Tag mehr oder weniger in einem unterschwelligen Zustand diffuser Angst vor etwas, was sich unserer direkten Kontrolle zu entziehen scheint: Es gibt Bedrohungen von außen, denen wir nicht entgehen können, die wir nicht beeinflussen können, auf die wir nicht reagieren können. Das ist ein Zustand andauernder Macht- und Hilflosigkeit und Gift für unseren Organismus. Das hält kein Körper auf die Dauer aus. Also verlagert sich deine Angst in den Emotionalkörper, in den Teil deines Gesamtsystems »Mensch«, in dem du Energien als Gefühle wahrnimmst. Warum gerade in die Gefühle? Um das zu verstehen, brauchen wir ein paar Ergebnisse aus der Hirnforschung.

All unsere Sinneswahrnehmungen, also die körperlichen Erfahrungen, müssen zunächst die sogenannte Amygdala passieren, bevor sie an den Cortex, an den denkenden Teil unseres Gehirns, weitergeleitet werden. Hier wird jede Situation in bedrohlich oder harmlos eingestuft, diese Unterscheidung gründet sich auf urlate Erfahrungen und Situationen. Dieses Weiterleiten dauert eine halbe bis drei viertel Sekunden. Deswegen spürst du jeden Schreck eine halbe bis drei viertel Sekunden lang ungefiltert, bevor der gesunde, bewusste Verstand (der auf dem Cortex angesiedelt ist) einsetzen und dir erklären kann, was gerade geschieht, ob der Schreck also angemessen ist oder nicht. Ist der Schreck einmal gestartet, kann der Verstand seine klärende Wirkung nicht mehr nachträglich entfalten. Und erst im Nachhinein kannst du die Situation analysieren. »Denn leider«, so der Bremer Gehirnforscher Gerhard Roth während eines Vortrags zu diesem Thema, »leitet zwar die Amygdala ihre Impulse und Informationen an den Cortex weiter, aber umgekehrt lässt sie sich vom Cortex nur wenig beeindrucken.« Wir können uns unsere Angst also nicht einfach ausreden oder durch logische Schlussfolgerungen erlösen.

Der Begriff Amygdala kommt übrigens aus dem Griechischen und bedeutet schlicht »Mandelkern«. Diese Funktionseinheit im Gehirn erhielt ihren Namen, weil sie die Form von zwei symmetrisch angeordneten Mandelkernen besitzt. (Weiter unten findest du eine Übung, mit der du diese »Mandelkerne« neu beleben bzw. austauschen kannst.)

Was geschieht nun? Wir fühlen die Angst im emotionalen System. Wir können aber nicht den ganzen Tag in diesem Zustand herumlaufen, das lässt der uns innewohnende Regelungsmechanismus, die Selbstheilungskräfte, nicht zu. Die nächste Instanz, die sich unserer Ängste annimmt, wäre der Verstand – wenn wir ihn lassen würden. Weil wir aber so verblendet und fehlinformiert (und deshalb in einem andauernden Zustand der Angst) sind, sind wir nicht mehr in der Lage, wirklich klar zu denken, denn wir kommen gar nicht erst in den dazu nötigen Zustand der inneren Ruhe – oder aber wir hören unserem Verstand einfach nicht zu. Denn wir glauben ja das, was wir hören und lesen: Wir glauben, unsere Renten sind nicht gesichert, wir glauben, unser Arbeitsplatz stünde auf dem Spiel; und wir glauben, dass wir eines Tages ungeliebt und einsam, ohne Geld und abgeschnitten von allem sterben müssen. Es sei denn, wir gehen mit aller Kraft dagegen an. Wenn uns nun unser klarer Verstand die nötigen Informationen gibt, die dazu führen könnten, dass wir uns entspannen, glauben wir ihm nicht, sondern tun seine Ideen und Informationen als naives Gerede und Wunschdenken ab. Ein Beispiel:

Ich befürchte, ich verliere in den nächsten Tagen, Monaten oder Jahren meinen Arbeitsplatz.

Ein furchterregender Satz, nicht wahr? Wenn du ihn dir laut vorliest, dann wirst du schon merken, wie dein Körper anfängt zu zittern, wie dein Atem flacher wird und wie dein Gehirn sich gleich überschlägt, um dich zu beschwichtigen, damit du diesen sehr bedrohlichen körperlichen Zustand nicht allzu lange aushalten musst. Dein Körper reagiert immer im Jetzt. Wenn du dir also Sorgen um die Zukunft machst, dann reagiert er, als wäre das, was du befürchtest, jetzt in diesem Moment eingetroffen. Auch deine Gefühle kennen nur das Jetzt. Es gibt für deinen Körper und für deine Gefühle keinen Unterschied zwischen dem, was du denkst, und dem, was tatsächlich stattfindet (außer du willst etwas Neues lernen, dann muss es auch im Außen passieren, sonst verschalten sich die Synapsen nicht). Der einzige Unterschied ist, dass du nicht reagieren kannst, wenn du dir Sorgen machst, denn die Situation ist ja gar nicht da; du kannst nicht eingreifen und hast keinen Einfluss. Was würde ein klarer Verstand zu dem bedrohlichen Satz sagen?

Ich werde, wenn es so weit ist, eine Lösung finden und entsprechend handeln, weil ich weiß, dass ich sehr kreativ bin und in einer Welt voller ungeahnter Möglichkeiten lebe.

Nun, diesen Satz würdest du nicht einmal zu denken wagen, richtig? Jemand, der so denkt, scheint sehr blauäugig und völlig ahnungslos zu sein, hat keine Vorstellung davon, wie es in der Welt zugeht. Und dennoch stimmt es. Du bist ein hoch kreatives Wesen und lebst in einer Welt voller ungeahnter Möglichkeiten. Wenn du das nicht erkennen und nutzen willst, nun gut. Der Satz oben ist jedoch die Antwort, die dir dein klarer Verstand gibt. Und was wäre die Botschaft der schöpferischen Schwingung?

Du bist ein schöpferischer Geist und lebst in einer Welt voller un-geahnter Möglichkeiten. Nutze dein Potential, und erlaube dem Leben selbst, dich zu führen. Vertraue auf deine innere Führung, und spüre bitte, ob dieser Arbeitsplatz überhaupt noch deinem und dem höchsten Wohl aller dient.

So anders als die Stimme deines Verstandes klingt das nicht, oder? Nur die spirituelle Komponente ist noch dazugekommen.

Was aber würdest du dir einreden, was würdest du dir ausdenken? Wahrscheinlich nichts, denn dazu kann man nichts sagen. Du würdest die Angst vielleicht verdrängen und einige beruhigende Formeln murmeln – oder dir bereits jetzt ausrechnen, wie weit du mit dem Arbeitslosengeld kämst und was du dann machen würdest. Vielleicht kündigst du schon mal deine Wohnung, denn in ein paar Jahren kannst du sie dir sowieso nicht mehr leisten, oder? Und hier sind wir am Punkt …

Denn, liebstes Lichtwesen, wie willst du die Lichtsprache hören und verstehen lernen, wie möchtest du die schöpferische Schwingung wahr-nehmen und in deinem Leben verwirklichen, wenn du ihr schlicht nicht glaubst? Es kann sein, dass du schon weißt, dass wir alle spirituelle Wesen sind, aber wenn es um deinen Arbeitsplatz oder die Renten geht, hört der spirituelle Spaß auf, richtig?

Aber: Entweder du erkennst dich in jedem Bereich deines Lebens als schöpferisches Wesen, als göttliches Prinzip an – oder gar nicht. Du kannst dir einen sicheren Platz erschaffen. Übe das. Aber lerne bitte, diese Schöp-ferkraft in jedem Bereich deines Lebens für möglich zu halten. Um das zu lernen, musst du über deinen geistigen Tellerrand hinausschauen, darfst dich nicht mehr von irrationalen und ausgedachten Ängsten beirren lassen, dich nicht mehr zum Opfer von äußeren Umständen machen.

Denn was ist die Wahrheit über die Renten, über Mangel, über deinen Arbeitsplatz? Die Bedrohung, deine Arbeitsstelle zu verlieren, viel zu wenig Rente zu bekommen und was auch immer du dir sonst noch vom kollektiven Mangelbewusstsein hast einreden lassen, ist natürlich real. All das kann passieren, und das tut es ja auch. Aber es passiert nur dann, wenn du dich im entsprechenden Energiefeld aufhältst. Falls du tatsächlich glaubst, deine Versorgung wäre vom Staat abhängig, erscheint es sinnvoll zu sein, eine Arbeit zu machen, die dich weder erfüllt noch deinen echten Fähigkeiten entspricht. Wenn du wirklich der Meinung bist, es gäbe eine Kraft, die dich unweigerlich in die Armut und in die Bedürftigkeit führen könnte, sofern du nicht alles tust, um das zu verhindern, dann bist du herzlich willkommen im Energiefeld der Angst und des Opferdaseins. In dieser Lage kannst du die Sprache des Lichtes nicht hören, denn die Frequenz der Angst überlagert die feine, hochschwingende Frequenz der Liebe und der göttlichen Ordnung – zumindest für deine Wahrnehmungen, weil sie noch nicht trainiert sind. Das ist, als wärst du den ganzen Tag dem unerträglichen Lärm eines Schlagbohrers ausgesetzt. Logischerweise bist du abends nicht mehr in der Lage, die leisen, feinen Energien einer Sinfonie in dich aufzunehmen, richtig?

Du könntest dieses Energiefeld natürlich auch verlassen. Es ist sowieso überholt und langweilig – oder hast du noch Interesse daran, dich zu sorgen? Wahrscheinlich nicht, oder?

Aber wie verlässt man ein Energiefeld, und was passiert dabei?

Auf der körperlichen Ebene erziehst du deine Mandelkerne um und programmierst sie mit neuen Informationen. Du kannst dir sicher vorstellen, dass das ein langwieriger Prozess ist, der deine volle Aufmerksamkeit und Bewusstheit erfordert. Es bedeutet nichts anderes, als dass du jedes Mal, wenn du in Angst und Panik verfällst, dir genau und bewusst anschaust, was nun tatsächlich passieren kann und was nicht. Die Mandelkerne sind spontan, impulsiv – und manchmal einfach falsch informiert. Wenn du alte Programmierungen hast, die dich jedes Mal in Panik versetzen, wenn dich jemand ein paar Stunden lang nicht anruft oder dich schief anschaut, dann kannst du dir deine Angst noch so lange ausreden, die Mandelkerne reagieren einfach. Und zwar, noch bevor du das überhaupt bemerkt hast.

Bitten wir bewusst darum, umprogrammiert zu werden und um die Kraft, alles, was uns unangemessene Angst macht, zunächst vermeiden zu können (um nicht immer wieder in die alten Gedankenschleifen zu verfallen), so können wir auch den allzu diffus programmierten Teil unseres Gehirnes verändern. In der Suchtbehandlung gibt es den Begriff der Abstinenz. Wenn du lernen willst, höheren Energiefeldern zu vertrauen, wenn du also die suchtartigen Angstreaktionen verlernen willst, dann ist es wichtig, dass du sie nicht immer wieder auslöst, sondern in dieser Hinsicht »Abstinenz« übst. Denn jedes Mal, wenn du auf die gleiche Weise reagierst, verstärken sich die synaptischen Verbindungen im Gehirn, und das Programm wird noch ein bisschen stabiler installiert, du bestätigst die alten Reaktionen.

Deshalb bieten wir dir hier eine besondere Meditation an. Sie kann eine sehr tiefe Wirkung auslösen; vielleicht spürst du einen Druck im Kopf. Ich überlasse es deiner eigenen Verantwortung, zu fühlen, ob dich diese Übung zum jetzigen Zeitpunkt unterstützen kann oder ob es noch zu früh ist. Spürst du, dass sie jetzt noch nicht passt, so überblättere einfach die nächsten Seiten; führe sie später durch, wenn du willst.

Meditation:
Austausch der Mandelkerne

Entspanne dich, atme tief durch. Lege dich bequem hin, oder setze dich auf einem Stuhl zurecht. Nun gehe in Gedanken und mit deiner Aufmerksamkeit in dein Gehirn. Vielleicht sieht es vor dei-

nem inneren Auge aus wie dein anatomisches Gehirn oder eher wie ein Energiefeld oder wie ein Raum.

Stelle dir zwei Mandelkerne vor: vielleicht dunkel, etwas schrumpelig und wie ausgetrocknet – oder auch ganz anders. Nimm sie bitte einfach wahr, und spüre, ob sie dir gefallen und ob sie deiner Art zu denken und zu fühlen entsprechen. Wenn nicht, dann bitte darum, dass sie herausgenommen und gereinigt werden.

Weißes Licht strömt nun durch dein Kronen-Chakra in dein Gehirn und füllt die Mandelkerne auf, gibt ihnen neue Informationen und neue Impulse. Alle alten Programme werden gelöscht, du bekommst neue Frequenzen, ein neues Bewusstsein. Du spürst körperlich möglicherweise Wärme, Druck oder ein Kribbeln im Kopf. Die Mandelkerne verändern sich, sie beginnen, lebendiger und strahlender zu werden, voller Licht und Leben. Sie bekommen neue Informationen, durch die sie Situationen anders bewerten und einschätzen können. Vielleicht werden sie aber auch vollständig entfernt, und du bekommst zwei völlig neue, zwei leuchtende, schimmernde Kristalle, die sehr viel Licht enthalten. Alle Informationen, die hier ankommen und durchfließen, werden nun mit Licht und Liebe angereichert. Du reagierst von nun an anders, kosmischer und ganzheitlicher, denn in diese Mandelkerne sind die echten geistigen Gesetze der Liebe und Fülle einprogrammiert.

Die gereinigten oder neuen Mandelkerne werden dir nun wieder eingesetzt, verbinden sich mit den anderen Teilen des Gehirnes und beginnen, neue Vernetzungen zu schaffen. Die Informationen strömen durch das ganze Gehirn und regen Areale an, die vielleicht noch nie zuvor genutzt worden sind.

Nun gehe in Gedanken bitte zu der Brücke, die deine Gehirnhälften verbindet, und schau sie dir an. Ist sie gut ausgebildet, stabil und voller Energie? Oder eher ein bisschen dünn und langsam? Durch dein Kronen-Chakra strömt kristallines Licht in diese Brücke, vielleicht ist es auch golden oder violett. Das Licht reinigt die Brücke und stärkt sie, sie wird sehr viel breiter und durchlässiger. Stelle dir das vielleicht wie ein Bündel aus Stromkabeln vor, die nun durch Glasfaserkabel ersetzt werden. Glasfasern leiten Informationen sehr viel schneller und präziser, außerdem muss das Licht nicht erst in elektrische Impulse umgewandelt werden, sondern kann untransformiert durch dich hindurchströmen; damit erhältst du schneller direkte Impulse.

Möglicherweise ist die Brücke auch unterbrochen, vielleicht gibt es auch gar keine, oder sie ist blockiert. Das Licht reinigt sie, baut sie wieder auf, eventuell wird sie auch ganz neu gebaut. Die Brücke verbindet die Gehirnhälften, und je breiter und stabiler sie ist, desto leichter können die Gehirnhälften miteinander kommunizieren, desto klarer und schneller strömen die Informationen und Anregungen aus deinem Gehirn in deinen Körper.

Du spürst, wie sich in deinem Gehirn etwas verändert, wie die Gehirnhälften beginnen, miteinander zu kommunizieren, wie sich alles besser verschaltet. Neue Synapsen entstehen, die Gehirnhälften arbeiten effektiver zusammen. Eingehende Informationen, sei es aus dem Bauchhirn oder aus der Umgebung, aus dem Kosmos oder von deinem Gegenüber werden in ihrer Ganzheit wahrgenommen, und du kannst in Übereinstimmung mit den geistigen Gesetzen reagieren.

Erlaube nun, dass das Licht durch das Kronen-Chakra weiter in die Brücke einströmt, von hier aus dein Gehirn reinigt, neu verschaltet, Verbindungen löst, die du nicht mehr brauchst, und dafür neue schafft, damit du immer klarer und schneller mit deinen verschiedenen Chakras kommunizieren kannst. Bitte ganz besonders darum, dass die Informationen aus deinem Seelenplan ihren Weg finden, dass eine spezielle Leitung geschaffen wird, die eine stabile Verbindung zwischen deinem Bewusstsein und deinem kosmischen Seelenplan aufbaut und hält. Das darf einige Zeit dauern; folge einfach deinen inneren Bildern: Vielleicht bekommst du einen ganz neuen

Telefonanschluss, oder eine Straße wird gebaut, oder du siehst einen Lichtstrahl, möglicherweise zeigt sich dir ein ganz anderes Bild – die Hauptsache ist, du bekommst eine stabile Leitung.

Bleib noch ein bisschen liegen, auf jeden Fall so lange, bis ein etwa vorhandener leichter Druck im Kopf abklingt. Unterschätze nicht die Veränderungen, die durch diese Art von geistigen »Gehirnoperationen« geschehen können, und nimm dir deshalb noch Zeit, dich auszuruhen und neu zu sammeln.

Damit die neu integrierten Informationen nicht gestört werden, ist es sinnvoll, von nun an die Verantwortung für alles zu übernehmen, was du aufnimmst, denn Informationen sind geistige Nahrung. Vermeide Situationen, die dir diese diffuse Angst einjagen. Beteilige dich nicht mehr an Gesprächen über die schlechte wirtschaftliche Lage und über Bedrohungen, denen wir alle ausgesetzt zu sein scheinen. Schau keine Nachrichten, wenn du nicht damit umgehen kannst; auch sie sind wie eine Droge für den Teil in uns, der sich andauernd bedroht fühlt – und so sollen sie auch sein, denn das bringt die Einschaltquoten. Wenn du geübt bist, größere Zusammenhänge zu erkennen und sie in ihrer spirituellen Bedeutung zu verstehen, dann schau sie dir ruhig an; aber im Moment lähmen sie dich eher, als dass sie dir Energie geben.

Beteilige dich auch nicht an Gesprächen, in denen es um Jammern und Klagen geht, in denen niemand nach echten Lösungen fragt, sondern nur den Zustand der Welt anprangert. Warum? Weil du dir das nicht leisten kannst, wenn du dein Energiefeld anheben willst. Angst einflößende Informationen sind wie Drogen. Außerdem sind sie falsch. Denn worum geht es wirklich, warum jagen uns all diese Nachrichten Angst ein? Weil wir vergessen haben, was uns wirklich trägt.

Es ist nicht deine Arbeit, die dich mit Geld versorgt, es ist nicht die Firma, die dir deine Brötchen sichert. Du lebst in einem unermesslichen Energiefeld voller Möglichkeiten, und du bist ein Teil davon. Wenn du das vergisst, dann fühlst du dich ausgeliefert und wie ein Opfer, das sich anstrengen muss, um alles zusammenzuhalten. Was aber ist es tatsächlich, das die Welt im Innersten zusammenhält und stabilisiert? Es gibt dazu eine solche Vielzahl an Theorien, dass du dir fast eine aussuchen kannst. Wir wissen aber sehr genau, was es nicht ist, und dazu gehört ganz bestimmt deine riesige Anstrengung, alles zu kontrollieren.

Was ist es, das dich wirklich immer und überall trägt? Denn mit weniger sollst du dich nicht mehr zufriedengeben. Alles, wofür du dich anstrengen musst, alles, was deine ständige angespannte Kontrolle und Selbstverleugnung erfordert, kann nicht das sein, was die Schöpfung für dich, für uns, für diesen gesamten Planeten vorgesehen hat, denn es ist schlicht nicht natürlich. Es ist kein natürlicher Zustand, sich selbst zu verleugnen und sich immer wieder kontrollieren zu müssen.

Was du in diesem Kapitel gelernt hast:

- Der Verstand ist ein Werkzeug des Geistes, und als solcher ist er frei und klar. Er dient dem Leben und der göttlichen Schwingung.
- Erlaube deinem Verstand, der göttlichen Ordnung und nicht deiner Angst zu dienen.
- Die Angst ist zumeist im Emotionalkörper gespeichert. Lässt du sie nicht zu, bedient sie sich der scheinbaren Logik des in diesem Falle fehlgeleiteten Verstandes. Lasse sie also zu, und nimm sie bewusst wahr.
- Befreie dein emotionales System von Altlasten, damit du fühlen kannst, was tatsächlich passiert.
- Um die Sprache der Schöpfung zu verstehen, brauchst du bewusste Aufmerksamkeit für das, was geschieht – sei im Hier und Jetzt.
- Werde innerlich still und lasse alles zu, was in dir aufsteigt. Folge deinem Atem.
- Erkenne dich selbst als schöpferisches Wesen an. Lerne, deine eigene Schöpferkraft in jedem Bereich deines Lebens für möglich zu halten.
- Die Frequenz der Angst überlagert die leise Stimme der Liebe und der göttlichen Ordnung, solange du auf diese Stimme noch nicht genügend eingestellt bist. Verschaffe ihr Gehör, indem du schreibst, malst oder ihr auf andere Art Ausdruck verleihst.
- Verlasse Situationen, die diese fast suchtartige Angstreaktion auslösen. Mache dir ganz bewusst keine Sorgen.

4.
Was uns wirklich trägt

*Wie hell, wie heiter, wie ruhig wird
alles in meiner Seele, sobald der
Gedanke in ihr aufgeht, dass die Welt
in einem höheren Wesen ihren
Ursprung hat.*

Johann Friedrich Wilhelm Jerusalem
(1709–1789), deutscher Theologe

Grundlagen der göttlichen Ordnung

Was trägt uns wirklich? Das ist so einfach, dass es dir sicher naiv vorkommt und du dich genervt abwendest. Denn du weißt es doch längst. Es ist natürlich die göttliche Ordnung, die schöpferische Kraft, die alles verwebt und in einem idealen Gleichgewicht hält. Wir haben keine andere Antwort für dich. Warum, glaubst du, konnte Jesus über das Wasser gehen? Weil er von den irdisch wirkenden Gesetzen von Zeit und Raum entbunden war, weil er sehr bewusst angeschlossen war an ein höher wirkendes Gesetz.

Angeschlossen seid ihr alle; es ist das Bewusstsein, das den Unterschied macht. Wo hält sich dein Bewusstsein den ganzen Tag über auf? Jesu Bewusstsein hielt sich fortwährend in den Sphären der göttlichen Ordnung auf. Er wusste um die geistigen Gesetze und folgte ihnen, nur ihnen, und das ausdrücklich und mit voller Absicht. Er fiel nicht mehr auf die Illusion von Zeit und Raum herein! Weißt du, was für ein immenser Energieaufwand notwendig ist, dieses stoffliche, sichtbare Universum aufrechtzuerhalten?

Dr. Diethard Stelzl schreibt dazu in seinem Buch »Spirituelles Heilen in der Tradition der atlantischen Kristallchirurgen«:
Der Schweizer Atomphysiker Dr. Carlos Rubbia erhielt 1984 den Nobelpreis für die Aufstellung einer mathematisch entwickelten Naturkonstante, mit deren Hilfe man das Verhältnis zwischen atomar-materiellen Masseteilchen mit positiv geladenen Protonen im Atomkern und den diese umgebenden, mit Ladung versehenen Elementarteilchen = Elektronen errechnen konnte. Diese Verhältniszahl bestimmt also die Relation von notwendigen Energieträgern für die Entstehung nur eines einzigen Materieteilchens auf der Erde. Sie liegt bei 1:9,746 x 108, also ca. bei 1:1.000.000.000, nahezu einer Milliarde Einheiten. Bereits Albert Einstein (1879–1955) stellte fest, dass Materie nur verdichtete Energie ist. Eine Milliarde Energieeinheiten sind also notwendig, um nur eine einzige Materieeinheit in Form von Masse zu bilden.

Unglaublich, oder? Das zeigt, wie groß das Interesse an dieser Art von Erfahrung ist, wie wichtig es für das ganze Universum ist, Materie als eine Form von Energie kennenzulernen und zu erleben. Aber es erklärt auch, wie unnatürlich Materie im Grunde ist, wie konstruiert und bewusst erschaffen. Die Konstruktion selbst ist im Lichtgitternetz gespeichert; in ihm ist der göttliche Bauplan, von dem auch du ein Element bist. Wie also kannst du lernen, der göttlichen Ordnung zu folgen, und dich wieder in das Lichtgitternetz hineinfallen zu lassen? Wie kannst du dich wieder anbinden und ein funktionierender Teil der göttlichen Schöpfungsordnung werden? Wie kannst du das Gefühl bekommen, mit dir und der Welt im Fluss zu sein?

Hier ist die gute Nachricht: Du bist es längst, du warst es immer, und du wirst es immer sein. Deine scheinbare Abkoppelung von der göttlichen Ordnung, die dich in diesen Zustand der Verwirrung und Verzweiflung gebracht hat, war beabsichtigt. Ihr seid auf dem Weg zurück zur bewussten Einheit mit allem; eure höheren Chakras beginnen sich zu öffnen, und wir bringen die Erde dem Himmel das letzte Stück entgegen.

Es gibt einen Film, in dem ein Mann seinem Freund, der noch nie eine Frau geküsst hat, eine Anleitung dazu gibt: »Der Mann kommt der Frau neunzig Prozent der Strecke zwischen ihren beiden Mündern entgegen. Aber die letzten zehn Prozent, die entscheidenden Zentimeter, kommt die Frau auf ihn zu.« Ob das nun stimmt oder nicht, ist unwichtig; zwischen uns ist es jedenfalls so.

Der Himmel kommt euch neunzig Prozent des Weges entgegen, weil wir das mit euch vereinbart hatten und weil ihr ihn immer wieder auf die Erde gerufen habt. Aber die Erde muss das letzte Stück von sich aus gehen; und genau das geschieht, wenn du, ja, genau du, dich aufmachst, deine alten Begrenzungen hinter dir zu lassen. Du willst die schöpferische Schwingung wahrnehmen, die Sprache des Lichtes hören und sprechen? Es gibt nichts anders, liebste Seele. Es gibt im gesamten Universum nichts als die kosmische Energie und die göttliche Schwingung.

Du bist niemals aus dieser Ordnung herausgefallen, und so brauchst du auch nicht mühsam zurückzukriechen oder gar schuldbewusst dein Haupt zu senken, damit Gott dich wieder gnädig in sein Reich aufnimmt. Es gibt nur Gottes Reich. Du machst dich jetzt einfach auf den Weg nach innen, um dort den angesammelten Sperrmüll beiseite zu räumen, der dich daran hindert, die nächsthöhere Bewusstseinsebene zu betreten – denn genau darum geht es hier. Die Sprache des Lichtes auf einer höheren Frequenz zu verstehen ist ein ganz natürliches Nebenprodukt der Arbeit, die zu tun du hier angeboten bekommst und vielleicht bereit bist zu leisten.

Denn was ist es, was dich hindert oder aber befähigt, die Botschaften klar und deutlich zu empfangen? Nichts als das, was du für möglich oder eben nicht für möglich hältst. Alles, was du für möglich hältst, kann dir unverzerrt begegnen. Und alles, was du nicht glauben kannst, weil deine Vorstellung nicht ausreicht, weil dein Erfahrungshorizont zu klein ist, kannst du nicht wahrnehmen und hören, es wird sich verzerren und sich so lange zusammenfalten, bis es in deine viel zu kleinen Schubladen passt. Dann hat es aber, scheinbar, mit der kosmischen Ordnung nicht mehr viel zu tun, weil du gar nicht erkennst, worum es geht. Dann bleibt nur noch ein komischer, verdrehter Glaubenssatz übrig, den du vielleicht zur allgemeingültigen Maxime stilisierst.

Stelle dir ein riesiges Blatt Papier vor, das alle göttlichen Gesetze enthält und von Gott voll Liebe, Licht, Zuversicht und Kraft beschrieben wurde. Du faltest es tausendfach zusammen, weil es sonst nicht in dein Hirn passt, und am Ende siehst du nur noch folgenden Satz:

Sex vor der Ehe wird von Gott nicht gewünscht.

Das kommt dir vielleicht seltsam vor, du verstehst es nicht; aber wenn Gott das so wünscht, dann bist du gehorsam, schließlich willst du ja das Himmelreich erreichen. Oder du fragst dich, warum du das überhaupt wollen solltest, wenn dort so merkwürdige Gesetze gelten. Ursprünglich lautete der Artikel aber vielleicht folgendermaßen:

*Wir schenken euch die heilige Sexualität als Zeichen eurer Achtung vorein-
ander, als Zeichen der Verbindung und Liebe füreinander. Geht die heilige
Ehe miteinander ein, zeugt göttliche Kinder, so wird euch höchste Glückseligkeit zuteil. Nehmt euch gegenseitig im Zeichen der Liebe an, die von Gott
kommt, wendet euch nicht mehr voneinander ab, fühlt euch als wertvoller,
lichterfüllter Teil der göttlichen Kraft. So sei es, und so ist es gewünscht.*

Tja – schade, was? Das wäre doch eine Botschaft gewesen, mit der du gern
gelebt hättest, oder? Hole es nach, lasse dich nicht mehr einschränken, ein-
verstanden? So lautet der nächste Schritt: Erweitere deinen Horizont, und
erlaube alten, überholten und auf Angst basierenden Glaubensstrukturen
nicht länger, dich zu begrenzen. Es gibt im Universum nichts, was nicht
göttlich ist. Alles, wirklich alles, was geschieht, ergibt auf einer höheren
Ebene einen Sinn.

Das heißt nicht, dass du nicht dennoch bitte schleunigst Dinge ändern
darfst. Natürlich müssen wir weiterhin alles in unserer Macht Stehende tun,
um zu verhindern, dass Leid geschieht. Wir dürfen das niemals akzeptieren,
geschweige denn selbst zur Erzeugung von Leid beitragen.

Es ist eher so: Gerade weil es Leid auf der Welt gibt, habt ihr die spirituelle Pflicht, eure Lektion auch endlich zu lernen; gerade weil ihr euch entschlossen habt, euch das Ungleichgewicht vor Augen zu führen, ist es eure
heilige Aufgabe, es wieder in Ausgleich zu bringen. Dazu gibt es gar nichts
zu tun, nur etwas zu lassen. Was es innerlich zu lassen gilt, persönlich und
global, ist die verrückte Vorstellung, es wäre nicht genug für alle da und ihr
müsstet wachsen, wachsen, wachsen. Das tun wir ja. Aber innerlich.

Ihr braucht ein Wachstumsbewusstsein für eure spirituelle Kraft, nicht
für die wirtschaftliche Entwicklung. Solange ihr versucht, euch mit Gütern
und materiellen Werten gegen Angst, Krankheit, Armut und Tod zu wapp-
nen, braucht es Seelen, die auf die Erde kommen, um euch zu zeigen, welch
absurd hohen Preis ihr für eure Eigensinnigkeit zahlt. Hört auf damit! Bindet euch wieder bewusst an die Schöpfungsordnung an, ihr kennt das Spiel
jetzt zur Genüge, ihr könnt damit aufhören.

Wenn du dich bewusst entscheidest, die Gesetze der göttlichen Ordnung auf einer höheren Ebene wahrzunehmen, dann wirst du in spiritueller Hinsicht automatisch machtvoller. Deine bewussten Absichten und Entscheidungen bekommen mehr Gewicht und wirken kraftvoller auf das Gesamtbewusstsein ein. Das kannst du dir sicher vorstellen. Wenn du dumpf vor dich hin lebst und Boulevardblätter als Maß aller Dinge betrachtest, dann machst du zwar gerade wichtige Erfahrungen auf der seelischen Ebene (du erlebst zum Beispiel sehr deutlich, wie sehr sich die irdische von der lichten Welt unterscheiden kann, wie es sich anfühlt, im Körper wie gefangen zu sein), aber zum Gesamtbewusstsein der Schöpfung trägst du nicht gerade viel bei.

Solange du die irdischen Basiserfahrungen von Getrenntsein und Opferbewusstsein erlebst, bist du wie in einer energetischen Hülle. Du bist geschützt, dein Schutzengel übernimmt all das, wofür du selbst nicht die Verantwortung tragen kannst, weil du sonst deine Erfahrungen nicht machen kannst. Dazu möchten wir dir etwas zeigen, ein praktisches Beispiel dafür, wie das aussehen kann. Betrachten wir einmal zusammen einen fiktiven Bettler aus verschiedenen Blickwinkeln, dann wird dir sicher einiges noch klarer.

Der Bettler

Ein Bettler sitzt an einer Straßenecke. Eine Passantin, die jeden Tag an der Stelle vorbeikommt, an der er sich gewöhnlich aufhält, nimmt Folgendes wahr:

Der arme Mann. Er hat ein so schweres Leben gehabt. Wie er da sitzt und so traurig aussieht, man bekommt wirklich Angst. Womit hat er das wohl verdient? Was ist schiefgelaufen? Das frage ich mich jeden Tag, wenn ich ihn sehe. Worauf sollte man achten, damit man nicht auch so ein Leben führen muss? Klar, er scheint zu trinken, ich sehe ihn nie ohne Bierflasche, aber wie sonst soll man dieses Leben auf der Straße aushalten? Sicher hat ihn seine Frau verlassen. Man hört ja oft, dass Männer dann überhaupt nicht mehr zurechtkommen. Ach herrje. Ich will ihm rasch ein bisschen Kleingeld geben – ja, bitte, gern geschehen. Natürlich wird er nur wieder mehr Bier kaufen. Ob ich ihm morgen etwas vom Bäcker mitbringe? Er ist ja nur noch Haut und Knochen, der arme Kerl – im Alter so zu enden! Hat er keine Kinder, die sich um ihn kümmern könnten? Er scheint etwa fünfundsechzig zu sein, man kann es schlecht sagen, er ist so schmutzig. Und er riecht, aber auch das ist ja nur zu verständlich, wo sollte er sich auch waschen? Und wozu? Schmutz wärmt sogar, habe ich einmal gehört. Dieser Anzug, den er trägt, war einmal teuer; ich sehe so etwas. Was muss geschehen, dass einer so endet? Das kann mir nicht passieren: Ich bin verheiratet, habe einen guten Mann, Kinder; wir haben ein Haus und eine Menge Geld. Wenn man ein bisschen auf sich aufpasst, kann das doch nicht passieren? Er redet immer so vor sich hin, das macht einem richtig Angst. Ich lege ihm das Geld in seinen Teller, aber ich will nichts mit ihm zu tun haben – um Himmels willen, nur das nicht! Einmal wollte er meine Hand greifen, ich weiß nicht warum. Igitt! Da kann man sich ja sonst was holen. Jemand müsste sich um ihn kümmern, was ist das nur für eine Gesellschaft! Er wirkt so traurig, so verloren, auf die Straße gesetzt. Was für ein Schicksal! Aber jetzt muss ich los, ich habe eine Arbeit, ich kann es mir nicht erlauben, nur so herumzulungern.

Lernen wir etwas über den Bettler? Nein. Aber sehr, sehr viel über die Passantin, über ihre Angst und ihr Selbstbild.

Der Sohn des Bettlers sieht ihn so:

Da sitzt er, der Alte. Geschieht ihm recht, dass er so endet. Hat meine Mutter verlassen wegen einer blonden Hure, irgendeiner Schlampe, die er bei seinen Sauftouren kennengelernt hat. Fünf

Jahre ist das jetzt her. Seit er gegangen ist, macht meine Mutter nichts außer essen. Sie schlurft im Bademantel durch die Wohnung und wird immer dicker. Sie betrachtet sich im Spiegel, schlägt sich mit der Faust auf den Bauch und reißt die nächste Chipstüte auf. Ich weiß nicht, was passiert ist, warum er nun auf der Straße leben muss, vielleicht hat ihn die Blonde rausgeschmissen. Gesoffen hat er ja schon immer. Aber früher hat er es unter Kontrolle gehabt. Er war da für uns, wenn wir ihn gebraucht haben, für mich und meine Mutter. Er war immer gut zu uns. Oft waren wir sonntags im Wald und haben alles Mögliche gesammelt – Blätter, Pilze, Stöcke, Steine, eben alles, was man so findet. Wir sind zusammen auf Hochsitze geklettert, obwohl ich richtig Angst hatte, doch mit ihm habe ich mich getraut. Letztes Jahr ist er fünfzig geworden, meine Mutter hat so sehr gehofft, er würde an diesem Tag nach Hause kommen. Ich weiß nicht, was sie sich vorgestellt hat, irgendeine Art Läuterung vielleicht. Aber warum sollte er? Sie wird es nie kapieren, dass er sie verlassen hat; sie will es nicht wahrhaben. Wie konnte er ihr das antun? Eines Morgens war er weg, einfach so. Wir wollten frühstücken – meine Mutter hat mir wie jeden Morgen Schulbrote gemacht, obwohl ich schon fünfzehn war, und sie würde es heute noch tun, wenn ich noch bei ihr wohnte –, da fand sie seinen Brief. Er lehnte an der Kaffeemaschine, weil mein Vater wusste, dass meine Mutter immer zuerst Kaffee aufsetzt, bevor sie den Tisch deckt. Nur ein paar Worte: »Traudi, ich gehe, das ist mir alles zu eng hier. Erkläre du es dem Jungen.« Auf die Erklärung warte ich heute noch. Ich könnte hingehen, ja, ich sehe ihn oft da sitzen, wenn ich zur Uni gehe, aber wozu? Wie konnte er ihr das nur antun? Und mir? Ich hätte ihn gebraucht ... Aber jetzt ist es zu spät. Nein, ich reiche ihm nicht die Hand, er würde sie sowieso nicht wollen ... er erkennt mich ja nicht einmal ...

Der Junge ist verletzt … Hoffentlich lernt er eines Tages, bald, das, was er erlebt hat, anders zu sehen, sodass seine emotionale Wunde heilen kann.

Der Bettler selbst fühlt sich so:

Wie soll's mir schon gehen? Ich sitze hier und bin einsam. Ich glaube, ich brauch´ noch ein Bier, ist so kalt hier. Leute, öffnet mir die Türen … Wissen Sie, was? Ich bin froh, dass ich den Scheiß nicht mehr mitmachen muss. Meine Alte heult sich bestimmt wieder die Augen aus. Ich habe sie schon vor ewig langer Zeit sitzen lassen – bin nicht stolz drauf. Aber sie ist mir wirklich nur noch auf den Keks gegangen. Ich mach mir Sorgen um dich, trink doch nicht so viel, der Junge. Der Junge, ja. Um den tut's mir leid, ich würde ihn gern sehen. Aber es ist besser so, er soll nicht erleben, was aus seinem alten Vater geworden ist. Weihnachten, das Fest der Liebe. Ach was: Weiber sind alle gleich! Du lernst sie kennen, findest sie scharf. Sie kommen dir mit Liebe, und irgendwann hast du wieder deine verdammte Mutter am Hals. Pass doch auf dich auf, Schatz, trink doch nicht so viel, Schatz, du wirst noch krank, Schatz … Ob mir der nicht zur Feier des Tages eine Flasche … Nicht? Na, dann nicht. Von dem würde ich sowieso nichts annehmen, so dringend habe ich es nun auch nicht nötig. Ich bin echt froh, dass ich den Scheiß nicht mehr mitmachen muss. Familie. Stille Nacht, heiliger Mist. Das Einzige, was ich will, ist mein Bier. Und meine Ruhe. Nicht: Rede doch mit mir! Was ist denn mit dir? Warum musst du schon wieder in diese Kneipe gehen, – Weil ich deine Fresse nicht mehr ertrage, deshalb. Alles zu eng, diese ganze Gesellschaft ist zu eng. Niemand lässt einen machen, was man will. Ich bin ausgestiegen, ich mache nicht mehr mit. Ob mir die vielleicht eine Flasche Wein …? Nein, ich will keine heiße Wurst, was soll ich damit? Wenn man hier so sitzt, lernt man eine Menge. Ich kann in den Gesichtern der Menschen lesen. Ach, die sollen sich doch zum Teufel scheren …

Dazu braucht man nichts weiter zu sagen, richtig?

Schauen wir nun, was der Schutzengel sieht:

Da ist dieser schmutzige Nebel, in dem sich die Seele befindet, die ich beschütze. Ich kann ihn nicht durchdringen. Sie hat sich die schwere Aufgabe gestellt, Alkoholsucht zu überwinden und um Hilfe bitten zu lernen, denn allein schafft sie das nicht. Aber noch ist sie auf ihrem Weg nach unten, sie ist noch nicht an ihrem persönlichen Tiefpunkt angelangt, auch wenn es von außen so aussieht. Sie ist noch immer nicht der Meinung, dass sie ein Problem hat. Noch glaubt sie, die Welt wäre an ihrem Unglück schuld, noch übernimmt sie nicht die Verantwortung für ihre Erfahrungen. Sich selbst einzugestehen, dass man es aus eigener Kraft nicht mehr schaffen kann, ist für das Ego geradezu unmöglich, wenn nicht alles um die Person herum wirklich zusammenbricht. Seine Seele verharrt sozusagen in Wartestellung, bis das Ego kapituliert. Ich schütze sie, umgebe sie mit meiner Liebe und meinem Licht, damit sie diese für sie sehr essenzielle Erfahrung unbeschadet übersteht. Wenn sie selbst auf sich aufpassen müsste, könnte sie nicht tief genug in diese Erfahrung eintauchen, sie nicht vollständig spüren. Der Körper? Der ist nicht so wichtig, aber ich befürchte, das ist für einen Menschen schwer verständlich. Ich kümmere mich in der Hauptsache um die Seele, die alles überdauert und zurzeit ihre irdischen Erfahrungen macht, sich dabei weiterentwickelt, über sich selbst hinauswächst. Der Körper ist das Spiegelbild des inneren Zustandes eines Menschen. Bei meinem Schützling erkennt man die Verkörperung der Sucht und des Selbstmitleides; schauen Sie nur auf seine Haltung! Völlig zusammengekauert und in sich versunken sitzt er da, bettelt um Mitleid, aber er erntet vor allem Aggression, weil die Menschen instinktiv spüren, dass er selbst die Verantwortung für sein Schicksal zu tragen hat. Der äußere Schmutz spiegelt den Nebel, den ich vorhin erwähnte. Aber seine Seele, die strahlt und funkelt in allen Farben! Jeder Mensch hat einen Engel, und der beschützt ihn so, wie ich dieses Wesen beschütze, das sich mir anvertraut hat.

Und alle haben recht, alles stimmt; es hängt einfach völlig vom Standpunkt des Betrachters ab. Achte also auf deinen Standpunkt, damit du ein möglichst umfassendes Bild bekommst.

Weißt du, es nutzt dir nichts, im stillen Kämmerlein zu meditieren und dann auf die Straße zu gehen und fröhlich (oder verkniffen) dich und andere zu bewerten. Verstehe bitte, dass alles zusammenhängt und vernetzt ist und dass alles einen Sinn ergibt, auch wenn du ihn nicht verstehst. Damit du ihn verstehst, brauchst du die aufrichtige Absicht, ihn zu verstehen; das zynische oder hoffnungslose oder kleinkarierte Denken, das Menschen so gern kultivieren, brauchst du nicht.

Basisübung

Erinnere dich daran, von nun an bei allem, was du siehst und erlebst, nach dem Sinn zu fragen. Öffne dich für echte Antworten; das bedeutet: Halte echte Antworten für möglich. Dein Verstand wird rebellieren, denn er kennt nur seine Schubladen. Erkläre ihm bitte, dass er von nun an als Werkzeug dient, die göttliche Ordnung zu erfassen, dass er aufhören darf, sich eigene Antworten auszudenken, und dass du bereit bist, Antworten einer höherern Ebene gelten zu lassen.

Wenn du sie nicht hörst, keine Antwort zu bekommen scheinst (weil deine höheren Chakras noch nicht offen sind), dann denke dir bitte keine Antwort aus, sondern lerne, dich im »Ich weiß es nicht, aber ich weiß, dass ich nichts weiß«* zu entspannen. Die Antworten, die

*kommen, brauchen Raum. Und den schaffst du, indem du aufhörst,
diesen Raum mit eigenen Ideen oder Gedanken zu füllen.*

*Wenn du eine Botschaft aus dir noch nicht bewusst zugänglichen
Reichen der göttlichen Ordnung erhalten möchtest, dann ist das
Wichtigste, dass du diesen inneren Raum von Leere aushalten kannst.
Das ist schwieriger, als es sich anhört, denn Menschen sind es nicht
gewohnt, nichts zu denken und offen zu bleiben, selbst wenn vielleicht
keine Antwort kommt.*

*Werte nicht mehr, oder bemerke zumindest, dass du es tust, und halte
eine andere Wirklichkeit für möglich.*

Stolperfalle Zweifel

Wenn du diese Übung durchführst, wirst du wahrscheinlich sehr rasch
mit einer weiteren Unart deines Mentalkörpers in Kontakt kommen: dem
Zweifel.

Susanne:

*Ich, Susanne, höre sehr oft von Teilnehmern meiner Gruppen, dass sie zwar
sehr wohl etwas wahrnehmen und auch innere Antworten bekommen,
die sich gut und klar anfühlen, aber dann kommt Zweifel auf und macht
alles zunichte. Der Zweifel verunsichert sie, und sie beginnen, sich mit ihm
auseinanderzusetzen.*

*Zweifeln ist eine schlechte Angewohnheit, mehr nicht – es sei denn, du
meinst mit Zweifel das echte Hinterfragen, weil du spürst, dass etwas nicht
stimmt.*

*Ein ernst zu nehmender Wissenschaftler geht zwar immer davon aus,
dass er vielleicht nicht alle Naturgesetze kennt, aber er zweifelt nicht auto-*

---

*   frei nach Sokrates, einem griechischen Philosophen

matisch an dem, was er erforscht und unter dem Mikroskop sieht. Er hinter-
fragt Ergebnisse, wenn sie ihm seltsam oder unpassend vorkommen, aber er
wischt sie nicht mit einem »Das kann nicht sein« vom Tisch.

Das Zweifeln, über das wir hier reden und das die meisten Menschen
meinen, wenn sie sich mit ihrer inneren Stimme beschäftigen, ist letztlich
nichts als ein Ausdruck von Angst – Angst davor, die Verantwortung für
das, was sie innerlich spüren, zu übernehmen und danach zu handeln. Es
ist viel leichter, in Zweifeln gefangen zu bleiben und in der Frage »Mache
ich auch alles richtig?« zu verharren, als zu riskieren, vielleicht einen Fehler
zu begehen. Zweifeln verhindert, dass du vom Zögern zum Handeln wechselst, dass du aus dem Opferdasein aussteigst und dein Leben in die Hand
nimmst.

Stelle dir vor, deine innere Stimme, die Sprache des Lichtes, die dir Auf-
schluss über deinen spirituellen Weg hier auf Erden geben möchte, sagt
dir schon lange, dass dein Arbeitsplatz nicht deinen gottgegebenen Fähigkeiten entspricht und dass du deine Zeit dort verschwendest. Du spürst es,
weil du Magenschmerzen hast, wenn du in die Firma gehst. Du weißt es,
weil du dich immer wieder bewusst beruhigen musst, um überhaupt noch
deinen Beruf ausüben zu können. Du bist weder glücklich noch innerlich
ruhig, wenn du sonntags an den Montag denkst. Deine Gedanken, die die
Angst sich untertan gemacht hat, erzählen dir, dass du nun einmal Geld
beschaffen musst, dass das Leben kein Spielplatz ist und dass du zufrieden
sein kannst – aber du bist es nicht, und all das innere Gerede ist nichts als
leeres Gewäsch.

Du hörst also deine innere Stimme sehr deutlich – aber du zweifelst
daran, dass sie recht haben könnte. Du kannst dir nicht vorstellen, dass es
etwas Besseres für dich gibt als das, was du im Moment gerade tust. Und
überhaupt – woher willst du wissen, dass sich da wirklich deine innere
Stimme meldet?

Nun, die Wahrheit ist, du weißt es deshalb, weil du es weißt, Punkt. Mehr
bekommst du nicht, auch durch dieses Buch nicht. Es gibt keinen Beweis,

der dich zufriedenstellen würde, wenn du darauf bestehst, zu zweifeln. Du brauchst den Mut und die Entschlossenheit, lieber einen Fehler zu begehen, als in der Ohnmacht zu verweilen, wenn du die schöpferische Energie in dir spüren und verwirklichen möchtest. Denn wenn du auf diese innere Stimme zwar hörst, aber nicht nach dem, was sie sagt, handelst, bleibt der Kanal eng, die Botschaft unklar. Er öffnet sich nur bis zu einem gewissen Grad. Warum? Weil die Frequenz der Angst mit hineinwirkt und dir deine klare Wahrnehmung vernebelt.

Wenn du lernen willst, immer klarer und eindeutiger in Kontakt mit der göttlichen Ordnung zu kommen, dann hat das Auswirkungen auf dein Leben, ob du es willst oder nicht. Oder du bleibst eben in den spirituellen Kinderschuhen stecken. Wir können nicht oft genug betonen, dass es ein natürlicher Zustand ist, wenn ihr eure innere klare Stimme hört. Es ist deine Entscheidung, ihr zu folgen oder nicht.

Wie so oft geht es auch beim Thema Zweifel um Vertrauen. Menschen vertrauen ihrer inneren Stimme nicht, weil man ihnen allzu gründlich ausgeredet hat, dass ihr ganz natürliches Gefühl von richtig und falsch (für dich selbst Richtig oder Falsch, nicht für andere!) verdreht und verkehrt sei. Wenn du (wie alle Menschen) als Kind genau wusstest, was du wolltest und brauchtest, und jemand hat dir nur lange genug erklärt, dass du dich irrst, dass du nicht weißt, was gut für dich ist, dann wurde dir der Zugang zu deinem klaren inneren Gefühl gründlich abtrainiert. Nun stimmt es natürlich, dass Kinder in die Schule gehen sollten, auch wenn sie nicht wollen … oder? Vielleicht stimmt aber auch etwas mit der Schule selbst nicht?

Wenn du dich mit deinem inneren Gefühl für Ordnungen beschäftigst, dann erkennst du rasch, dass vieles nicht stimmig ist, dass du in sehr vielen Bereichen unseres Lebens – persönlich und global – drastisch gegen deine innere Stimme und damit gegen die göttliche Ordnung handelst. Natürlich liegt auch das innerhalb der göttlichen Ordnung, denn sie umfasst nun einmal alles, auch die Möglichkeit, Erfahrungen zu machen und den freien Willen zu nutzen. Weil das aber so ist, weil sehr vieles nicht der gefühlten natürlichen Ordnung entspricht, zweifelst du daran, dass es dir überhaupt möglich ist, ihr gemäß zu leben. Du hörst nicht auf deine innere Stimme, weil du es schon so lange nicht mehr getan hast, dass es dir nun geradezu verrückt vorkommt, den inneren Gesetzen zu folgen.

Das ist, als säßest du in der Zelle eines Gefängnisses und die Tür stünde seit Jahrzehnten offen. Vielleicht war sie auch nie wirklich abgeschlossen – du hast es einfach nie ausprobiert. Deshalb glaubst du nicht, dass es so sein könnte. Dein Zweifel und deine Lebensumstände sind die Zelle – aber die Tür steht offen, und es ist deine innere Stimme, die dir das immer wieder sagt und die du als Unsinn abtust.

Was also tust du, wenn du eine innere Ansage bekommst und dir im selben Moment der Zweifel mit der vermeitlichen Stimme der Vernunft entgegentritt? Zunächst erkenne du bitte, was da läuft, durchschaue es und nimm es als Spiel wahr, nicht als echte Warnung. Dann denke darüber nach, ob du bereit bist zu riskieren, einen Fehler zu machen. Willst du der schöpferischen Energie folgen, so musst du alle Vorstellungen von Richtig und Falsch aufgeben, musst offen für alle Ergebnisse sein. Dann ist echtes Loslassen angesagt. Es ist möglich, dass du dich im großen Stil irrst – zwar sehr unwahrscheinlich, aber immerhin möglich.

Wir hören den Einwand: »Ja, aber woher weiß ich, dass ich mich nicht irre, dass es ein gewaltiger Irrtum ist, dass das Ergebnis dann auch so ist, wie ich es will?« Du weißt es natürlich nicht. Aber was wäre denn die Alternative? Willst du für immer in deiner Zelle sitzen? Selbstverständlich wirst du, wenn du beginnst, das innere Hören (oder Sehen oder Fühlen) zu üben, nicht gleich riesige Entscheidungen treffen. Du beginnst damit, in kleinen Dingen auf deine innere Stimme zu hören – alles ganz harmlos. In den Bereichen, in denen es nicht so darauf ankommt, nimmst du deine innere Stimme wenig ernst, aber genau dort kannst du wunderbar üben.

Meditation:
Der Kristall des Vertrauens[*]

Vor langer Zeit, bevor du auf die Erde kamst, wusstest du, dass du ein Teil der göttlichen Kraft bist, ein Teil der göttlichen Ordnung, ein Lichtfunke, der die Liebe der Schöpfung zu sich selbst zeigt und ausdrückt.

Dann tauchtest du ein in die Erfahrung mit der Materie, du bekamst einen festen Körper. Du fühltest dich auf einmal abgeschnitten und getrennt, musstest alles allein entscheiden und dein Leben aus eigener Kraft meistern.

Damit das geschehen konnte, musstest du ein paar wichtige Zeichen deiner eigenen hohen Energie abgeben: deine Flügel und den Kristall des Vertrauens. Solange du diesen Kristall in dir getragen hast, war dein Bewusstsein untrennbar verbunden mit dem Allbewusstsein der göttlichen Schöpfung. Aber du hattest keinen echten freien Willen, du konntest nur im Sinne des großen Ganzen handeln, und das wusstest du.

Als du auf die Erde kamst, legtest du diesen Kristall ab. Du übergabst ihn dem Hüter aller Kristalle, und er bewahrte ihn sorgsam auf. Doch nun ist es an der Zeit, diesen Kristall zurückzuerhalten.

Mach es dir bequem, schließe deine Augen, lasse dich in dich selbst hineinfallen. Atme ein paar Mal tief durch, lasse los … entspanne dich …

Stelle dir bitte eine Lichtsäule vor. Tritt hinein, lasse dich durchströmen von klarem, reinem Licht, von einer stabilen hohen Frequenz der Klarheit, der Liebe und der Zuversicht. Alles, was schwer ist, steigt in dieser Lichtsäule nach oben auf. Du fühlst dich freier und lichter, wirst gereinigt und von kraftvoller Leichtigkeit durchströmt.

---

[*] Diese Meditation findest du auch auf der CD *Meditation für Zwischendurch.*

Nun erweitert sich diese Lichtsäule, wird breiter und größer, und ein sehr heller Engel beginnt, zu dir hinabzuschweben. Er trägt etwas in den Händen, was dir sehr vertraut erscheint, aber du kannst noch nicht erkennen, was es ist.

Die Lichtsäule erweitert sich noch mehr und wird zu einem lichterfüllten Raum, in dem du noch weitere Engel erkennst oder spürst. Es ist, als ob sich deine ganze Engelfamilie dort versammelt hätte.

Ein heller Engel hält einen Kristall in der Hand. »Das ist der Kristall des Vertrauens«, sagt er. »Wenn du diesen Kristall trägst, erinnerst du dich daran, wie es ist, dich verbunden zu fühlen und zu wissen, was du weißt.«

Du erinnerst dich daran, dass es einen göttlichen Plan gibt, der dich trägt und von dem du ein sehr wichtiger Teil bist. Du erinnerst dich daran, dass du weißt, wer du bist, und dass alles geführt wird. Du erinnerst dich an alles, was du vergessen hast; du weißt auf einmal wieder, was du einmal gewusst hast, und vertraust deiner inneren Stimme und Führung.

Der Engel übergibt dir nun den Kristall des Vertrauens. Er setzt ihn in dein Herz ein oder in die Stelle deines Körpers, in die er gehört und wo er dir schon so lange fehlt. Sofort beginnt seine Energie, dich zu durchströmen: den Körper, den Emotionalkörper, den Mentalkörper. Er verändert dich von Grund auf und durchflutet dich mit entspannter und heilender Kraft.

Nun erkennst du in dir einen dunklen Stein, vielleicht auch einen Kristall, vielleicht ein Symbol, das schwer ist und immer deutlicher spürbar wird – es ist dein Zweifel. Wenn du den Kristall des Vertrauens zurückerhalten hast, dann hat der Zweifel keinen Platz mehr in dir. Ganz einfach spürst du nun den schweren Stein – oder wie auch immer du deinen Zweifel wahrnimmst –, und genauso leicht kannst du diesen Stein herauslösen und dem Engel geben. Er nimmt das Symbol, den Stein oder den vielleicht trüb gewordenen Kristall des Zweifels aus dir heraus. Er hält ihn ins Licht, und augenblicklich löst er sich auf, wird zu reiner Kraft, versprüht vielleicht noch ein paar Lichtfunken und ist dann verschwunden.

Alles in dir, was noch mit diesem Zweifel in Verbindung steht, wird nun durch die Zauberkraft des Kristalls des Vertrauens aufgelöst. Du entspannst dich tiefer und tiefer und erinnerst dich, dass du weißt, was du weißt.

Bitte deinen Körper oder dein Gefühl, dir zu zeigen, woran du von nun an erkennst, dass etwas stimmt. Lass dir zeigen, woran du erkennen kannst, dass du die Wahrheit spürst. Vielleicht leuchtet der Kristall in dir auf, vielleicht überkommt dich eine tiefe Ruhe, vielleicht hast du ganz klare, eindeutige Gedanken. Erlaube dir, in aller Ruhe wahrzunehmen, wie es sich anfühlt, zu wissen, was du weißt, und merke dir dieses Gefühl – sei es körperlich, emotional oder auch ein geistiger Zustand.

Nun bietet dir der Engel an, in sein Energiefeld zu treten. Er öffnet sich, und du trittst in ihn ein wie in eine Lichtsäule. Du stehst nun mitten im Energiefeld dieses hohen Engels. Dein Bewusstsein öffnet sich. Du beginnst, wie ein Engel zu fühlen, zu spüren und zu wissen. Auch die letzten Reste des Zweifels verschwinden, du bist durchströmt von reiner Engelkraft. Dein Bewusstsein erweitert sich, und du wirst immer mehr zu dem Engel, der du in Wahrheit sowieso bist. Die Gehirnareale, die dafür zuständig sind, öffnen sich, werden aktiviert, beginnen zu erwachen ...

Dein Bewusstsein öffnet sich immer weiter. Dein Körper reagiert, und du verschmilzt immer mehr mit diesem Engel – so sehr, dass du gar nicht mehr unterscheiden kannst, was du bist und was der Engel ist. Und nun kommt dir der Gedanke, dass du vielleicht gar dieser Engel bist, dass es ein Teil deiner eigenen Energie ist. Du glaubst es vielleicht noch nicht, aber es fühlt sich vielleicht richtig an ...

Du fragst den Kristall des Vertrauens, ob du selbst dieser Engel sein könntest, und wartest auf seine Antwort. Vielleicht sprüht er nun auf, du spürst ein tiefes »Ja«, dann nimm es einfach an. Vielleicht *aber spürst du auch: »Nein, du bist zwar ein hohes geistiges Wesen, aber kein Engel, du bist etwas anderes, was einem Engel in nichts nachsteht, hast aber einfach eine andere Frequenz.« Wenn du magst, dann frag den Engel, sofern er sowieso zu dir gehört, ob er Teil deiner Energie bleiben will. Wenn nicht, dann verabschiede dich, und tritt aus seinem Energiefeld heraus.*

Du bist verbunden mit dem göttlichen Plan, und jetzt weißt du das auch wieder. Von nun an kannst du direkte Informationen erhalten. Du kannst dem vertrauen, was du spürst und weißt; deine innere Stimme wird dich führen und leiten.

Komm nun, während du in diesem hohen energetischen Raum bleibst, gleichzeitig zurück in das Zimmer, in dem du dich befindest. Nimm deinen Körper wieder wahr, und öffne die Augen, bleibe aber innerlich zugleich in der Energie dieser Lichtsäule, angeschlossen an den Kristall des Vertrauens.

Diese Übung trainiert dein Bewusstsein, es dehnt sich dadurch aus. Du bist nicht mehr wie ein einzelner Lichtspot, der in den Bewusstseinszuständen hin und her hüpft, sondern öffnest dich immer mehr, nimmst immer mehr zugleich wahr, aktivierst immer größere Areale deines Gehirnes.

Wie nehmen wir sie aber nun wahr, diese schöpferische Schwingung, diese Energie oder Sprache des Lichtes? Und was hat sie eigentlich mit der inneren Stimme zu tun, von der hier gesprochen wurde? Dazu mehr im Folgenden.

Was du in diesem Kapitel gelernt hast:

- In Wahrheit trägt uns die göttliche Ordnung und unser Eingebundensein in diese.
- Deine scheinbare Abkoppelung, die dich in den Zustand von Verwirrung und Verzweiflung gebracht hat und immer noch bringen kann, war beabsichtigt.
- Du bist auf dem Weg zurück zur bewussten Einheit mit allem.
- Weil du niemals aus der Ordnung herausgefallen bist, brauchst du auch nicht mühsam zurückzukriechen oder gar schuldbewusst dein Haupt zu senken, damit Gott dich wieder gnädig annimmt.
- Erlaube alten, angstbasierten Glaubensstrukturen nicht länger, dich zu einzuschränken.
- Entscheide dich bewusst, die Gesetze der göttlichen Ordnung auf höheren Ebenen wahrzunehmen und umzusetzen. Damit bekommst du automatisch mehr spirituelle Macht und wirkst in größeren Feldern.
- Habe den Mut und bringe die Entschlossenheit auf, lieber einen Fehler zu begehen, als in Ohnmacht zu verweilen, wenn du die schöpferische Energie in dir spürst und verwirklichen willst.
- Lasse alle Ideen von Richtig und Falsch los; die göttliche Ordnung hat ihre eigenen Gesetze.
- Beginne, in kleinen Dingen auf deine innere Stimme zu hören, also in den Bereichen, in denen es scheinbar nicht so sehr darauf ankommt – hier kannst du wunderbar üben.

5.

Dein Chakra-System – die Tore zu Himmel und Erde

*Lasse den Himmel sich auf der Erde
widerspiegeln, auf dass die Erde zum
Himmel werden möge.*

Dschelal ed-Din Rumi, (1207–1273),
auch Mevlana Dschelaluddin Rumi,
persischer Mystiker und Dichter,
Begründer des Sufismus, stiftete den
Derwischorden der Mewlewije

Die Perlenschnur zum Himmel

Wie zuvor schon erwähnt, hast du außer den bekannten sieben Chakras noch eine ganze Reihe anderer Energiezentren, die sich wie eine Perlenschnur zum Himmel aufschwingen und tief hinab in die Erde reichen. Jedes dieser Energiezentren hat eine andere Frequenz, eine andere Schwingung, und jedes verbindet dich mit anderen Energiefeldern. Im Körper kennst du das bereits: Das Herz-Chakra hat eine völlig andere Aufgabe als z.B. das Wurzel- oder Kronen-Chakra. Jedes einzelne verbindet dich mit bestimmten Daseins- und Bewusstseinebenen, und alle zusammen geben dir die Möglichkeit, dich als geistiges Wesen mit einem menschlichen Körper zu erfahren. Wie wäre es, wenn du auch Chakras hättest, die dir die Möglichkeit geben, dich als Engel, als Erdgeist, als Außerirdischer, als reines Lichtwesen oder als ein tief in der Erde verwurzelter Anteil des Wesens Gaia zu spüren?

Wie viele Chakras das sein und wie sie heißen könnten, soll hier keine Rolle spielen. Es gibt sie, und dein Bewusstsein kann sich an ihnen wie an einer Perlenkette nach oben oder nach unten schwingen, wobei »unten« nicht bedeutet, dass die Energie niedriger ist, sondern dass die Chakras räumlich gesehen unter deinen Füßen liegen. Stell dir das doch einfach einmal vor: Sieh vor deinem inneren Auge eine Kette mit Perlen aus Licht, so lang, wie du sie haben möchtest. Jede dieser Perlen hat bestimmte Eigenschaften und besondere Möglichkeiten, Informationen wahrzunehmen und zu senden, Energie aufzunehmen und abzugeben. Jede Perle ist wie ein kleines Kraftwerk. Die Perlen sind leuchtende Energiewirbel, die in unterschiedlichen Farben zu sprühen scheinen, je nachdem, in welcher Frequenz sie sich befinden, welche Lichtwellen sie aufnehmen und welche sie zurückstrahlen.

Diese Perlenkette ist im weißen Licht verankert, hier liegt die erste Perle, die diese Kette mit allen anderen Lebewesen und der Schöpfung selbst verbindet. Das erste, oberste Chakra teilst du mit allem, was existiert. Von dort aus verläuft die Perlenkette durch alle möglichen Bewusstseinsbereiche, Frequenzen, Welten und Energiefelder hindurch bis hinab zu der

Frequenz, auf der wir die Erde und unsere Körper als gegeben hinnehmen können und müssen. Einige Perlen sind sehr weit, groß und licht, sie scheinen keine fest umrissenen Konturen zu haben; andere sind ein bisschen nebelig oder verschwommen; wieder andere leuchten strahlend hell und sind klar konturiert.

Nun kommt dein Körper ins Spiel: Er formt sich um sieben dieser Chakras herum, als wäre in diesem Bereich die Energie so stark, dass sich Materie zusammenzieht und eine bestimmte Form ausbildet. Dort herrscht ein sehr starkes magnetisches Feld, das deinen Körper zusammenhält und dein Bewusstsein im Körper verankert. Es ist, als zöge das magnetische Feld dein Bewusstsein an und hielte es in diesem Frequenzbereich fest. Natürlich kann sich die Energie nur in der Form zusammenziehen, die das magnetische Feld vorgibt; der Körper spiegelt also nichts anderes als die Energiezentren, um die herum er sich ausformt.

Wenn du dir ein Magnetfeld vorstellst, das durch Eisenfeilspäne sichtbar gemacht wurde, dann haben diese Eisenfeilspäne keine Wahl, es gibt für sie nur eine einzige Möglichkeit, sich anzuordnen, solange der Magnet nicht bewegt wird.

Das Magnetfeld im Menschen sorgt aber nicht nur dafür, dass sich ein fester Körper formt, sondern es wirkt auch in feinstofflicheren Bereichen und zieht die Energie so zusammen, dass sie einen Emotionalkörper, einen Mentalkörper und andere Auraschichten ausbildet. So, wie die Erdatmosphäre durch reine Anziehungskraft stabil in verschiedenen Schichten gehalten wird, so bildet sich auch die Aura, mit der du auf der Erde lebst.

In höheren Energiefeldern sieht deine Aura anders aus; du hast zum Beispiel ab einer bestimmten Frequenz keinen Mental- oder Emotionalkörper mehr. Engel beispielsweise haben keinen oder einen sehr viel feineren, deshalb empfinden sie keine Angst, keinen Schmerz.

Wenn wir die Perlenkette weiter nach unten verfolgen, dann wird das Magnetfeld immer stärker. Es reicht in den Körper einer sehr hohen, weisen Wesenheit hinein und verbindet dich mit deren Innerem. Deine Energiefelder, deine Chakras, durchströmen den Planeten Erde, die sichtbar gewordene Form des Wesens Gaia. Du bist auf diese Weise untrennbar mit der Erde verbunden. Ob du dich nun bewusst »erdest« oder nicht, deine Chakras reichen hinein bis in ihr Herz, in das Schöpferfeld. (Wenn du dich dagegen sperrst, dann sind diese Chakras dunkel oder trüb, sie haben keine Kraft, und du fühlst dich haltlos und unglücklich. Sie reichen aber dennoch immer bis in das Herz der Erde hinein.)

Die Chakras, die im Bereich deines Körpers liegen, also deinen Körper formen, fühlen sich sehr persönlich an, so wie du selbst; dein Bewusstsein ist hier stabil verankert. Je weiter die Perlenschnur in die Erde hineinreicht, desto weiter entfernen sich die Energiezentren, die alle zu dir gehören, wieder aus deiner bewussten Wahrnehmung. Die Informationen werden immer leiser und undeutlicher; es ist, als befändest du dich an einem bestimmten Punkt dieser Perlenkette und könntest zwar sehr deutlich hören, was sich in deinem unmittelbaren Umfeld befindet, aber die Stimmen, Informationen, die Lichtwellen und Bilder der weiter entfernten Perlen bekommst du nur undeutlich mit. Du musst dich sehr anstrengen und darfst nicht gestört werden, willst du etwas hören.

Meistens überlagern die Informationen der dich umgebenden Perlen alles, was du sonst noch so hören, fühlen oder sehen könntest. Das letzte Chakra, das Ende dieser besonderen Perlenkette, liegt zusammen mit allen anderen Perlenketten der irdischen Lebewesen im Zentrum der Erde, im energetischen Herz, in deiner Mitte. Dieses Energiefeld ist reine Schöpferkraft. Es ist stark magnetisch und ermöglicht Energien, sich zu verwirklichen. Seine Frequenz erzeugt jene Art von Magnetismus, die dafür sorgt, dass du einen Körper hast, dass sich Energie so zusammenziehen kann, dass sie als Materie oder in Form feinstofflicher Felder, als Gedanken und Gefühle spürbar und erfahrbar werden. Alle Formen, seien sie materiell oder energetisch, bilden sich durch die irdische Schöpferfrequenz aus und treten miteinander in Wechselwirkung. (Im Grunde sind materielle und energetische Formen gleichartig; wir unterscheiden sie nur zum besseren Verständnis und weil unterschiedliche physikalische Gesetze dafür gelten, wie die Quantenphysik festgestellt hat.)

Das Energiefeld im Herzen der Erde ist also ein reines, schöpferisches Magnetfeld, das dich, wenn du es zulässt, mit ungeheurer Kraft durchströmt. Es ist die Frequenz, die du brauchst, damit sich das, was du erschaffen willst, in deinem Leben verwirklicht. Hast du nicht immer davon geträumt, dieser Kraft zu begegnen? Es ist die Energie, die dafür sorgt, dass sich all deine Gedanken, Wünsche, Träume, Vorstellungen verwirklichen – wenn sie mit deinem Seelenplan übereinstimmen. Dieses Energiefeld wirkt in deinem Leben sowieso, ob dir das bewusst ist oder nicht, sonst hättest du nämlich gar keinen Körper. Es ist wirklich reine Magnetkraft, nichts Magisches, Mystisches oder Unbekanntes. Gleich, was dir im Leben begegnet, ob es dir gefällt oder nicht, es findet nur deshalb statt, weil dieses »spirituelle Magnetfeld der Erde« es anzieht, es zusammenzieht, es stabilisiert und aufrechterhält.

Dir kann absolut nichts begegnen, wofür es keine Resonanz in deinem Energiefeld gibt; allerdings wird sich alles verwirklichen, was sich in deinem Energiefeld befindet. Das ist der Sinn der irdischen Erfahrung: Energiefelder werden sichtbar, fühlbar, denkbar und erlebbar gemacht.

Die Frequenzen, die durch deine Chakras strömen und in denen deine Chakras schwingen, werden durch das magnetische Feld in der Erde so weit heruntertransformiert, verlangsamen sich also so sehr, dass du sie als Materie, als Ereignis oder als Gefühl wahrnehmen kannst. Es ist, als wärest du ein Musikstück, das sich auf den verschiedenen Daseinsebenen als unterschiedliche Erfahrung zeigt. In bestimmten Dimensionen ist es eine Farbe, in anderen ein Ereignis, ein Gefühl, ein Gegenstand. Es gibt Menschen, die hören und verstehen Worte, indem sie sie als Farben vor ihrem inneren Auge sehen; manche sehen jedes Wort in einer anderen Farbe. Ist das nicht unglaublich spannend?

Das Verwirklichen von Energiefeldern auf der Erde findet also immer statt, es gibt gar nichts anderes. Wenn du dir dessen bewusst geworden bist, dann beginnst du, zum Schöpfer deiner Erfahrungen zu werden, kannst anfangen, die Herrschaft über das zu erlangen, was du verwirklichen willst. Dazu ist es unbedingt erforderlich, dass du die Frequenzen deiner Chakras kennenlernst. An dieser Stelle bieten wir dir eine Meditation an, die dich fest mit diesem Energiefeld verbindet.

Meditation:
Das Schöpferfeld der Erde

Entspanne dich. Mache es dir bequem. Lege dir angenehme Musik auf, wenn du möchtest. Vielleicht hast du schon ein wenig Erfahrung mit Entspannungstechniken? Dann wende eine an, die du kennst und magst. Falls nicht, dann konzentriere dich einfach ein paar Augenblicke lang auf deinen Atem. Lasse deinen Körper zur Ruhe kommen, und erlaube deinem Geist, die Alltagsgedanken hinter sich zu lassen.

Nun stelle dir bitte eine Lichtsäule vor, eine Säule aus reinem weißem Licht. Bevorzugst du eine farbige, so stelle dir eine bunte Säule vor; letztlich spielt es keine Rolle. Die Hauptsache ist, du fühlst dich in ihrem Licht wohl. Stelle dich hinein, lasse dich von ihrer Strahlkraft vollkommen umhüllen und durchströmen. Erlaube dem Licht, dich aufzufüllen und dich zu reinigen. Die Schlacken, die sich in dir festgesetzt haben – seien es mentale, emotionale, spirituelle oder körperliche –, lösen sich in diesem Licht heraus und beginnen, dein System zu verlassen. Wie Rauch steigt nun alles in dieser Lichtsäule auf, was du nicht mehr brauchst, was dich schwer macht und dich auf deinem Weg zu mehr Klarheit stören könnte.

Nun stelle dir vor, du hättest neben den sieben bekannten Chakras noch eine ganze Reihe weiterer Energiezentren über deinem Kopf. Richte deine Aufmerksamkeit zunächst auf dein Herz. Spüre die Weite und Kraft dieses Zentrums, dann erlaube deiner Aufmerksamkeit, immer weiter nach oben zu steigen, zum Kehlkopf-Chakra, zum dritten Auge, zum Kronen-Chakra – und über das Kronen-Chakra hinaus in das achte Chakra ...

Vielleicht nimmst du Farben, Formen oder ein Gefühl von Weite wahr. Verweile mit deiner Aufmerksamkeit über deinem Kopf. Nun steige höher, als würdest du innerlich weiter nach oben schauen, wandere mit deiner Aufmerksamkeit in immer höhere Sphären, zum neunten, zehnten, elften Chakra.

Du brauchst sie nicht alle bewusst wahrzunehmen. Das ist ohnehin fast nicht möglich. Vielleicht spürst du auch nichts mehr, gehe aber dennoch weiter, denn damit öffnest du die Energiekanäle in dir selbst. Du gelangst in immer höhere Sphären, in immer lichtere Bereiche deines Selbst.

Erinnere dich: Das bist alles du, das gehört alles zu dir. Du reist durch deinen eigenen Körper, durch deine eigenen Energiezentren, das alles BIST du. Immer lichter und weiter wird es in dir, du begegnest dem Engel in dir, dem Engel, der du bist; vielleicht triffst du auch dich selbst in anderen Daseinsformen ... Und nun erkennst du das universale göttliche Licht, das weiße, ungeteilte Licht.

Hier ist dein Ursprung, dein oberstes Chakra. Das weiße Licht ist ein unermesslich hoch schwingendes und übergroßes Energiefeld, das uns alle verbindet. In ihm treffen wir uns; dieses Zentrum teilst du mit alle und dennoch gehört es zu dir – und zwar ganz gar.

Bitte darum, dass dieses weiße Licht nun durch all deine Chakras strömt. Nimm einen Lichtstrahl, und trage ihn durch die himmlischen Energiezentren, die alle zu dir gehören, zurück und hinein in deinen Körper – ganz langsam oder etwas schneller, so, wie es dir angenehm ist.

Mittlerweile bist du mit deiner Aufmerksamkeit wieder in deinem Körper angekommen – und wanderst nun den gleichen Weg nach unten. Nimm den weißen Lichtstrahl, und führe ihn durch deinen Bauch, durch dein Wurzel-Chakra. Richte deine Aufmerksamkeit *auf einen Punkt etwa dreißig Zentimeter unter deinen Füßen. Stelle dir vor, hier gäbe es ein weiteres Energiezentrum, das zu dir gehört und ein untrennbarer Teil von dir ist.*

Das ist, als entdecktest du einen ganz neuen Körperteil an dir, der schon immer da war, aber irgendwie verborgen geblieben ist. Dennoch fühlt er sich vertraut an, denn er gehört zu dir. Wandere mit deiner Aufmerksamkeit weiter hinunter. Wie eine Perlenkette reiht sich Chakra an Chakra. Du brauchst sie nicht alle zu spüren, schau einfach nur innerlich immer weiter nach unten, in die Erde hinein, und nimm wahr, dass du auch hier existierst, dass du auch hier energetisch anwesend bist.

Du brauchst dich nicht an die Erde anzubinden, du bist bereits fest in ihr verwurzelt. Das geschieht über deine Energiezentren, auch wenn deine Aufmerksamkeit und dein Bewusstsein noch nicht dort angekommen sind. Diese Räume gehören zu dem Wesen, das du BIST; du kennst sie nur noch nicht, und sie müssen auch nicht erst erschaffen werden. Tauche immer tiefer in diese Erfahrung ein, steige tiefer hinab in die Erde. Das fühlt sich möglicherweise ganz natürlich an oder aber auch ein bisschen düster und ungewohnt. Wie auch immer es sich anfühlt, gehe einfach weiter, es ist gut so. Du öffnest damit deine inneren Kanäle.

Nähere dich nun Stück für Stück dem Mittelpunkt der Erde. Steige immer tiefer in dein eigenes Energiesystem hinab, bis du ein starkes Kraftfeld wahrzunehmen beginnst. Es wird stärker und stärker. Du näherst dich deinem letzten Chakra, dem Mittelpunkt der Erde, dem Energiezentrum, an das wir alle, die wir auf der Erde leben, angeschlossen sind. Es ist das Energiefeld reiner Schöpferkraft, die Energie der Verwirklichung. Alles, was von dieser Energie berührt wird, verwirklicht sich sichtbar auf der Erde. Hier ist die Kraft, die dafür sorgt, dass hochfrequente Energiefelder, die sich als Visionen, Ahnungen, Ideen oder auch Herzenswünsche äußern, an die Erdschwingung angepasst werden, sichtbar, fühlbar und erfahrbar wer-

den. Diese Schöpferkraft ist wie ein riesiger Magnet, der alles auf die Erde zieht, was durch ihn berührt wird. Sie ist die Kraft, mit der du Dinge verwirklichen kannst. Und sie ist Teil deines eigenen Chakra-Systems! Ihr magisches Feld wirkt immer, sonst hätte sich dein Körper gar nicht ausformen können; es sorgt dafür, dass sich dein Seelenplan entfaltet und verwirklicht. Diese Energie ist stabil in deinem System verankert; sie sorgt dafür, dass sich das, was mit dir in Resonanz geht, auf der Erde als Materie oder Ereignis zeigen kann.

Erlaube nun dieser unermesslich kraftvollen Energie, in dein System einzuströmen und durch deine unteren Chakras aufzusteigen. Schicke gleichzeitig den weißen Lichtstrahl aus dem göttlichen Schöpferplan in dieses Feld der Schöpferkraft. Falls dir das nicht möglich ist, konzentriere dich zunächst auf dich selbst. Die Schöpferkraft der Erde strömt nun durch deine Erd-Chakras immer weiter nach oben, fließt in deinen Körper ein, durchströmt ihn mit lebendiger, schöpferischer Stärke; du empfindest es vielleicht als Kribbeln oder als Wärme: Du spürst dich selbst besser, wirst lebendiger und innerlich stabiler, fühlst dich geerdet, und das bist du nun auch.

Die Schöpferkraft steigt nun weiter auf, strömt in die Chakras über dir, steigt immer höher bis hinein in das weiße Licht, erreicht es nun, und jetzt kommt es an, strömt hinein in das Energiefeld deines Schöpferplanes.

Es geschieht ein Wunder: Du hast Himmel und Erde verbunden. Blitzschnell strömt die Energie aus dem weißen Licht durch dich hindurch, durch alle Chakras und hinein in das Zentrum der Erde. Dort trifft es auf das Kraftfeld, und vielleicht gibt es nun einen Lichtblitz, oder du spürst eine Art innerer Explosion. Vielleicht öffnet sich diese Verbindung zu einer stabilen Lichtsäule, in der du dich ab sofort sicher und geschützt bewegen kannst.

Du bist jetzt an all deine Chakras angeschlossen, an alle Stationen, die du besuchen möchtest, alle Energiefelder, die dir zur Verfügung

*stehen – seien es fremde Galaxien, Engel, Erdgeister, ferne Planeten
oder dein höheres Selbst.
Bleibe mit deiner Aufmerksamkeit in diesem hohen Energiefeld,
spüre aber gleichzeitig deinen Körper wieder. Öffne dich noch ein
Stück weiter, und nimm auch die irdische Wirklichkeit wieder wahr.
Das ist wie Yoga für dein Bewusstsein. Du dehnst dich aus, reist nicht
mehr durch die einzelnen Energiefelder, sondern bist überall gleichzeitig anwesend ... Von nun an steht dir die Schöpferkraft der Erde
unmittelbar zur Verfügung. Sie durchströmt dein ganzes System. Es
wird sehr viel leichter für dich, das zu verwirklichen, was du verwirklichen möchtest, sowie dich geerdet, schöpferisch, lebendig und
stabil zu fühlen.*

Je öfter du diese Übung machst, desto leichter wird es dir fallen, in alle
Bereiche deines energetischen Körpers vorzudringen.

Was du in diesem Kapitel gelernt hast:

- Halte es für möglich, dass es in dir Chakas gibt, mit denen du dich
  als Engel, Außerirdischer, Erdgeist, Lichtwesen oder reines Bewusstseins wahrnehmen kannst.
- Alles, was dir im Leben begegnet, findet nur deshalb statt, weil das
  spirituelle Magnetfeld der Erde die deinem Energiefeld entsprechenden Frequenzen anzieht, stabilisiert und aufrechterhält.
- Es ist wichtig, dass du die Frequenzen deiner eigenen Chakras kennenlernst, denn sie bedingen deine Erfahrungen.

Energie und Kommunikation

Wie vorher gesagt, ist es schwierig, die Energien deiner entfernt liegenden Chakras zu verstehen, weil dein Bewusstsein so fest in deinem Körper verankert ist, dass die inneren Stimmen deiner Gefühle und Gedanken die Botschaften deiner anderen Chakras übertönen. Du kannst also entweder lernen, besser hinzuhören, oder du lernst, durch deine Chakras zu reisen und dein Bewusstsein auszudehnen – dann kannst du einfach dahin spazieren, wo du etwas hören willst.

Stelle dir noch einmal die Perlenkette aus Chakras vor, und betrachte die einzelnen Perlen wie Räume. Du kannst lernen, von Raum zu Raum zu spazieren, ja sogar, in allen Räumen zugleich zu sein, deine Aufmerksamkeit so weit auszudehnen, dass du im Körper und in sehr hohen Dimensionen gleichzeitig aufmerksam und wach sein kannst.

Auf welche Weise du nun diese Energie wahrnimmst, ist eine ganz persönliche Sache, denn das kann von Mensch zu Mensch sehr unterschiedlich sein. Die Botschaft selbst aber ist nicht austauschbar, gleich mit welchem Werkzeug du sie wahrnimmst. Es ist wichtig, zu verstehen, dass es kein »besser« oder »schlechter« gibt. Ob du innere Bilder siehst oder Stimmen hörst, ob sich die Informationen wie sehr klare Gedanken anfühlen, ob du Farben wahrnimmst oder ob dein Körper reagiert, ist gleichgültig. Jeder Mensch hat bestimmte Chakras, die besser entwickelt sind als andere, bestimmte Lieblingsinstrumente, die ihm vertraut sind. Wie das bei dir ist, wird durch deine individuelle Energie und deine Lebensaufgaben bestimmt.

Wenn du ein sehr körperlich orientierter Mensch bist, dann nimmst du Energiefelder eher über den Körper wahr, weil deine Neurotransmitter besonders gut funktionieren und dein Gehirn die Informationen, die über deine Nervenbahnen ankommen, leicht und rasch umsetzen kann. Die Verbindung zwischen dem Gehirn und den unteren Chakras ist dann sehr schnell. Wenn du dagegen leichter in spirituelle Gefilde entschwinden kannst, das Gefühl hast, gar nicht richtig in deinem Körper angekommen zu sein, dann fällt es dir bestimmt leichter, Informationen als Gedanken, innere Bilder oder Worte wahrzunehmen. Die oberen Chakras reagieren dann sehr rasch, die Drüsen, die mit ihnen in Verbindung stehen, schütten auf der Stelle ihre Hormone aus, und das Gehirn kann die Botschaft sofort verarbeiten. Die verschiedenen Wahrnehmungsarten kannst du trainieren, aber zunächst ist es sinnvoll, dich auf die zu konzentrieren, die dir bereits zur Verfügung stehen. Letztlich spielt es wirklich keine Rolle, auf welche Weise du die Informationen bekommst. Ob du zum Beispiel die Zehn Gebote auf Chinesisch, Englisch, als Kreuzworträtsel, in Versform, in Bilderschrift oder in der symbolischen Lichtsprache der Maya erfährst, ist schließlich auch belanglos, die Botschaft verändert sich nicht.

Die Bandbreite vorhandenen Wissens, mit dem dein Gehirn die einströmenden Informationen verarbeitet, spielt allerdings eine wesentliche Rolle. Denk noch einmal an die Zehn Gebote: Es nutzt dir gar nichts, sie zu hören, wenn du sie nicht verstehst. Beherrschst du die Sprache nicht richtig oder weißt nicht, wovon eigentlich die Rede ist, weil du noch nie davon gehört hast, so können die Informationen nirgendwo »andocken«, dein Verstand kann keinen Zusammenhang herstellen.

Um es wissenschaftlich auszudrücken: Sofern die Informationen, die du erhältst, nicht mit irgendetwas, was du schon kennst, in Wechselwirkung treten können, nutzen sie dir nichts. Es gibt viele Informationen, die nicht so einfach in Worten auszudrücken sind, weil sie aus Bereichen kommen, in denen das Wort üblicherweise nicht genutzt wird. Wenn du zum Beispiel nach dem Energiezustand einer bestimmten Angelegenheit fragst, kannst du als Antwort oft das Bild einer Tarotkarte oder eines anderen Symbols erhalten.

Die Sprache der schöpferischen Schwingung ist ohnehin meistens sehr bildhaft und anschaulich, weil es oft um komplexe Zusammenhänge geht, die nicht einfach mit »ja« oder »nein« zu erfassen sind. Außerdem berühren die Antworten häufig nicht nur den Bereich des Gehirns, in dem sich Worte ausformen, sondern sind ganzheitliche Erfahrung: ein bestimmtes Gefühl, ein körperlicher Zustand, ein plötzliches inneres Wissen, ein Bild oder ein Wort.

Antworten in Lichtsprache sind immer ganzheitlich und so, dass du plötzlich einfach weißt. Je mehr Wissensbereiche dir zugänglich sind, desto komplexer, befriedigender und umfassender kann dir das Universum Antwort geben. Es ist zum Beispiel sehr schwierig für Engel, mit dir über Bachblütenessenzen, höhere Bewusstseinsformen oder die verschiedenen Formen der Liebe zu reden, wenn du nicht verstehst, wovon sie sprechen. Das heißt aber auch, dass du vielleicht teilweise unbefriedigende Antworten bekommst, weil die Zusammenhänge zu kompliziert sind, als dass sie für dich verständlich wären. Doch du kommst immer mit denjenigen Antworten und Lichtwesen in Resonanz, die deiner Frequenz entsprechen. Denkst du also sehr einfach, so bekommst du auch einfache Antworten; und weil du einfach denkst, genügen dir diese auch. Du brauchst also nicht gebildet zu sein, um die Lichtsprache zu verstehen, sie antwortet dir so, wie du es verstehst. Wir sehen alle meistens nur einen Teil des gesamten Bildes.

Die Sprache des Lichtes ist die Sprache des Lebens, und sie ist nie theoretisch, sondern immer lebendig und praktisch, sie spiegelt stets die angewandte Schöpfung, nie die Theorie. Deine bewussten Erfahrungen sind für die Lichtwesen, die dir auf deine Fragen antworten, wie eine Klaviatur, auf der sie dir mehr oder weniger genau ein Stück spielen können.

Wenn dich die geistige Welt erreichen will, wenn es also Informationen gibt, die wichtig für dich sind, dann werden sie dir den ganzen Tag begegnen. Es ist unglaublich spannend, bewusst zu erleben, wie die geistige Welt mit einem in Kontakt tritt. Es kann zum Beispiel sein, dass dir andauernd ein Lied durch den Kopf geht, und das nicht, weil du es gerade im Radio gehört hast, sondern einfach so. Passiert dir das, so achte auf den Titel oder eine Textzeile, vor allem aber die Erinnerung, die du mit diesem Lied verbindest – du bekommst anhand dessen Auskunft über das innere

Thema, das gerade ansteht. Ob tatsächlich Handlungsbedarf besteht oder ob es dich nur beschäftigt, wird damit noch nicht beantwortet. Das Lied, das Thema, richtet zunächst deine Aufmerksamkeit auf ein wichtiges, vielleicht unbemerktes inneres Energiefeld.

Susanne:

Ich frage zum Beispiel manchmal beim Autofahren das Radio, wie es um meine Beziehung (oder was mich sonst gerade beschäftigt) steht oder was meine unbewussten Gefühle und Gedanken sind. Ich mache es erst aus und schalte es genau dann wieder ein, wenn ich einen Impuls dazu bekomme. Da fast den ganzen Tag Musik läuft, erhasche ich oft gerade die Textzeile oder den Titel, der mir etwas sagt. Ob die Auskunft stimmt oder nicht, spüre ich an dem inneren »ja« und dem Gefühl von Erleichterung, das immer kommt, wenn ich weiß, dass etwas zutiefst stimmt, selbst wenn es mir nicht gefällt. Wenn dieses Gefühl kommt, dann belasse es dabei.

Es ist wichtig, dass du die Verantwortung für deine innere Wahrheit übernimmst, auch und gerade dann, wenn das, was du spürst, nicht das ist, was du hören willst. Diese Aufgabe kann dir niemand abnehmen; letztlich kommt es immer auf dein eigenes tiefes Gefühl an. Tatsächlich ist es deine Verantwortung, zu fühlen, ob etwas stimmt, egal, was dir von außen vermittelt, und egal, von wem es dir erzählt wird. Die geistige Welt kommuniziert mit dir so, wie du es verstehst, aber am Ende sind du und dein inneres untrügliches Gefühl für Wahrheit die letzte Instanz. Noch einmal: Das nimmt dir niemand ab, und du tust gut daran, zu lernen, dir zu vertrauen und dem Zweifel eine Absage zu erteilen.

Wenn du dich zum Beispiel gern mit Computerspielen beschäftigst, dann gibt dir die geistige Welt, die über die Lichtsprache kommuniziert, vielleicht symbolische Informationen, die über die Bilder und Aufgaben deines Spieles zu dir gelangen.

Susanne:

Ich habe einmal eine Zeit lang sehr gern »Sims« gespielt, das ist ein Computerspiel, bei dem man animierte Personen zur Arbeit schicken kann, ihnen Häuser einrichtet etc. Die Aufgabe ist, dafür zu sorgen, dass es ihnen gut geht, dann haben sie einen grünen Balken über ihrem Kopf (perfekt für Kontrollfreaks und Coabhängige*). Wird der Balken rot, haben sie Bedürfnisse, die befriedigt werden wollen. In dieser Zeit habe ich oft, wenn ich ein Bedürfnis hatte, das ich nicht wahrnahm, vor meinem inneren Auge einen roten Balken gesehen, ging es mir gut, einen grünen. Ich musste jedes Mal lachen und war fasziniert von der genialen Schlichtheit, mit der ich Informationen bekam.

Diese Informationen aber nutzen dir natürlich nur dann etwas, wenn du sie auch verstehen kannst, wenn du die Übersetzung von der oft sehr symbolhaften Sprache der geistigen Welt in die irdische Umsetzung beherrschst.

Bekommst du – wie wir es schon einmal als Beispiel herangezogen haben – Magenschmerzen, wenn du an deinen Job denkst, dann kommunizierst du mit der göttlichen Ordnung. Du erhältst die Information aus deinem Seelenplan, dass dein Beruf nicht deinen energetischen Bedürfnissen entspricht – warum auch immer er das nicht tut. (Um das herauszufinden, musst du erst einmal wahrnehmen, dass es so ist, die weiteren Informationen folgen.) Diese Information kommt im Solarplexus an, und zwar auf der körperlichen Ebene. Sie könnte auch, sofern dir das lieber ist, auf der emotionalen oder körperlichen Ebene im Herz-Chakra ankommen, dann hättest du entweder Herzstechen, ein Brennen im Herzen oder ein ungutes, unruhiges Gefühl. Kämen sie auf der mentalen Ebene des Hals-Chakras an, würden dir die Worte fehlen, wenn du über deinen Beruf sprechen wolltest. Du könntest nichts darüber erzählen, könntest nicht aussprechen, was du sagen willst. Auf der körperlichen Ebene des Hals-Chakras gelangt die Information in Form einer Mandelentzündung zu dir, sobald du zur Arbeit gehen willst.

Die Magenschmerzen oder die Mandelentzündung sind also die Wirkung einer Information, die an einer bestimmten Stelle ankommt und deine Aufmerksamkeit auf sich zieht. Die wirklich wichtigen Informationen erreichen immer die Stelle, die ganz sicher deine Aufmerksamkeit auf sich zieht. Je bewusster und aufmerksamer du also mit dir selbst umgehst, je besser du dich und deine Reaktionen wahrnimmst und kennst, desto leichter ist es für dich, Zugang zu diesen Informationen zu erhalten, und desto rascher reagierst du darauf.

Hellsehen, -hören und -fühlen sind vollkommen natürlich. Sie sind ein Zeichen dafür, dass du einfach fein abgestimmte Energiezentren hast und wahrnimmst, welche Informationen ankommen. Wenn dir allerdings die Angst mit der scheinbar vernünftigen Stimme des Verstandes oder dem aufgeregten Getue deiner Gefühle immer wieder dazwischenquatscht, dann hörst du natürlich nichts. Aber auch du hast vielleicht schon einmal erlebt, dass du etwas vorher schon irgendwie wusstest.

Nun, jedes Ereignis hat ein bestimmtes Energiefeld, das du spüren kannst, noch bevor das Ereignis selbst stattfindet. Wenn deine Energiezentren fein eingestellt sind, dann weißt du viele Dinge einfach so, ohne dass du darüber nachdenkst, denn es ist ein natürlicher Zustand, den du nicht erst bewusst herzustellen brauchst (es sei denn, du willst ihn noch besser trainieren).

Bist du fein eingestimmt, dann reichst du jemandem den Salzstreuer, weil du auf telepathischem Wege »gehört« hast, dass er ihn haben will. Das geschieht völlig unbewusst, auch wenn es natürlich sehr spannend ist. Allerdings ist es einfach ein natürlicher Impuls. Du hattest das Gefühl, jemandem den Salzstreuer reichen zu wollen, und hast es getan. Das geschieht meist ganz nebenbei.

Der Trick ist, auf die Impulse zu achten und ihnen zu folgen, auch, wenn es komisch wirken könnte, und auch, wenn du dich irrst. Hast du dich geirrt, hast du dich eben geirrt. Dann hat der andere vielleicht daran gedacht,

---

* Ich gehe später noch genauer auf den Begriff der Coabhängigkeit ein. Hier bedeutet es, dass es nie eine einzelne Sucht gibt. Jemand der süchtig ist, zeigt in vielen Bereichen süchtiges Verhalten

sich aber doch anders entschieden – völlig unbewusst. Oder du hast tatsächlich einen Impuls missverstanden, aber das macht nichts. Die Hauptsache ist, du bist ihm gefolgt, denn das trainiert die Leitfähigkeit deiner feinstofflichen Lichtbahnen und Nerven für höhere Energiefelder, und du lernst, zuzulassen, auch einmal falsch zu liegen.

Sofern du deiner inneren Stimme folgen willst, deinen echten, klaren Impulsen, brauchst du den Mut, auch einmal wirklich bescheuert auszusehen oder dich lächerlich zu machen. Letztlich wird das nicht geschehen, denn deine Energie erhöht sich dermaßen, dass du kraftvoll und würdig wirkst. Dennoch musst du das Wagnis eingehen. Du brauchst die innere Freiheit, Fehler zu machen, und das ist für viele Menschen eine harte Übung.

Susanne:

Heute Morgen ist meine Freundin beim Ausparken gegen einen Laternenpfahl gefahren. Nichts Schlimmes, eine kleine Delle. Sie erzählte mir ungehalten, sie habe sich gestern Abend beim Einparken schon gedacht, dass sie dagegenfahren würde. Sie ärgerte sich sehr über sich selbst, weil sie es ja schon geahnt hatte und dennoch dagegengefahren war. Hätte sie nicht achtsamer sein müssen?, fragte sie mich. Wenn ich schon beim Einparken weiß, dass ich gegen diesen blöden Laternenpfahl fahren werde, dann bin ich wachsam, und parke noch einmal neu ein, nicht wahr? Ich nehme die Informationen, die ich von anderer Ebene bekommen habe, ernst und ändere das Energiefeld. Ich nehme sie nicht als Warnung für die Zukunft, sondern als Aufforderungen, im Jetzt zu handeln. Ich bin dankbar, setze sie um und ärgere mich nicht am nächsten Morgen darüber, dass ich eine mögliche, in diesem Fall sehr wahrscheinliche Zukunft vorausgesehen habe, ohne diese Information zu nutzen. Meine Freundin hatte Angst, komisch zu wirken, wenn sie neu einparkt. Es war nur eine leichte Unsicherheit, das Gefühl, nicht auffallen und peinlich wirken zu wollen. Das ist nicht besonders hilfreich, wenn man seinen inneren Impulsen folgen will.

Natürlich ist es viel aufregender, zum Beispiel bewusst mit deinem Schutzengel zu reden, aber jeder beginnt dort, wo er schon mit geistigen Ebenen kommunizieren kann. Das Reden mit Engeln und anderen höheren Ebenen des Bewusstseins erfordert eine sehr bewusste Konzentration und viel Übung, deshalb vervollkommnen wir zunächst das, was wir bereits können. Du trainierst es übrigens schon die ganze Zeit, indem du das, was du hier liest, zu verstehen versuchst. Ein Teil in dir ist wach und erinnert sich daran, dass er das sowieso alles weiß, dadurch wird dein Kanal automatisch frei.

Was du in diesem Kapitel gelernt hast:

- Nimm die einzelnen Chakras als Räume wahr, in denen du verschiedene Erfahrungen machen kannst.
- Lerne, von Raum zu Raum zu spazieren, und dann, in allen Räumen zugleich zu sein.
- Konzentriere dich dabei zunächst auf die Wahrnehmungsarten, die dir bereits geläufig sind – sei es ein Gefühl, eine körperliche Wahrnehmung, eine Art inneres Wissen oder etwas anderes.
- Antworten in Lichtsprache sind immer ganzheitlich und so, dass du plötzlich einfach weißt.
- Die geistige Welt schickt dir ständig Informationen – am Ende aber bist du die letzte Instanz für die Wahrheit.
- Je bewusster und aufmerksamer du bist, desto leichter ist es für dich, Zugang zu geistigen Informationen zu erhalten.
- Wenn deine Energiezentren fein abgestimmt sind, dann weißt du viele Dinge einfach, denn es ist dein natürlicher Zustand.
- Nimm dir die Freiheit, Fehler zu machen, und traue dich, deinen Impulsen zu folgen, egal wie du dabei auf andere wirken magst.

Deine bewussten und unbewussten Absichten

Wir wollen jetzt über deine Absichten sprechen. Wozu genau möchtest du eigentlich lernen, die Lichtsprache zu verstehen? Was ist deine Absicht? Wenn du das nicht weißt, dann fließt die Energie nicht richtig, dann gibt es keinen klaren Kanal, dann wabert das Energiefeld um dich herum, gibt dir mal hier und mal da eine Information oder einen Impuls, aber du spürst keine deutliche Ausrichtung, keinen Weg. Es ist, als führte dich das Leben immer wieder im Kreis herum, und so ist es dann auch: Du kreist in einer Warteschleife, weil du den Zielflughafen noch gar nicht einprogrammiert hast. Wozu also willst du lernen, die schöpferische Schwingung zu erfahren und ihre Sprache zu verstehen?

Dieses Buch selbst ist wie eine Lichtsäule mit Zugang von allen Seiten. Es ermöglicht jedem, der mag, in diese Lichtsäule einzutreten und von hier aus zu den Orten im Universum zu reisen, die für ihn wichtig sind. Sie ist wie eine Art kosmischer Raumhafen, eine Startbahn in höhere Ebenen des Bewusstseins. Du trittst in die Lichtsäule ein, indem du das Buch liest, machst die Übungen und wirst dadurch befähigt, dein Bewusstsein überall dahin zu lenken, wo wichtige Informationen und Erfahrungen auf dich warten. Gleichzeitig ist sie ein Gefährt für deinen Weg nach Hause, ins Licht, zu deinem Heimatplaneten, in die spirituellen Gefilde, in denen du dich sicher und geborgen fühlst. Es ist wie eine stabile Brücke zwischen Himmel und Erde, die du leicht nutzen kannst, sofern du bereit bist, dich darauf einzulassen.

Susanne:

Was heißt das nun für mich?

Weil ich das jetzt weiß, vertraue ich dem Prozess des Schreibens dieses Buches, und die Energie fließt viel leichter. Ich denke nicht dauernd darüber nach, ob dich das, was ich schreibe, überhaupt interessiert oder weiterbringt, sondern erlaube dem Buch, zu der Lichtsäule zu werden, die es sein will, und stelle mich den Informationen und Energiefeldern, die sich hier manifestieren wollen, als Instrument zur Verfügung. Ich kann natürlich nur deshalb ein Instrument sein, weil ich erstens durch sehr viel Erfahrung und Ausbildung verstehe, was sie mir erzählen, und zweitens gelernt habe, es in Sprache umzusetzen.

Wieder erkennst du also, wie wichtig es ist, dass dir viele Werkzeuge zur Verfügung stehen, damit du mit möglichst vielen Sinnen verstehst, was dir die Schöpfung so unablässig und eindringlich klarzumachen versucht. Wenn du also Angst hast, und du verzettelst dich, weil dich so vieles interessiert:

Susanne:

Das höre ich oft von Klienten: »Worauf soll ich mich denn konzentrieren? Soll ich lieber Reiki machen oder die Kunst des Kartenlegens erlernen?«, dann sage ich dir: Lerne alles, was dich interessiert. Du kannst gar nicht genug gelernt – also erfahren und erlebt – haben. Denn je breiter dein Spektrum ist, desto leichter, klarer und feiner können dich die Informationen erreichen. Du lernst, dir immer mehr zu vertrauen, weil du auf vielen Ebenen gleichzeitig erreichbar bist.

Stelle dir vor, du kannst hervorragend pendeln, aber du fühlst dich innerlich wie taub und abgeschnitten von dir selbst. Du stellst eine Frage, und dein Pendel kreist in eine bestimmte Richtung. Wunderbar, denkst du, das ist – nach deiner Erfahrung – ein Ja. Nun, wahrscheinlich ist es ein »Ja«. Wenn du aber innerlich frei und offen bist, dann bekommst du noch viel mehr Informationen, nicht nur das »Ja« oder ein »Nein«. Du spürst dann vielleicht, dass es noch etwas Besseres gibt, dass es ein »Ja, aber . . .« ist. Oder du nimmst das »Ja« auch im Körper und im Herzen wahr. Dieser Antwort kannst du viel tiefer vertrauen als dem Kreisen eines Pendels. Alle, die solche Werkzeuge nutzen, spüren die Informationen nicht nur anhand des Werkzeugs, sondern auch gleichzeitig in sich. Die Werkzeuge sind nur ein Hilfsmittel, mit der Energie in Kontakt zu kommen. Während du zum Beispiel pendelst (oder deine Hände auflegst oder die Aura liest oder innerlich still wirst), hörst du die Antwort, fühlst sie, weißt sie einfach. Informationen zu erhalten ist immer und unter allen Umständen eine ganzheitliche Erfahrung, selbst wenn du nur die Nachrichten hörst.

Deshalb noch einmal die Frage: Was willst du? Was ist deine Absicht? Egal wie verschroben, unklar oder merkwürdig sie dir auch vorkommt, es ist wichtig, dass du dir über deine Beweggründe im Klaren bist. Willst du endlich nach Hause? Möchtest du mit Engeln reden? Wünschst du dir, dass die innere Einsamkeit aufhört? Willst du lernen, auf der Erde zu sein und dabei Spaß zu haben? An diese Frage ist deine Ursehnsucht gebunden, der tiefe Schmerz, der dich letztlich antreibt, aber auch lähmt. Sie kommt nicht aus deinem bewussten Verstand, du brauchst also nicht darüber nachzudenken. Sie kommt aus deinem Unterbewusstsein, wenn du ihr Raum dazu gibst. Sie zeigt dir den roten Faden, der sich durch dein Leben zieht.

Was ist dein tiefstes Sehnen, was will deine Seele wirklich? Wir alle sind unserer eigentlichen Sehnsucht vielleicht schon so weit entfremdet, dass wir gar nicht mehr daran glauben, sie könnte verwirklicht werden. Dabei ist sie der Führer, der Leitstrahl, der sicherstellt, dass du den Weg zurück zu dir selbst findest und gehst. So trau dich, dich zu erinnern, was du eigentlich willst, was du tief in deiner Seele willst.

Was du findest, wird dir wahrscheinlich die Tränen in die Augen treiben, und genau daran erkennst du deine Sehnsucht. Gerade weil wir so unendlich weit von dem entfernt zu sein scheinen, was wir eigentlich wollen, fühlt es sich manchmal an, als wäre das Leben auf der Erde mühselig und schwer – und das stimmt ja auch. Aber es ist nicht nur so. Und nicht für immer. Die Erfahrungen, die du machst, hängen ganz ausschließlich von dem Energiefeld ab, in dem sich dein Bewusstsein aufhält und das zu erforschen es sich vorgenommen hat.

Stell dir das wie einen riesigen Raum vor, den dein Bewusstsein erkunden will. Es hat eine kleine Taschenlampe dabei und steht vor einer Tür. Über dieser Tür befindet sich ein kleines Schild, ein Wort steht darauf, der Name des Raumes, den dein Bewusstsein – also du, das, womit du dich identifizierst – gleich betreten wird. (Schließe bitte rasch die Augen, und stelle dir diese Tür vor: Kannst du lesen, was auf dem Schild steht?) Vielleicht steht »Selbstbestimmung« darauf oder »Selbstverwirklichung«, oder du erkennst das Wort »Innere Freiheit« oder »Opferdasein«, eventuell steht sogar ein Spruch darauf, oder dir geht eine Zeile eines Liedes durch den Kopf.

Susanne:

Über meiner Tür steht der Satz »Über sieben Brücken musst du gehen«. Gerade höre ich es, und es stimmt. Es würde jetzt zu weit führen, dir genau zu erklären, was diese Brücken für mich sind, aber es ist in meinem Leben sehr wichtig, innere und äußere reißende Ströme zu überqueren. Die Brücken in meinem Leben sind die sieben Chakras, und jedes einzelne fordert in diesem Leben Erlösung und Aufmerksamkeit. Woher ich das weiß? Ich weiß es einfach. Ich kann das nicht oft genug sagen. Lerne, dem zu vertrauen, was als erster Impuls kommt und sich richtig anfühlt.

Also, was steht über deiner Tür? Du brauchst es nicht gleich zu verstehen, nimm es einfach nur wahr. Dann öffne die Tür, geh in den Raum hinein. Die Erfahrungen folgen unweigerlich, solange du dich in diesem Raum aufhältst, es geht gar nicht anders.

Nun erinnere dich: Du hast nur die eine kleine Taschenlampe, nämlich deine Aufmerksamkeit. Das, was du anleuchtest, ist alles, was du wahrnimmst. Aber du merkst schon selbst, dass du damit bei weitem nicht das ganze Bild erkennst; es kann sogar sehr verwirrend sein, nur kleine Ausschnitte zu sehen. Wenn du jetzt auch noch versuchst, anhand dieser kleinen Ausschnitte auf das Ganze zu schließen, dann kannst du eigentlich nur falsch liegen. Aber genau das tun Menschen, nicht wahr? Ihr betretet einen ganz bestimmten Raum mit einem ganz bestimmten Thema, nehmt eine winzige Taschenlampe, schaut euch einen kleinen Ausschnitt an – und daraus schließt ihr auf das ganze Leben …

Wenn du mit deiner Taschenlampe nun gerade die Kante eines Schrankes erwischst, der bedrohlich vor dir aufragt – dann ist klar, was du über dein Dasein zu glauben beginnst, oder? Vielleicht leuchtest du in eine staubige, leere Ecke … Und das soll dann das Leben auf der Erde sein? Na, herzliches Beileid. Vielleicht leuchtest du auch in viele Ecken und siehst überall das Gleiche. Dann scheint das Bild sich immer wieder selbst zu bestätigen; du beginnst immer fester daran zu glauben, dass diese staubigen Ecken alles sind, was du bekommst.

Wenn du jetzt nicht weißt, dass auf dem Schild deiner Tür vielleicht »Entdecke die Möglichkeiten« steht, wenn du also nicht weißt, dass du vielleicht aufgefordert bist, zum Besen zu greifen und die Ecken auszufegen, selbst Möbel zu kaufen und das Zimmer wohnlich zu machen, dann bleibst du gebannt und gelähmt vor all dieser Leere stehen – dabei ist es ein Raum voller Chancen, gerade weil er so leer zu sein scheint … Vielleicht machst du es dir eine Zeit lang in diesen Ecken bequem, versuchst, dein Schicksal anzunehmen, dich damit zu versöhnen – und machst damit genau die Erfahrungen, um die es geht. Irgendwann nämlich hast du dermaßen genug von all diesen Ecken, dass du deine Schöpferkraft zu nutzen beginnst und putzt, auch wenn du nicht weißt, ob das richtig oder falsch ist.

Wenn du dich nur lange genug mit der Leere abgefunden hast, kommst du ganz automatisch auf die Idee, sie zu füllen. Du akzeptierst das Opferdasein nicht mehr und ziehst dich an deinen eigenen Haaren aus dem Sumpf. Und damit erfüllst du die Aufgabe, die du mit dem Raum gestellt bekommst: Du erkennst die Möglichkeiten und deine eigene Kraft. Es geht natürlich auch leichter und schneller: Wenn du das Schild über der Tür liest, dann beschleunigt sich dieser Prozess um ein Vielfaches. Nun könntest du vielleicht glauben: Ach, das ist ja super, ich geh einfach in einen Raum, über dessen Tür »Fülle und Liebe« oder »Glück und Erfolg« steht. Und weißt du, was? Das ist ein wundervoller Plan, herzlichen Glückwunsch! Du hast es verstanden, wir sind sehr glücklich darüber. Genauso funktioniert das mit der Schöpfkraft. Geh in einen Raum, über dessen Tür »Ich bin glücklich, mein Leben ist erfüllt, und ich verstehe meinen Seelenplan« steht – und genau das wird passieren – zur richtigen Zeit und dann, wenn du deine Lektionen gelernt hast.

Was du in diesem Kapitel gelernt hast:

- Werde dir über deine wahren Absichten klar, denn sie sind es, die deine Energien immer wieder ausrichten
- Deine Absichten sind so, wie sie sind, genau richtig.
- Erweitere dein Spektrum: Lerne alles, was dich interessiert. Je mehr du weißt, desto besser kann die geistige Welt mit dir kommunizieren.
- Erkenne hinter all den Absichten deine eigentliche, tiefste Sehnsucht und lass sie zu, wie verschroben sie dir auch erscheinen mag. Sie ist der Wegweiser in deine geistige Heimat.
- Erkenne das Thema deiner Erfahrungen, indem du dir vorstellst, sie wären wie ein riesiger Raum, über dessen Tür ein Schild steht.
- Nimm deine Erfahrungen mit allen Sinnen an; lasse dich vollkommen hineinfallen und spüre sie. Dadurch beschleunigst du einen Erfahrungsprozess.

Stolperfalle spiritueller Hochmut und Kontrolle

Für welche Tür auch immer du dich entscheidest, du kommst nicht um einen bestimmten Entwicklungsprozess und einen gewissen Bewusstseinsschritt herum. Du kannst zehn Mal das Schild an der Tür lesen, doch den Bewusstseinsschritt, der in diesem Raum auf dich wartet, kannst du nicht umgehen oder mental vorwegnehmen. Denn es ist ein ganzheitlicher Prozess, der das Fühlen mit einschließt. Aber Schöpfer weichen den Erfahrungen nicht aus. Im Gegenteil, wenn du weißt, was auf dem Schild über der Tür steht, dann gehst du freiwillig hinein, setzt dich aus eigenem Antrieb allen Gefühlen aus, kauerst dich vielleicht, um im Bild zu bleiben, unaufgefordert (ohne dass das Leben dich bitten oder gar zwingen muss) in die staubigen und kalten Ecken, spürst die Ohnmacht und nimmst viel bereitwilliger alles wahr, was der Raum dir bietet. Du wehrst dich nicht gegen die Erfahrungen, haderst nicht damit, sondern erlaubst dir, alles zu spüren, damit der Prozess ohne Umschweife in dir stattfinden kann. Du beschwichtigst dich nicht selbst, nutzt deinen Verstand nicht, um dir deine Gefühle auszureden, sondern lässt sie einfach zu.

Das setzt einen echten Heilungs- und Bewusstseinsprozess in Gang (die göttliche Ordnung gibt dir neue Impulse), und du öffnest dich für wahrhaft neue Erfahrungen. Warum? Weil du dir auf der Seelenebene nun einmal vorgenommen hast, diesen Raum zu erforschen, sonst wärest du nicht darin. Und weil du es dir vorgenommen hast, wird etwas in dir den Raum nicht eher verlassen, bis du den Entwicklungsschritt, der hier auf dich wartet, auch tatsächlich gegangen bist.

Manchmal ist der Entwicklungsschritt übrigens, den Raum zu verlassen – einfach so, nicht erst aufzuräumen, sondern schlichtweg zu gehen. Du spürst es an dem klaren Impuls, der kommt; du spürst, was richtig ist, weil es sich genau so anfühlt. Wie sich etwas für dich richtig anfühlt, das weißt nur du. Es ist deine Verantwortung, zu wissen, dass du es weißt. Du wirst ruhig und kraftvoll, wenn sich etwas richtig anfühlt. Erinnere dich bitte an die Momente, in denen du etwas einfach so wusstest, auch wenn du es vielleicht nicht umgesetzt hast. Dieses innere Wissen und das Vertrauen in das Wissen sind die Schlüssel für alles. Das ist wie in der Schule: Du wirst nicht versetzt, wenn du das Klassenziel nicht erreicht hast: Der Unterschied ist, dass du im richtigen Leben Lehrer und Schüler zugleich bist. Je klarer dir all das wird, desto bereitwilliger lernst du deinen Stoff, du erkennst, wie ernst es dir auf der Seelenebene damit ist, und bist bestrebt, dich der Erfahrung hinzugeben.

Du erkennst also, wie wichtig und sinnvoll es ist, eine größere Taschenlampe zu haben, und wie wertvoll die Möglichkeit ist, den Raum zu verlassen, damit du schauen kannst, was eigentlich auf der Tür steht. Wenn sich dein Bewusstsein öffnet, dann wird die Taschenlampe größer, du erkennst mehr und bekommst einen ganz anderen Überblick. Irgendwann kannst du dann einfach das Licht anknipsen. Und wenn du dann noch erkennst, dass der Raum ein bestimmtes Thema, eine bestimmte Erfahrung repräsentiert und sonst nichts, dass das nicht das Leben ist, sondern schlicht eine mögliche Erfahrung, dann wirst du frei, dir anzuschauen, was du anschauen willst.

Irgendwann hast du dann gar keine Lust mehr, dich länger in nur einem der Räume aufzuhalten. Du gehst hindurch, nimmst blitzschnell wahr, was in dir geschieht, wie sich der Raum anfühlt. Du machst deinen Bewusstseinsschritt und gehst weiter. Das geht aber wirklich nur, wenn du dich vollkommen auf dich selbst und das, was du spürst, einlassen kannst und willst, wenn dir nichts zu absurd und merkwürdig erscheint, wenn du erlaubst, wirklich berührbar zu sein. Sonst erlebst du einfach die Energie dieses Raumes nicht, und damit hast du die Erfahrung nicht gemacht. Je offener und hingebungsvoller du dich von den Erfahrungen des Raumes berühren, dich von ihnen in deine eigenen Tiefen tragen lässt und alle Gefühle, Gedanken und Reaktionen zulässt, wie sie sind, desto rascher kommst du hindurch.

Susanne:

Dazu zwei Beispiele: Vor ein paar Jahren wurde meine über alles geliebte Katze überfahren, während ich im Haus war. Ich habe nichts gespürt, keine Warnung bekommen, zumindest habe ich keine wahrgenommen. Ich dachte später: Was soll das alles? Wozu lernen wir, uns mit höheren Schwingungsebenen zu verbinden, wenn wir dann die wirklich wichtigen Dinge doch nicht wahrnehmen und damit verhindern können? Denn hätte ich gespürt, dass sie überfahren wird, hätte ich sie natürlich nicht rausgelassen.

Ich werde oft gefragt, wie man seinen Wahrnehmungen vertrauen kann, wenn sich diese Energien nicht zu erkennen geben. Nicht einmal in den Familienaufstellungen, die ich gemacht habe, als ich mit einem bestimmten Mann zusammen war, zeigte sich eine andere Frau, die ihm und der er näher stand als es für unsere Beziehung gut war. Sie war immer einfach eine gute Freundin, es war keine andere Energie zu spüren, obwohl ich einmal sogar ausdrücklich nachgefragt habe. Also, was war da passiert? Wollte ich etwas nicht wahrhaben? Habe ich es nicht gesehen, weil ich es nicht sehen wollte? Nein. Das kann natürlich auch passieren, aber darum ging es nicht. Wenn du die Sprache des Herzens verstehen willst und höhere Botschaften empfängst, dann bekommst du einen besseren Überblick, du verstehst deine Seelenlektionen besser, und du verstehst, wozu Situationen dir dienen. Abwenden kannst und sollst du sie nicht, wenn sie zu deinem Seelenplan gehören. Und ist eine Situation aus welchem Grund auch immer wichtig für dich, so entzieht sich die Information darüber deinem Zugriff, eben damit du sie nicht verhinderst oder kontrollierst.

Du kannst jetzt und hier nicht entscheiden, was dir zu sehen erlaubt wird. Alle Informationen unterliegen der göttlichen Ordnung, das ist wie in einer Art Bibliothek. Wenn du eine Information haben willst, dann befragst du den Hüter der Bibliothek – der dir als Engel, als dein höheres Selbst oder in ande-

rer Gestalt erscheinen mag. (Später zeigen wir dir den Unterschied zwischen diesen Energien.) Er gibt dir die Antworten, die heute für dich wichtig und hilfreich sind und sicherstellen, dass du deinem Seelenplan folgst. Manchmal scheinen Antworten im Nachhinein nicht zu stimmen. Wenn wir einmal davon ausgehen, dass sie aufmerksam empfangen wurden, dann ergeben sie dennoch meistens durchaus einen Sinn. Denn genau diese Antwort hat dich vielleicht auf den Weg geschickt, den du gehen solltest. Und woher wissen wir, dass die Antworten nicht trotzdem richtig waren, nämlich auch richtig?

Verstehst du? Es gibt eine einzige Wahrheit pro Ereignis, aber diese Wahrheit ist sehr vielschichtig! Es ist wichtig, dass wir die Ebenen nicht verwechseln, dass wir auf jeder Ebene angemessen reagieren. Auf der seelischen Ebene liebst du vielleicht jemanden, verneigst dich vor ihm und dankst ihm für den Dienst, den er dir erwiesen hat, indem er dir begegnete. Das ist aber kein Grund, diese Beziehung fortzusetzen, wenn es eine andere Frau (einen anderen Mann) in seinem (ihrem) Leben gibt. Auf der irdischen Ebene kann die Tür vollkommen zugeschlagen werden; man muss diesen Mann (diese Frau) nicht mehr sehen und kann froh sei, dass alle Unklarheiten beseitigt sind. Liebe auf seelischer Ebene darf nicht als Rechtfertigung für coabhängige Beziehungen dienen!

Es ist hochmütig, zu glauben, dass du nur, weil du jetzt ein bisschen mehr sehen und verstehen kannst, Einfluss auf deinen Seelenplan hättest – hochmütig und überhaupt nicht sinnvoll.

Natürlich hast du Einfluss auf deinen Seelenplan, es ist ja deiner. Aber dieser Einfluss erfolgt auf ganz anderen Ebenen. Wenn du feinstoffliche Felder lesen kannst, dann verstehst du die Sprache der Schöpfung besser. Du veränderst damit aber nicht die Schöpfung selbst! Wozu auch? Die göttliche Ordnung wird schon wissen, was sie tut – meinst du nicht? Und seien wir ehrlich: Meistens fehlt uns doch der große Überblick, besonders in jenem Teil unserer Persönlichkeit, der so gern kontrollieren würde, oder?

Letztlich will er nur den Schmerz vermeiden und es ein bisschen leichter haben, anstatt bereitwillig durch die schwere Situation hindurchgehen zu müssen. Es ist ein Trugschluss, zu glauben, dass dir, wenn du nur spiritu-

ell gut drauf wärst, dir dies und jenes nicht mehr passieren dürfte. Das ist die spirituelle Variante von »Streng dich an, und beweise, dass du gut genug bist«. Wenn du spirituell wirklich gut drauf bist, dann nimmst du die Situation, die du nicht ändern kannst, mit Gelassenheit an und bittest um die Kraft und die Weisheit, sie so zu durchleben, dass sich dein Bewusstsein wieder ein Stückchen erweitert.

Wir brauchen die Fähigkeit, höhere Energiefelder zu lesen. Denn was wäre, wenn man auf einer hohen Ebene mit einem anderen Menschen Folgendes ausgemacht hätte: »Zu einem bestimmten Zeitpunkt deines Lebens begleitest du mich ein Stück, gleich, was sonst gerade in deinem Leben passiert. Du gibst mir die Gelegenheit, mein Herz zu öffnen, und ich übe, unabhängig zu bleiben und dennoch zu lieben. Bitte führe mich in jene Situationen hinein, in denen ich lernen kann, aber auch muss, bei mir zu bleiben, mir selbst zu vertrauen, meine Wahrheit zu sagen und nicht süchtig auf dich zu reagieren – damit ich eines Tages eine erfüllte, glückliche Liebesbeziehung in Freiheit und Leichtigkeit leben kann!«

Das ist ein Beitrag zur neuen Energie, dann wirst du frei von süchtigem Verhalten in Beziehungen. So fühlt sich das an. Du hast dich verabredet; es ist ein Dienst des anderen an dir, dass er mit dir dieses Stück Weg geht. Dann kehrt er in sein eigenes Leben zurück und macht dort, was immer zu tun ansteht. Wenn du jetzt festhältst, haderst und alles in Frage stellst, dann nutzt du die Geschenke nicht, die du erhalten hast. Das heißt nicht, dass du nicht wütend und traurig sein kannst, falls du überrascht feststellen solltest, dass es neben einem Mann (einer Frau), zu dem du dich hingezogen fühlst, eine andere Frau (einen anderen Mann) gibt, die er dir verschwiegen hat. Du kannst dich jedoch dennoch davor verneigen, dass er dich ein Stück begleitet hat, dir das Stück deiner eigenen Energie zurückgebracht hat, das dir fehlte. Es ist, als ob ihr eine gemeinsame Karmaschleife vollendet, als ob ihr etwas gemeinsam abschlösset.

Das hört sich an, als sollten wir uns dem Schicksal ausliefern, fatalistisch »Kismet« sagen und die Dinge geschehen lassen, nicht wahr? Und ja, das stimmt. Weil das Leben nun mal so ist. Du kannst mit Erzengel Michael jahrelange Konferenzen abhalten, dich mit den Planeten einer entfernten Galaxis verbinden und um die Sonne tanzen – du bist ein Teil der göttlichen Ordnung, und sie wirkt durch dich hindurch, genau so, wie es verabredet ist. Du kannst deine Resonanz ändern, kannst durch Bewusstseinsveränderung deine Frequenz heben, damit du bestimmte Energiefelder nicht mehr erlebst – aber eben erst dann, wenn deine Seele dir grünes Licht gibt und die Erfahrungen gemacht hat, die der Plan vorsieht. Solange eine Erfahrung deiner seelischen Entfaltung dient, wirst du sie machen, ob dir das gefällt oder nicht, und egal wie viele Familienaufstellungen du durchführst, um das zu erlösen. Das heißt nicht, dass diese Techniken nichts nutzen; im Gegenteil: Indem du dich auf diese Weise damit beschäftigst, machst du ja gerade die Erfahrung und kannst sie bewusst erleben.

Du hast deinen Platz im Universum, und du kannst ihn nicht plötzlich verlassen, weil dir eine Erfahrung nicht gefällt. Dein Seelenplan ist keine Verhandlungsbasis. Ich sage auch hier noch einmal ausdrücklich: Nein sagen zu lernen gehört unbedingt zu den Erfahrungen, die wir machen sollen und dürfen. Du brauchst nicht wie ein Opfer in einer ungesunden Situation auszuharren – natürlich nicht! Bitte darum, einen Weg gezeigt zu bekommen, sie zu verlassen, und folge deiner inneren Stimme. Du kannst eine Erfahrung aber nicht verhindern, wenn sie auf deinem Seelenweg liegt, und das weißt du auch.

Natürlich kannst du Situationen vermeiden, indem du achtsam bist – aber nicht die, die zu deiner seelischen Entwicklung gehören und um die du aus höherer Sicht gesehen nicht herumkommst. Aber, und das ist das Tolle, auf höherer Ebene willst du das auch gar nicht. Du kennst sicher die Momente, in denen du genau spürst, dass du eine Erfahrung noch nicht voll und ganz gemacht hast, obwohl du so gar keine Lust auf sie hast. Die Schleier lüften sich, und du weißt, dass du dich bereit erklärt hast, die Erfahrung zu durchleben, bis sie durchlebt ist. Es gibt diesen Songtitel It ain't over 'til it's over – es ist nicht vorbei, bis es vorbei ist – und das stimmt einfach.

Es ist das kleine Ego, das nicht verletzt werden will und das glaubt, wenn es nur genug weiß, erkennt und spürt, hätte es die Macht, das Leben zu kontrollieren und Schmerz oder Verlust zu verhindern. Das ist aber nicht das Ziel. Wenn du dich mit höheren Bewusstseinsebenen verbindest, spürst du nach und nach immer mehr Freiheit und Liebe durch dich hindurchfließen, und du beginnst, viele Dinge anders zu sehen und zu erleben.

Je mehr Liebe durch dein System fließt, desto verständnisvoller wird deine Sicht der Dinge. Sie geschehen dir dennoch, aber du nimmst sie anders wahr. Was geschieht, ist nicht länger ein Drama; es tut weh, ja, aber eben nicht nur und nicht in der Hauptsache. Du erwirbst mehr und mehr die Fähigkeit, dieses Spiel zu durchschauen, das auf der Erde gespielt wird, dieses Spiel mit Formen, Energien, dieses Versteckspiel mit dem eigenen Licht und dem Licht der anderen. Alles ist letztlich nichts als Maya, Täuschung. Aus dem Traum zu erwachen und die Ordnung und Liebe zu sehen, die hinter alldem wirkt und fließt, das ist es, was wirklich heilt und erlöst. Dann brauchst du Erfahrungen nicht mehr zu vermeiden, du nimmst sie mit den Augen der Liebe wahr. Wenn du eine Situation, egal welche, mit den Augen der Liebe betrachtest, dann ergibt sie immer einen höheren Sinn – und gleichzeitig löst sie sich auf. Das Drama kann vorbeiziehen und fügt sich vor deinen Augen in das unendliche Feld göttlicher Ordnung ein.

Wenn du das erkannt hast, dann vergeht die hochmütige Idee, du könntest dein Leben kontrollieren, sofern du nur genug wüsstest. Denn du spürst, es gibt gar keine Notwendigkeit, es zu kontrollieren. Sowie du die unendliche Weisheit und Größe des höheren Planes erkennst, verhandelst du nicht mehr über die Einzelheiten; du vertraust der Kraft im Universum, die weiß, was sie tut. Du fragst diese Kraft nach ihrem Willen und danach, was sie für dich vorgesehen hat.

So frage dich nicht: »Wie hätte ich das vermeiden können? Was habe ich falsch gemacht?«, sondern nur: »Wozu dient das? Und brauche ich das wirklich noch?« Manchmal hörst du: »Ja, das brauchst du noch«; manchmal erkennst du aber auch, ab welchem Punkt du nicht deiner inneren Stimme gefolgt bist – dann lächle, und mache es beim nächsten Mal anders.

Du kommst also nicht an den Räumen vorbei, die sich deine Seele anzuschauen vorgenommen hat. Egal in welcher Situation du dich gerade befindest, es ist einfach ein Raum zu erforschen, den du auf der Seelenebene gewählt hast. Lass dich auf diesen Raum ein. Ein Teil in dir weiß genau, was er tut. Erinnere dich bitte: Du als Mensch dienst deiner Seele, denn das BIST du. Nein, das heißt nicht: Mache dich zum Opfer all der unangenehmen Erfahrungen, die du vielleicht gerade durchlebst. Es heißt: Erkenne die Lektion in ihnen, nimm sie an, und gehe weiter. Wir werden meistens mit genau dem Ereignis oder dem Zustand konfrontiert, von dem wir glauben, er brächte uns um. Je mehr Angst du vor etwas hast, desto wahrscheinlicher ist es, dass es eintrifft. Klar, ich ziehe es ja auch an, sagst du vielleicht. Nein, liebste Seele, das ist nicht der Punkt. Du hast Angst, weil du ahnst oder gar instinktiv weißt, dass es zu deinem seelischen Wachstumsplan gehört, diese Erfahrung zu machen oder zumindest mit ihr konfrontiert zu werden.

Warum das so ist, ob du in einer alten Inkarnation etwas nicht ganz durchlebt hast oder ob du bereit bist, das Thema mit anderen gemeinsam zu erlösen, ist dabei nicht so wichtig, es ist nun mal dein Thema. Je rascher du dich bereit erklärst, dich dieser Erfahrung zu stellen und hindurchzugehen, umso leichter ist es für die göttliche Ordnung, dein Energiesystem wieder auszurichten.

Denn was war zuerst da: die Angst oder das Ereignis? Immer, wenn die Angst zuerst da ist, kannst du davon ausgehen, dass das, wovor du dich fürchtest, zu den Erfahrungen, zu den Räumen gehört, durch die du gehen musst. Es genügt schon, dich der Angst zu stellen, dann brauchst du die Erfahrung vielleicht gar nicht wirklich zu machen. Auch wenn du die Angst zulässt, bist du bereits in diesem Raum, denn er ist sowieso in dir. Er manifestiert sich erst im Außen, wenn du ihn zu vermeiden versuchst. Dann zeigt er sich erst ansatzweise, vorsichtig; du erfährst unbedeutende Rückschläge, oder es treten kleine Ereignisse ein, die dich mit der Energie des Raumes in Kontakt bringen. Wenn du dann immer noch nicht bereit bist, hineinzugehen und die Ecken zu erforschen (manchmal kannst du es nicht, weil du gar nicht mitkriegst, dass sich hier ein Thema aufzubauen beginnt), dann wird er größer und größer. Denn deine Seele meint es immer und unter allen Umständen ernst. Das Schwierige ist, dass Menschen irgendwie der Meinung sind, es wäre ihre Aufgabe, den Raum, die Erfahrung, zu vermeiden. Du fühlst dich als völliger Versager, wenn du dich doch irgendwann darin wiederfindest. Warum habe ich das nicht kommen sehen?, fragst du dich dann verzweifelt; und: Wie hätte ich das verhindern können? Was habe ich falsch gemacht?

Vielleicht willst du die Sprache des Lichtes lernen, um solche Erfahrungen zu vermeiden, könnte das sein? Hmm … Das funktioniert nicht, du machst sie nur bewusster, vielleicht gar freiwillig. Du kriegst mit, was läuft, es reißt dich, ehrlich gesagt, noch viel tiefer rein, weil du immer größere Dimensionen erkennst und die Bereitschaft entwickelst, dich deinem Plan zu fügen und deine Prüfung auf dich zu nehmen … Na, immer noch interessiert?

Es ist euer kollektiver Irrtum, dass ihr immer erfolgreich und strahlend wirken müsst. Tief in euch seid ihr sowieso ein reiner Erfolg der Schöpfung, strahlend, voller Licht und Liebe. Etwas anderes gibt es nicht im Universum, es sieht nur so aus. Wenn ihr euch mit eurem Licht aufmacht, irdische Energiefelder zu erforschen, dann geht es nicht anders, als dass ihr euch die Hände schmutzig macht.

Wenn du das Energiefeld »Mangel« erforschen willst, dann musst du an die Tür des Sozialamtes klopfen oder etwas Ähnliches tun, denn das gehört nun mal zum Energiefeld Mangel. Es beschert dir genau die Gefühle, die du erforschen willst. Wenn du da rauswillst, dann nimm es an, spüre alles, was es in dir berührt, und lasse dich, weil du nun nichts mehr in dir zurückhältst, einfach durch diesen Raum hindurchtragen.

Mache die Erfahrung, wenn du schon den ungeheuren Mut hattest, dich damit auf die Erde zu wagen, richtig und intensiv, damit sie zu etwas dient! Denn was wolltest du noch mal gleich? Licht und Liebe, also die göttliche Ordnung, auf die Erde holen, das war es. Und zwar immer und überall. Das geht nur, wenn du innerlich in immer weiteren Teilen deines Bewusstseins an das Licht und die göttliche Ordnung angebunden bist, wenn du die Gesetze zu verstehen lernst und deine Schöpferkraft anzunehmen beginnst. Die Räume sind nichts als Übungsfelder, die Bereiche, in denen du vergessen oder noch nie erfahren hast, dass du ein Teil der aktiven Schöpfung bist, dass du deine Welt mit erschaffst, dass du, ja, genau du, deinen Teil dazu beiträgst, den Himmel auf die Erde zu holen.

Weißt du, wie du am schnellsten wieder herauskommst? Indem du dich dafür entscheidest und bewusst um Beschleunigung bittest. Wenn du dann noch bereit bist, dich den Erfahrungen voll und ganz zu stellen, sie nicht zu vermeiden oder zu verhindern, dann wirst du sehr schnell in den lichteren Räumen angekommen sein. In diesem Augenblick kommt deine Absicht ins Spiel, denn sie wirkt wie ein Katalysator; sie beschleunigt den Prozess. Wenn dein freier Wille mitzieht, wenn deine freiwillige Absicht mit von der Partie ist, dann hast du wahrhaftig all deine Energien auf ein Ziel gerichtet. Schöpferischer geht es nicht mehr.

Also: Welchen Raum möchtest du erforschen? Was beabsichtigst du mit dem Erlernen der Lichtsprache? Wozu willst du das? Was soll als Spruch über der Tür des Raumes hängen, den du durch dieses Buch betreten möchtest? Vielleicht steht »erfüllte Beziehungen leben« darüber, vielleicht »den Sinn des Lebens finden«, vielleicht auch etwas ganz anderes. Verstehst du: Wenn du etwas Neues erfahren willst, dann ist es, als verließest du den Raum, in dem du dich die ganze Zeit aufgehalten hast, und stündest nun im Flur. Angenommen, du möchtest Englisch lernen. Dann gehst du vielleicht in den Raum, über dem »Mich im Ausland zurechtfinden« oder »mehr Erfolg im Beruf« steht. Eventuell steht auf dem Schild auch »eine Beziehung mit dem tollen Mann aus Australien eingehen«! Deine Beweggründe bescheren dir deine Erfahrungen und bestimmen die Kraft und Ausdauer, mit denen du diesen speziellen Raum erforschst. Je mehr sie deinen Herzenswünschen entsprechen, desto mehr Durchhaltevermögen hast du, und desto klarer und beeindruckender wird das Ergebnis sein. Willst du also nur mal so ein bisschen mehr verstehen, so wirst du eben auch nur mal so ein bisschen mehr verstehen.

Wenn es aber dein tiefer Herzenswunsch ist, mit dir selbst und der Liebe Gottes in Kontakt zu kommen, dann setzt du ganz andere innere Kräfte frei, und das Energiefeld wird sehr rasch stark und präsent – weil du bereit bist, dich allen Erfahrungen auszusetzen, die nötig sind, um das zu lernen. Sei also ganz ehrlich, und überprüfe deine wahren Absichten, denn sie sind es, die das Feld bestimmen, in dem du lebst. Sie sind wie ein Pfeil, den du abschießt und der sein Ziel trifft, immer. Deine Seele führt und leitet dich sowieso, es geht gar nicht anders. Wenn aber dein Bewusstsein beginnt, deine Aufmerksamkeit zielgerichtet und eindeutig zu konzentrieren, dann wechselst du damit auf die Erfahrungs-Überholspur.

Die Übungen, die du noch machen musst, um im Raum von Freiheit und Kraft anzukommen, werden jetzt geballt und klar erkennbar auf dich zukommen. Der Pfeil durchdringt nun alles und führt unweigerlich und eindeutig orientiert zum Erfolg. Je deutlicher du deine Absichten spürst, desto klarer kannst du den inneren Raum wahrnehmen, in dem du dich befindest, und desto rascher kannst du ihn verlassen oder verändern, wenn er dir nicht mehr gefällt, weil du dann deine Erfahrungen sehr viel bewusster durchleben kannst.

Die Stolperfalle Kontrolle und spiritueller Hochmut will dich also darauf aufmerksam machen, dass du vielleicht glauben könntest: Nur weil du verstanden hast, welche Erfahrungen du gerade durchlebst, bräuchtest du sie nicht mehr zu fühlen. Das funktioniert natürlich nicht. Es ist genau andersherum: Gerade weil dir klar wird, um welche Erfahrungsebene es geht, kannst du dich sehr viel leichter und vor allem freiwillig darauf einlassen: Denn du weißt nun, du machst nichts falsch; du brauchst nichts zu ändern, es geht nur um das Fühlen. Deine geistigen Führer und Lehrer werden dir nun genau die Erfahrungen präsentieren, die dich ohne Umschweife in die Gefühle führen, die es zu spüren oder zu erforschen gilt. Werde bereit, deinen Emotionalkörper wahrhaftig zu fühlen, dann bekommst du die Erfahrungen so rasch wie möglich und nur so intensiv, wie es nötig ist, damit du sie wirklich fühlst.

Reden wir nun über das Fühlen, denn das ist euch meistens gründlich abtrainiert worden.

Was du in diesem Kapitel gelernt hast:

- Echte Schöpfer weichen ihren Erfahrungen nicht aus.
- Je freiwilliger, offener und hingebungsvoller du dich von den Erfahrungen des Raumes, in dem du dich gerade bewegst, berühren und in deine eigenen Tiefen tragen lässt, desto rascher kommst du hindurch. Lasse dich nicht beirren.
- Bedenke, dass alle Prozesse ihre Zeit brauchen.
- Wenn du Botschaften aus höheren Ebenen empfängst, verstehst du, wozu dir bestimmte Situationen auf Seelenebene dienen.
- Kannst du feinstoffliche Felder lesen, verstehst du die Sprache der Schöpfung besser, aber du veränderst damit nicht die Schöpfung selbst.
- Nimm jede Situation an, wie sie ist. Bitte um die Kraft und die Weisheit, sie so zu durchleben, dass sich dein Bewusstsein ein Stückchen erweitert. Fühle dabei, was du fühlst, kontrolliere deine Reaktionen nicht.
- Bitte darum, den richtigen Weg gezeigt zu bekommen, und folge deiner inneren Stimme. Das ist keine Flucht; manchmal ist „Neinsagen" genau das, was du lernen sollst.
- Je mehr Liebe durch dein System fließt, desto verständnisvoller wird deine Sicht der Dinge. Sie geschehen dennoch, aber du nimmst sie anders wahr.
- Erkenne deine Lektionen, nimm sie voll und ganz an, und gehe weiter.
- Du brauchst beim Durchleben deiner Prozesse nicht gut auszusehen, du darfst dich lächerlich machen und musst nicht die Kontrolle behalten.
- Deine wahren Absichten sind wie ein Pfeil, den du abschießt und der sein Ziel immer trifft. Sie bescheren dir die Erfahrungen, die du brauchst, um auf Seelenebene zu wachsen.
- Werde bereit, deine Erfahrungen so intensiv wie möglich und nötig zu spüren und zu durchleben.

6.

Dein Emotionalkörper

*Das Absolute soll nicht begriffen,
sondern gefühlt und angeschaut
werden, nicht sein Begriff, sondern
sein Gefühl und Anschauung sollen
das Wort führen und ausgesprochen
werden.*

Georg Wilhelm Friedrich Hegel
(1770–1831), deutscher Philosoph

Der Emotionalkörper als Schrottplatz

Unser Emotionalkörper ist bei den meisten von uns wie ein großer Schrottplatz. So alt können Ereignisse gar nicht sein, dass die darin gebundenen Gefühle, wenn wir sie nicht durchlebt haben, nicht irgendwo in den Tiefen dieser Müllkippe lagern und vor sich hin modern. Das ist kein schönes Bild, das stimmt. Es fühlt sich auch nicht gut an. Eigentlich war der Emotionalkörper als Werkzeug gedacht, mit dem der Mensch Energien als Gefühle wahrnehmen kann, so, wie die Ohren Vibrationen in der Luft als Töne erkennen und die Augen bestimmte Wellenlängen zu einem Bild formen.

Was ist passiert, wie konnte der Emotionalkörper zu dem Schrottplatz werden, der er zu sein scheint – und warum ist das so schlimm? Nun, schlimm ist es gar nicht, es ist nur nicht besonders hilfreich, wenn du die schöpferischen Schwingungen wahrnehmen und nutzen möchtest. Wenn deine Gefühle nicht klar sind, können die höheren Informationen deinen Gefühlskörper nicht als Sprachrohr nutzen, und das ist sehr schade, denn er ist ein großartiges Instrument. Stell dir das einmal so vor: Du möchtest zum Beispiel gern eine Auskunft darüber haben, ob das Energiefeld in einer bestimmten Situation klar und frei ist. Das herauszufinden ist eigentlich keine Hexerei – wenn du nur in der Lage wärst, das Energiefeld zu spüren.

Nehmen wir eine alltägliche Situation: Du willst vielleicht erfühlen, ob dein Partner noch offen für dich ist oder ob er sich innerlich schon verabschiedet hat. Stelle dir deinen Partner vor, und öffne dein Herz. Atme ins Herz hinein, und erlaube allen Gefühlen, zur Ruhe zu kommen. Nun frage deinen Emotionalkörper in Gedanken, was er fühlt; bitte ihn, dir die Informationen über sein Energiefeld zu zeigen, soweit sie zugänglich sind. Meistens ist das, was für dich im Moment wichtig ist, auch zugänglich. Erdenbewohner sind im Alltag häufig so zugeknöpft und verschlossen; in den höheren Chakras kommunizieren sie viel freier und liebevoller.

Noch einmal: Du erhältst nur die Informationen, die dir im Moment dienen; nimm sie an, und lasse sie so stehen, wie sie zu dir kommen. Bitte zweifle nicht wieder andauernd. Für den Moment ist alles genau richtig, so wie es ist. Wenn du jetzt in der Lage bist, die Informationen zu akzeptieren und ganz unbeeinflusst von eigenen Gefühlen zu spüren, dann bekommst du einen Eindruck von der Energie deines Partners. Das heißt nicht, dass ihm das bewusst ist; doch es ist das Energiefeld, das zwischen euch herrscht oder möglich ist. (Du kannst übrigens alle möglichen Energiefelder mit dieser Methode abfragen.)

Wenn du Informationen dieser Art empfangen willst, dann setzt das voraus, dass du bereit bist, sie wirklich zu hören, und sie wahrhaben willst, außerdem dass du das Wunschdenken oder »Wunschfühlen« beiseite lässt. Willst du das für dich selbst tun, ist es zunächst sinnvoll, es durch einen hellfühligen oder hellhörigen Menschen deines Vertrauens überprüfen zu lassen. Tust du das immer wieder, so bekommst du nach einer Weile Vertrauen zu dir, einfach weil du die Bestätigung erhältst, dich auf deine Wahrnehmung verlassen zu können.

Energetisch funktioniert das so: Die Information kommt als Schwingung an und berührt deinen Emotionalkörper, versetzt ihn in einen bestimmten energetischen Zustand. Wenn du nun innerlich frei und ein bisschen geübt bist, also deine Aufmerksamkeit leicht auf deinen Emotionalkörper lenken kannst, ohne völlig in ihm zu versinken, dann spürst du diese Frequenz und kannst sie einordnen. Du fühlst zum Beispiel Geborgenheit oder Freude, ein warmes Strömen, oder aber du erstarrst innerlich. Meistens reagiert auch dein Körper unmittelbar, dir stockt der Atem, du atmest tief auf, das Herz wird warm und weit oder eng, als würdest du erschrecken. Der Trick dabei ist, dir deine eigene Reaktion zu glauben. Du nimmst auf diese Weise das mögliche Energiefeld wahr. Diese Technik kannst du auch anwenden, um jemandem Informationen über sein eigenes Energiefeld zu vermitteln.

Im nächsten Abschnitt findest du eine weitere Meditation.

Die Brücke zwischen den Chakras

Stelle dich bitte in Gedanken in eine Lichtsäule. Erinnere dich an deine Chakras, und wandere mit deinem Bewusstsein bis in dein eigenes höheres Selbst. Auch das ist ein Energiezentrum, ein Chakra. Lasse die Person, mit der du in Kontakt treten möchtest, vor deinem geistigen Auge erscheinen; ist sie physisch anwesend, tritt ihr gegenüber. Nun bitte den anderen entweder in Gedanken, oder offen und bewusst, um die Erlaubnis, eine Lichtbrücke zwischen seinem und deinem höheren Selbst entstehen lassen zu dürfen. Spürst du ein »Ja«, dann stelle dir vor, dass eine Lichtbrücke zwischen den Chakras, die euer jeweiliges höheres Selbst bilden, entsteht. Falls du das nicht kannst, es schwierig oder die Verbindung unklar ist, hat es der andere möglicherweise nicht erlaubt. Dann höre bitte damit auf: Wir klinken uns nirgendwo gewaltsam ein.

Kannst du dir diese Brücke aber leicht vorstellen, dann bitte dein Gegenüber, die Informationen, die für dich wichtig sind, die du erhalten darfst oder die es über sich selbst bekommen möchte, zu dir fließen zu lassen. Vielleicht siehst du sie zunächst vor deinem inneren Auge.

Susanne:

Ich nehme zum Beispiel oft Silber- oder Goldfunken wahr, wenn die Informationen kommen, auch wenn ich noch nicht verstehe, was sie bedeuten.

Falle Nummer eins: Halte das bitte aus, etwas nicht zu verstehen oder »Leere« zu spüren. Verharre in der Leere, zwinge die Informationen nicht schneller zu dir, als sie von sich aus fließen wollen. Bleibe innerlich offen und akzeptiere diesen Zustand des Nichtwissens.

> *Stück für Stück sinken nun diese Silberfunken (oder was immer du wahrnimmst) innerhalb deiner Chakras nach unten. Sie strömen durch das Kronen-Chakra in die Brücke zwischen den Gehirnhälften und verteilen sich von hier aus in die entsprechenden Gehirnareale ... Nun beginnst du, klare Gedanken, Gefühle, Worte oder Bilder zu erkennen. Die Informationen kommen in dir an, du verstehst sie.*

Falle Nummer zwei: Verschleiere nicht das, was du spürst oder hörst, sondern erkenne es an, erkenne auch deine eigenen Reaktionen darauf an. Wenn du fragst, bekommst du eine Antwort, das heißt aber leider nicht, dass sie dir gefällt oder dass du sie verstehst. Sage, was du wahrnimmst, der andere kann vielleicht viel mehr damit anfangen, als du glaubst. Interpretiere nicht, sondern gib nur das weiter, was du erfährst.

Was immer du wissen willst, ob du einem anderen Menschen Informationen über seinen eigenen Energiezustand geben willst oder ob ihr eine gemeinsame Lösung für ein Problem sucht, diese Technik hilft dir/euch dabei.

Susanne:

Einmal schlug mir meine Verlegerin vor, ich könne doch ein Meditationsbuch für Kinder schreiben. Ich wusste nicht genau, was sie meinte – ja, sie war sich selbst nicht ganz sicher, sondern hatte nur so eine Ahnung. Diese aber fühlte sich wichtig an, so als sollte das Buch auf jeden Fall geschrieben werden. Ich schrieb ein Jahr lang immer wieder irgendetwas, aber es war nie das, was sie im Sinn hatte. Irgendwann (ich hätte auch schon nach zehn Minuten darauf kommen können ...) fragte ich sie, ob sie bereit sei, mir die Informationen auf einer höheren Ebene zukommen zu lassen.

Der Vorteil dieser Methode ist, dass der andere gar nicht genau zu wissen braucht, was er eigentlich meint, denn du holst die Informationen viel weiter oben ab. Ich verband mich also mit ihr durch die Lichtbrücke und bat darum, dass alles, was sie zu diesem Buch im Sinne hatte, zu mir strömen, und zwar so, dass ich es verstand. Ich bat auch darum, dass die Schutzengel, die dieses Buch geschrieben sehen wollen, ihre Eingebungen mit einfließen lassen würden. Ich sah einen Silberregen (kann sein, dass du das anders wahrnimmst, für mich ist dies das Zeichen dafür, dass die Informationen zu fließen beginnen) und wusste, die zündende Idee erreicht mich zur richtigen Zeit. Weil es aber komplexe und umfangreiche Informationen waren, die sich ihren Platz im Gehirn erst schaffen mussten, wusste ich auch, dass es ein paar Tage dauern würde. Ich war sehr gespannt auf den Prozess und auf das Ergebnis. Ich öffnete mich also dafür, dass ich es im Moment nicht weiß, es zur gegebenen Zeit aber wie eine Art Eingebung erleben würde. Dann dachte ich nicht weiter darüber nach, denn ich vertraue dem Prozess völlig.

Drei Tage später, beim Autofahren, wusste ich plötzlich, wie das Buch sein musste. Es kam zu mir als ein Blitz im Gehirn, ein Blitz voller freudiger Aufregung. Ich schrieb – innerlich lachend – den Anfang; meine Verlegerin und ich waren begeistert. Vor allem aber waren wir von der Leichtigkeit angetan, mit der die Informationen uns letztlich zugänglich gemacht wurden!

Der Trick dabei ist, emotional unabhängig zu bleiben. Wenn man Informationen nicht bekommt oder versteht, kann man das nicht ändern. Du kannst nun mal nichts erzwingen, sondern brauchst die innere Freiheit des sogenannten Scheiterns.

Wie aber reinigt man seinen Emotionalkörper so, dass er zu einem gut gestimmten Instrument wird? Das Zauberwort heißt »zulassen«. Er ist nur deshalb nicht gut gestimmt, weil du in der Vergangenheit Kontrolle über ihn ausgeübt hast. Du hast entschieden, welche Gefühle du zu spüren bereit bist und welche nicht. Die Gefühle, die du nicht spüren wolltest, lagern nun auf dem inneren Schrottplatz.

Das funktioniert folgendermaßen: Ein Gefühl kommt zunächst als Energie daher, beispielsweise ausgelöst durch ein Ereignis. Dein Emotionalkörper reagiert mit Schmerz, Angst, Trauer, Wut, vielleicht auch mit überschäumender Freude oder tiefer Enttäuschung – mit irgendeinem Ausdruck, der dir nicht gefällt, den du nicht spüren oder zeigen willst oder der dir unangemessen erscheint.

Die Frequenz deines Emotionalkörpers wird durch das Ereignis verändert; es ist, als würdest du eine Saite eines Cellos streichen. Diese Veränderung ist auch sinnvoll, denn genau so nehmen wir Gefühle wahr: Der Emotionalkörper verändert seine Frequenz. Die Frequenz sinkt zum Beispiel, wenn du in ein niedriges Energiefeld gerätst; du spürst Trauer oder Einsamkeit, Wut oder Angst. Wenn du dieses Gefühl nun nicht zulässt, es nicht durchlebst, dem Körper nicht die Möglichkeit gibst, es auszudrücken, deinem Bewusstsein nicht erlaubst, es zu integrieren und zu verstehen, als Erfahrung anzunehmen, dann bleibt die Frequenz bestehen. Das führt dazu, dass ein Teil deines Emotionalkörpers langsamer schwingt, als würde sich die Energie stauen.

Wie aber passiert das genau? Dazu musst du etwas über die Aura wissen: Die Aura besteht aus verschiedenen Energiekörpern, die einander durchdringen und wie Schichten überlagern. Der materielle Körper ist der kleinste, dichteste. Er wird durchströmt vom ätherischen Körper, Mentalkörper, Emotionalkörper und so weiter. (Wenn du Genaueres darüber wissen willst, dann lies zum Beispiel Barbara Ann Brennans Buch Lichtarbeit.)

Diese verschieden dichten feinstofflichen Köper durchdringen sich nicht nur gegenseitig, sondern sind auch miteinander verbunden und kommunizieren untereinander. Je feinstofflicher und größer ein Körper, je weiter vom physischen Leib entfernt also die entsprechende Auraschicht ist, die du wahrnehmen kannst, desto lichter und höher schwingt die Energie. Die Energiekörper sind durch die Chakras miteinander verbunden, genau an dieser Stelle liegt die Kommunikationsbrücke zwischen den verschiedenen Schwingungsebenen.

Und jetzt kommt deine Absicht zum Tragen: Die Chakras selbst reagieren unter anderem auch auf deinen freien Willen. Sie sind ähnlich angelegt wie dein Atem: Er reguliert sich selbst (oder wird ohne dein bewusstes Zutun reguliert), ist ein Werkzeug, mit dem Sauerstoff in deinen Körper geholt wird, ohne dass du dich darum zu kümmern brauchst; er gleicht den Sauerstoffhaushalt im Blut aus und dient deiner inneren Balance. Du kannst ihn aber relativ einfach bewusst beeinflussen, kannst langsamer oder schneller atmen, tiefer oder flacher. Er funktioniert also ganz von selbst, ist Teil deines Systems, egal ob du dich darum kümmerst oder nicht; gleichzeitig steht er dir als bewusst anwendbares Werkzeug zur Verfügung. So ist das auch mit den Chakras. Sie versorgen dich und dein ganzes System immer aufs Neue mit Energie, leiten sie aus deinem Körper aus, strudeln neue hinein, kommunizieren nonverbal mit anderen Menschen, Wesenheiten, Tieren oder Energiefeldern, indem sie sich weiter öffnen oder verschließen, ganz so, wie es eine Situation erfordert – aber du kannst sie auch bewusst schließen, einfach indem du etwas nicht willst.

Natürlich kannst du sie auch bewusst öffnen, indem du dich, wie wir das weiter oben erfahren haben, freiwillig auf eine Erfahrung einlässt und bereit bist, alles zu spüren und zu erleben, was diese Situation in dir anrührt. Wenn du nun, ob bewusst oder unbewusst, eine Erfahrung nicht machen willst, ein Gefühl nicht spüren möchtest, warum auch immer, dann verschließt sich das zugehörige Chakra blitzschnell. Der Atem hilft dabei: Er stockt, die Muskeln der Körperregion des entsprechenden Chakras verkrampfen sich, die Energiezufuhr wird augenblicklich gestoppt, und die Welle der Energie wird im Emotionalkörper festgehalten. Wärst du offen, würde sie weiterlaufen, durch alle feinstofflichen Körper, also alle Aura- schichten, hindurch, bis jede Schwingungsebene die Erfahrung auf ihre Weise erlebt und verarbeitet hätte. Sie würde durchrauschen wie eine Welle, jeden Körper berühren und ihm eine Information geben, dann verebben. Weil sich die feinstofflichen Körper gegenseitig durchdringen, nähren und bestrebt sind, immer wieder ins Gleichgewicht zu kommen, würden die höher schwingenden Energiekörper ganz automatisch dafür sorgen, dass der langsamer schwingende Teil in seiner Frequenz wieder angehoben wird.

Wenn ein Kind hinfällt und weint, dann lässt es alle Gefühle zu: Es tobt vielleicht kurz, aber gleich danach scheint die innere Sonne wieder, weil das gesamte Chakra-System sofort dafür sorgt, dass die ursprünglich hohe Frequenz wiederhergestellt wird. Das ist so natürlich und einfach wie das Luftholen – solange wir nicht dabei gestört werden. Denn hört das Kind den Satz: »Hör doch auf zu weinen«, läuft eine zweite Welle über die erste, und das Gleichgewicht wird noch weiter gestört. Dürfte das Kind jetzt weiter seinen natürlichen Regungen folgen (also weinen, vielleicht auch die Wut über die Zurechtweisung zulassen), dann könnten die regulierenden Kräfte wirken, die nichts anderes als Teil des schöpferischen Ordnungsprinzips sind, nämlich emotionale und mentale Selbstheilungskräfte, und alles wieder in die ursprüngliche Ordnung bringen.

Das aber wird meist nicht zugelassen, und somit können die ordnenden Kräfte nicht so greifen, wie sie das eigentlich tun würden. Wirken werden sie natürlich dennoch, sie können ja gar nicht anders. Sie schaffen einen Ausgleich, aber es ist nun nicht mehr das ganz leichte, natürlich fließende Gleichgewicht, sondern es erfordert einen gewissen Energieaufwand, es zu halten. Denn lassen wir ein Gefühl nicht zu, ist das, als hielten wir in einem bestimmten Bereich unseres Körpers die Luft an – und es stimmt sogar: Der Körperteil, der mit dem blockierten Chakra in Kontakt steht, verkrampft sich ganz unmerklich. Die Energie kann dort nicht mehr ganz frei strömen. Die Atembewegung kommt nicht mehr an. Die Durchblutung verringert sich ein wenig. Das Energieniveau sinkt.

Willst du nun zum Beispiel mit Engeln oder deinem höheren Selbst reden, so kann dann dieser Teil einfach nicht mitschwingen, weil das Energiefeld blockiert ist. Dieser Teil deines Emotionalkörpers steht für die Kommunikation mit höheren Energieebenen nicht mehr zur Verfügung. Denn zunächst müsstest du bereit sein, die Gefühle zu spüren, die dort noch gebunden sind, bevor die natürliche Ordnung wiederhergestellt werden kann.

Du müsstest das Chakra so weit öffnen, dass die Energie frei fließen kann und dein Emotionalkörper wieder frei und elastisch wird. Dabei würdest du genau das spüren, was du versuchst hast, nicht zu spüren. Du kannst dir sicher vorstellen, wie oft dieses Stocken freiwillig oder unfreiwillig geschehen ist, wie gebannt und starr dein Emotionalkörper an vielen Stellen sein könnte. Ein Schrottplatz eben …

Das macht aber nichts, die Heilung ist ganz leicht. Wenn du frei werden willst, dann erlaube den feinstofflicheren Energiefeldern einfach, den Körper zu durchströmen und ihn auf eine höhere Frequenz zu heben. Das ist ein natürlicher Vorgang. Du brauchst bloß die Erlaubnis zu erteilen, und schon schwingt dein Körper auf einer höheren Frequenz. Du erlaubst der göttlichen Ordnung zu wirken, mehr ist es nicht.

Die folgende Meditation kann dir helfen, neue Schwingungen anzunehmen.

Die Heilung des Emotionalkörpers

Entspanne dich auf eine dir angenehme Weise. Nutze eine Atemtechnik oder das, was du zur Entspannung gelernt hast. Nun stelle dir deinen Emotionalkörper wie einen großen, edlen Kristall vor, einen Diamanten oder einen anderen funkelnden Edelstein. Unser Emotionalkörper ist ein unendlich wertvolles und wichtiges Werkzeug, und so behandeln wir ihn von nun an auch.

Schaue dir diesen Kristall genauer an, sicher hat er Einschlüsse, oder vielleicht ist er ein wenig trüb. Nimm ihn in beide Hände, und stelle dir eine Lichtsäule vor. Diese Lichtsäule durchströmt die Perlenschnur deiner Chakras, sie schafft eine Verbindung zwischen den einzelnen Perlen, sodass du wie in einem Aufzug nach oben reisen kannst. Stelle dir vor, dass du immer höher steigst, du schwebst mit deinem Kristall in den Händen in immer höher schwingende Energiefelder, bis alles nur noch licht und leicht ist, so licht und leicht, wie dir das im Moment möglich ist.

Wenn du angekommen bist, wenn du also das Gefühl hast, dass du nicht mehr höher steigen kannst, dann schaust du dich in dem Energiefeld, in dem du dich befindest, ein wenig um. Ist es sehr hell und leicht, nimmst du Farben wahr? Es ist wirklich Übungssache, diese Dinge zu spüren, und hier geht es zunächst um eine Absichtserklärung. Diese kommt auf jeden Fall an der richtigen Stelle an, auch wenn du es selbst noch nicht richtig spüren kannst.

Stelle dir nun einen wunderschönen Platz in diesem Energiefeld vor – vielleicht eine Quelle, einen Lichtstrom, eine grüne Wiese oder auch einen Engel. Schau dir den Kristall in deinen Händen noch einmal an, er versetzte dich in deinem irdischen Leben in die Lage, Gefühle zu spüren. Sei ganz ehrlich: Was willst du, dass damit geschehen soll? Möchtest du, dass er gereinigt wird, funkelt und strahlt, dass er zum hell leuchtenden Instrument für alle Gefühle wird? Oder willst du ihn in Wahrheit gar nicht mehr haben? Möchtest du lieber gar nichts mehr fühlen, weil es sowieso meistens wehtut?

Was immer deine Wahrheit ist, lasse sie zu, denn sie ist eben so, wie sie ist. Mache nun mit dem Kristall, was immer du damit machen möchtest. Vielleicht willst du ihn einfach wegwerfen oder ihn in die Quelle legen, falls du dir eine vorstellen kannst. Möglicherweise möchtest du den Kristall einem Engel geben oder ihn unter einem Baum vergraben ... Was du auch tust, sei sicher, dass du bereits dabei bist, die göttliche Ordnung wirken zu lassen. Erlaube dir ausdrücklich, ihn auch wegzuwerfen, wenn du genug von all den Gefühlen hast. Die göttliche Ordnung wirkt genau durch die Impulse, die du gerade bekommst. Kontrolliere sie nicht, lasse sie zu, denn hier und jetzt setzt bereits Heilung ein. Du kannst getrost für eine Weile ohne ihn leben, wenn du ihn nicht mehr haben willst. Soll er für dich gereinigt werden, so bitte darum. Lasse den Prozess geschehen, soweit dir das möglich ist.

Formuliere jetzt bitte deine Absicht: Welchen inneren Raum möchtest du nun betreten und erforschen? Sei dabei nicht bescheiden, *auch Bescheidenheit ist eine Spielart des Egos. Wenn du den Raum »Liebe und Erfüllung« betreten willst, dann trau dich, das zu sagen; wenn du »Erfolg und Sicherheit« willst, dann gib es zu. Was willst du erleben und verwirklichen? Leichtigkeit, Fülle, Zufriedenheit, Glück, strahlende Gesundheit, Liebe, einfach mehr Energie? Wenn dir nichts einfällt, dann betritt den Raum, über dem »Mein von der göttlichen Ordnung geplanter nächster Schritt« steht.*

Nun lasse zu, dass mit dem Kristall das geschieht, was geschehen soll. Vielleicht sinkst du ohne ihn die Lichtsäule hinab, so weit, bis du wieder in deinem Körper angekommen bist, oder bekommst ihn auch gereinigt zurück. Was immer damit geschieht, mach dir keine Gedanken, denn es ist genau richtig. Wenn du willst, dann bleibe mit deiner Aufmerksamkeit in diesem hohen, lichten Raum – und dehne sie aus. Dehne deine Aufmerksamkeit so weit aus, dass du auch deinen Körper wieder wahrzunehmen beginnst, dass du vielleicht gar die Lichtsäule mit deinen Chakras spürst, während du die Augen aufschlägst und dich in der Welt der Formen zurechtfindest.

Damit übst du, an vielen Stellen zugleich zu sein, und du musst nicht zu deinen einzelnen Chakras reisen, sondern kannst sie alle auf einmal wahrnehmen. Du nutzt die nächstgrößere Taschenlampe, beleuchtest mehrere Schwingungsebenen gleichzeitig. Recke und strecke dich dann ein bisschen, und sei sicher, dass du einen großen Schritt in die richtige Richtung gewagt hast.

Sicher hast du gleich eine Frage: Warum sollst du dir auf einmal Dinge vorstellen? Haben wir nicht zu Beginn des Buches ausdrücklich zwischen Vorstellung und echter Wahrnehmung unterschieden? Du hast recht. Die Vorstellung aber öffnet dir die erste Tür. Sie trainiert die Wahrnehmungen, die Energiekanäle beginnen sich auszubilden. Wenn du dir etwas vorstellen kannst, dann beginnen die entsprechenden Gehirnareale aufzuwachen, du berührst sie, sie werden angeregt. Du kannst dir keine Lichtsäule vorstellen, ohne dass sich deine Energie automatisch erhöht. Wir haben zu Beginn den Unterschied betont, richtig. Aber so ganz stimmt diese Unterscheidung nicht mehr, denn du hast bereits genug dazugelernt. Wenn du dich ernsthaft mit diesen Themen beschäftigst, wie du es gerade tust, dann fließt schon durch diese Absicht mehr Energie zu dir und in dich hinein. Das Licht nutzt jeden Kanal, den du ihm zur Verfügung stellst. Wenn du dich freiwillig öffnest – und das tust du, wenn du dir etwas vorzustellen beginnst –, dann nutzt das Licht den Kanal, der dadurch entsteht. Die Energie beginnt ganz von selbst, in dich einzuströmen, das Bild füllt sich automatisch mit Leben und echter Kraft.

Letztlich gibt es sowieso nichts als Lebensenergie, und wenn du dir etwas vorstellst, also deine Aufmerksamkeit darauf richtest, und sei es nur auf ein inneres Bild, dann zieht es ganz von selbst die entsprechenden Energiefelder an. Du gehst automatisch in Resonanz damit. Wenn du dir ein Bild von einem Engel in die Wohnung hängst und dich davon berühren lässt, dann baut sich das Energiefeld eines Engels auf, weil es in Resonanz mit deiner Absicht und deinem Gefühlszustand gerät. Deine Aufmerksamkeit zieht Energie an, bildet den Resonanzboden für die entsprechenden Energiefelder. Wir können dir nicht oft genug sagen, wie natürlich und selbstverständlich es für dein ganzes System ist, sich höher schwingenden Frequenzen zu öffnen, das ist einfach deine Natur. Es kommt dir nur so schwierig vor, weil du es so lange nicht mehr gemacht hast. Selbst wenn du nur etwas darüber liest, erinnern sich deine feinstofflichen Anteile an ihre Bestimmung und Herkunft und reagieren entsprechend.

Was du in diesem Kapitel gelernt hast:

- Dein Emotionalkörper ist das Werkzeug, mit dem du Energien als Gefühle wahrnimmst.
- Den Emotionalkörper reinigst du durch Zulassen. Hör auf, deine Gefühle zu kontrollieren.
- Je klarer deine Gefühle werden, desto mehr Informationen kannst du verarbeiten.
- Werde bereit, die Informationen, die du bekommst, wirklich wahrhaben zu wollen, egal ob sie dir gefallen oder nicht.
- Öffne dich für feinstoffliche Informationen, und lerne, die Zeit der Leere auszuhalten, in der die Informationen bereits fließen, dein Gehirn sie aber vielleicht noch nicht erfassen und übersetzen kann.
- Bitte die feinstofflicheren Felder der Liebe und des Lichtes, durch deinen Körper zu strömen und ihn auf eine höhere Frequenz zu heben.

Ballast im Energiefeld

Obwohl dir die Resonanz mit höheren Frequenzen angeboren ist, ist es wichtig für dich, dir über die Bereiche deines Lebens klar zu werden, in denen du noch nicht in einem natürlich fließenden Gleichgewicht bist, sondern glaubst, viel Kontrolle ausüben zu müssen, um einigermaßen stabil zu bleiben. Immer dann, wenn du etwas festhalten und kontrollieren willst, sinkt die Frequenz deines Energiefeldes; damit bleibst du genau da haften, wo du so dringend loslassen möchtest.

Stelle dir das wie ein dunkelblaues und ein hellblaues Feld vor. Das dunkelblaue ist dir bekannt, fühlt sich schwer an und langweilt dich unterdessen ein bisschen. Das hellblaue ist licht, leicht und fröhlich. Du sehnst dich danach, aus dem dunkelblauen in das hellblaue Feld zu wechseln. Es liegt ein bisschen höher, und du spürst: Willst du dorthin gelangen, musst du leichter werden und dieses kleine Stück emporschweben. Du meditierst, beschäftigst dich mit dem, was im hellblauen Feld liegt, lässt vieles Alte und Dunkelblaue los, wirst immer hellblauer und könntest eigentlich so langsam nach oben schweben – gäbe es da nicht eine schwere, schwarze Stelle in dir, die du gar nicht wahrnimmst oder die so schwer ist, dass du sie – so glaubst du – sowieso nicht ändern kannst.

Du versuchst dich also irgendwie damit zu arrangieren und hellblaues Licht in alle anderen Bereiche fließen zu lassen und fragst dich, warum du dennoch auf der Stelle trittst. Du kannst noch so hellblau sein – wenn du eine schwarze Stelle hast, kannst du das Energiefeld nicht dauerhaft wechseln. Das ist, als wärst du ein Luftballon, in den Helium gepumpt wird, damit er fliegen kann – allerdings liegt ein Stein darin.

Du kannst Helium hineinpumpen, so viel du willst, der Stein blockiert dich. Irgendwann fliegst du vielleicht dennoch, weil du dich (mit spiritueller Energie) so aufgepumpt hast, dass du die Schwere des Steines überwinden konntest. Doch es ist ein taumeliger, anstrengender Flug, kein natürliches Gleiten. Außerdem musst du darauf achten, immer so viel Helium wie möglich in dir zu halten, damit du nicht wieder absinkst. Wie anders dagegen ist es, wenn der Stein entfernt ist! Dann schwebst du sachte über die Felder und brauchst dich nicht anzustrengen.

Schwarze Stellen und Steine im Innern sind meistens Süchte. Wir müssen, wenn wir über die Erhöhung deines Energiefeldes reden, auch über das sprechen, was es dauerhaft und erfolgreich niederhält. Sicher wirst du die Idee, dass du unter einer Sucht leiden könntest, weit von dir weisen; und vielleicht hast du ja auch keine. Dennoch möchte ich eine kurze Definition von süchtigem Verhalten zitieren:

»Sucht ist ein unabweisbares Verlangen nach einem bestimmten Erlebniszustand. Diesem Verlangen werden die Kräfte des Verstandes untergeordnet. Es beeinträchtigt die freie Entfaltung einer Persönlichkeit und zerstört die sozialen Bindungen und die sozialen Chancen des Individuums.« (K. Wanke, in: Süchtiges Verhalten, Deutsche Hauptstelle für Suchtfragen, Hrsg. 1985, S. 20)

Hast du es gelesen? »Ein unabweisbares Verlangen nach einem Erlebniszustand« – nicht nach einem Stoff! Dieser Erlebniszustand kann zwar durch einen Stoff ausgelöst werden, aber auch durch immer wiederkehrende Situationen. Es sind Situationen, die du nicht abstellen kannst, die dich wie magisch anziehen, obwohl sie dir vielleicht häufig selbst gegen den Strich gehen. Falls es in deinem Leben Situationen gibt, die dir unter dem Strich und nach Abzug eines »Sekundärgewinnes« in Wahrheit Kraft und Energie rauben, dich also auf lange Sicht auslaugen und dich in einer Suchtschleife gefangen halten; falls es Situationen gibt, mit denen du irgendwie klarzukommen versuchst, in die du aber immer wieder hineinstolperst; falls du in einer Beziehung lebst, die dich lähmt und ausbrennt oder deine Arbeit dich schwer sein lässt, dich krank macht und du dich dennoch nicht in der Lage fühlst, die Situation zu verlassen – dann kannst du getrost von einem süchtigen Verhalten sprechen.

Süchtiges Verhalten bedeutet: Du kannst dir nicht vorstellen, ohne diese Situation und die Gefühle, die sie auslöst, zu leben. Es macht dir eine ungeheure Angst, die Situation zu verlassen, aber gleichzeitig fühlt sie sich nicht gut an. Du spürst, dass sie dich letztlich gefangen hält. Doch du siehst keinen echten Ausweg, kommst irgendwie klar oder kompensierst dein Suchterlebnis, indem du dir an anderer Stelle »etwas Gutes tust«. Wenn du im Fluss mit der reinen Lebensenergie bist, dann musst du dir nie »etwas Gutes tun«, denn du wirst getragen von einer so lebendigen Kraft, dass du erst gar nicht das Verlangen danach entwickelst, etwas auszugleichen. Dann ist alles, was du tust, etwas Gutes, egal, ob du dich ausruhst, viel im Außen bewegst oder für andere da bist.

Der Lichtsprache zuzuhören und ihr zu folgen setzt voraus, dass du das, was sie dir sagt, auch tun kannst. Wenn du eine wie auch immer geartete Sucht hast, dann kannst du genau das nicht. Dann spürst du ein »Nein« und sagst dennoch ja. Deshalb hält dich eine Sucht in einem niedrig schwingenden Feld fest, denn an der Stelle im Energiekörper, an der die Sucht sich festgesetzt hat, bist du nicht in der Lage, dem Weg zu folgen, den dir deine innere Stimme, dein klares Gefühl für Richtig und Falsch, für ja und nein, für den natürlichen Fluss der Dinge, weisen will.

Die am meisten verbreitete Sucht ist – und deshalb spreche ich sie an – die Coabhängigkeit: die fixe Idee, du müsstest für andere da sein, auch wenn sich dein eigenes Energiefeld dagegen sträubt; die Sucht, gebraucht zu werden, mit dem anderen zu verschmelzen und deinen eigenen Platz zu verlassen. Das Schlüsselwort in der Definition von Sucht ist »unabweisbar«. Egal wie groß der Widerstand in dir auch sein mag: Wenn dich jemand nur auf die richtige Weise um Hilfe bittet, lässt du alles stehen und liegen und bist da, wenngleich oft zähneknirschend. Dennoch vernachlässigst du dadurch vielleicht sogar einen eigenen wichtigen Termin, deine Freundschaften, deine Familie, dein eigenes Wohlbefinden. Eventuell kannst du bei einigen Leuten nein sagen, aber bestimmte Menschen können dich immer wieder in ihren Bann ziehen und dich so anregen, dass du nicht anders kannst, als für sie da zu sein. Kennst du das?

Es geht nicht darum, dass du nun lernen musst, immer und zu allen »nein« zu sagen. Natürlich nicht. Hilf anderen, sei für andere da, so viel du willst – aber eben nur dann! Du brauchst die Freiheit, in dich hineinzuhören, ob es in dir ein »Ja« oder ein »Nein« gibt. Und, wenn es ein »Nein« gibt, dem auch zu folgen.

Der Schöpferplan lässt niemanden hängen, und wenn in dir ein Nein herrscht, dann ist zu helfen in diesem Fall einfach nicht deine Aufgabe. Du widersetzt dich dem göttlichen Plan, wenn du etwas tust, obwohl du es nicht aus vollem Herzen tun willst. Ist dir das eigentlich klar? Sagt dein Inneres nein, dann hast du nicht den Auftrag, das zu erledigen, auch wenn du darum gebeten wirst. Derjenige, der Hilfe braucht, kann sie entweder in sich selbst finden, oder er muss lernen, sich dafür zu öffnen, dass Hilfe kommt, ohne darauf zu bestehen, dass sie von dir kommen muss. Meistens geht es um das Erste, denn Coabhängige ziehen Menschen an, die sich nicht in der Lage fühlen, für sich selbst zu sorgen.

Du nimmst ihnen genau das ab, was sie eigentlich endlich selbst lernen sollten. Aber weil du es immer wieder für sie tust – und daraus deine Kraft beziehst, denn du wirst gebraucht, bist wichtig, der andere ist ohne dich ja völlig aufgeschmissen, nicht wahr? –, kommen sie nicht in ihre Kraft, und es entsteht ein unseliges gegenseitiges Abhängigkeitsverhältnis. Das Verrückte dabei ist, dass du, wenn du coabhängig bist, den anderen genauso brauchst wie er dich. Du glaubst, dein Wert hängt davon ab, wie sehr du – scheinbar! – gebraucht wirst. Warum nur scheinbar? Weil der andere in Wahrheit etwas ganz anderes braucht, nämlich eigenen Mut, eigene Kraft und einen eigenen Zugang zur schöpferischen Energie – nicht dein zähneknirschendes »Dann mach ich's halt«.

Aber – um die klassische Frage zu stellen – wozu dient es, wenn du nicht nein sagen kannst, wenn du also deinen eigenen inneren Impulsen nicht folgen kannst? Was hast du davon, wie nutzt es dir – oder bist du einfach zu gut für diese Welt?

Wie immer geht es um Energie. Wenn du gelernt hast, dass du Energie von anderen bekommst, indem du ihnen welche gibst, wenn du dann noch gelernt hast, dass du diese Energie dringend brauchst, weil dir keine andere zur Verfügung steht, dann bist du bereit, auch noch das letzte energetische Hemd herzugeben, um genährt zu werden. Bist du coabhängig, so hast du das Gefühl, zu verhungern, wenn du nicht für andere da bist, du fühlst dich leer, hilflos, nutzlos und spürst dich nicht.

Viele Coabhängige nehmen sich überhaupt nur wahr, wenn sie etwas für andere tun, sind nur in geringem Maße an ihr eigenes Energiefeld angeschlossen und brauchen die Lichtkraft der anderen, die emotionale Energie, selbst wenn sie nur sehr spärlich fließt. Coabhängigkeit ist in der Hauptsache Austausch von emotionaler Kraft, von scheinbarer spiritueller Muttermilch, von Fürsorge und emotionaler Nahrung. Meistens wird diese Nahrung mit Liebe verwechselt, mit echter, kraftvoller Lichtnahrung, mit einer echten Sättigung. Die emotionale Nahrung macht deshalb so süchtig, weil sie nur scheinbar den Hunger stillt. Sie kommt nicht aus hohen Energiefeldern, nicht aus dem Herzen, sondern fließt aus dem Mangel des anderen. Sie erhöht nicht dein eigenes Feld, sondern stärkt nur den kleinen Frequenzbereich, den sie selbst umfasst.

Wir geben dir einmal ein Bild: Eigentlich brauchst du weißes Licht, damit dein ganzes Feld gefüllt wird, denn das weiße Licht enthält alle Farben, alle Schwingungsebenen. Doch du bekommst vom anderen nur einen Hauch von Rot (oder Gelb oder Blau – nimm es als Bild). Dein innerer Regenbogen strahlt jetzt zwar im roten Bereich ein bisschen kräftiger, aber die anderen Bereiche bleiben blass. Nun passiert Folgendes: Du weißt nicht, dass die Quelle für das, was du wirklich benötigst, das göttliche weiße Licht ist. Du glaubst, der andere habe, was du brauchst. Also mobilisierst du alle Reserven, ziehst dir selbst noch ein bisschen Energie aus dem System und gibst es ihm – dafür bekommst du wieder ein wenig Rot. Du glaubst vielleicht, dass er dir irgendwann sicher schon geben wird, was du brauchst, und Rot ist besser als gar nichts – also strengst du dich noch mehr an. Dabei übersiehst du, dass der andere nun einmal nur das Rot hat; er kann dir nichts anderes geben.

Der Preis, den du für das bisschen Energie zahlst, ist absurd hoch. Versuch es einfach, schließe dich an das weiße Licht an, dann bist du augenblicklich kraftvoll, und deine Farben strahlen und funkeln. Wenn du dann etwas weitergeben willst, tu es. Deine Kraft beziehst du ja jetzt aus der unendlich großen, unerschöpflichen göttlichen Quelle. Gibt dir der andere etwas zurück, so freust du dich darüber, aber du bist nicht abhängig davon. Und weil du das nicht bist, kannst du ihm zeigen, wie er sich selbst an die göttliche Quelle anschließen kann – du erinnerst ihn damit an seine Unabhängigkeit und Freiheit. Es kann sein, dass er an dir herumzuquengeln beginnt, dir sagt, dass nur deine Energie für ihn gut ist, dass er unbedingt etwas von dir braucht – aber nun weißt du, dass das nicht stimmt. Und weil du nicht mehr abhängig von seiner Energie bist, kannst du nein sagen und ihn an die Lichtkraft verweisen. Und selbst wenn er noch nicht offen dafür ist, brauchst du ihm nichts zu geben, falls es dir widerstrebt. Denn woher weißt du, dass der Mangel, der dann im anderen entsteht, nicht genau der Druck ist, den er braucht, um sich zu öffnen?

Wie immer sprechen wir hier natürlich nicht von Hartherzigkeit und fehlendem Mitgefühl, sondern davon, dass du deinen wahren Impulsen folgst. Das funktioniert auch andersherum: Du sagst dir zum Beispiel, dass du dem Bettler auf der Straße nichts gibst, weil er sowieso nur Alkohol kauft – aber wenn dein Gefühl ja sagt, dann tue es bitte dennoch. Du folgst deinem Herzen, und das schlägt anders, als es dein Kontrollzwang und deine Konzepte vorsehen. Wenn du allerdings coabhängig bist, dann kannst du deinem Herzen nicht folgen, in keine Richtung, kannst weder frei ja noch nein sagen. Doch um genau diese Freiheit geht es.

Stelle dir vor, du wärst selbst ein Engel: Du hilfst den Menschen, ihren Schöpferplan zu erfüllen, flüsterst ihnen zu, was sie sich selbst auf hohen Ebenen ausgedacht haben, was mit anderen abgesprochen ist, überwachst ihren Lebensweg und sorgst immer wieder für die Fügungen und Hilfen, die sie brauchen, um den Weg, den sie für sich selbst auf der Erde gewählt haben und der mit dir abgesprochen ist, zu gehen. Das ist, als seiest du Teil eines Schauspiels; du bist die Souffleuse, du springst ein, wenn die Schauspieler im Text hängen bleiben, und zwar schon beinahe, bevor sie es selbst merken, damit das Stück im Fluss bleibt. Aber niemals rennt die Souffleuse selbst auf die Bühne und spielt das Stück weiter! Sie würde sofort rausfliegen, nicht wahr?

Aber genau das tust du, wenn du jemanden auf eine Weise unterstützt, die sich nicht leicht und geführt, sondern schwer und widerstrebend anfühlt. Sein Stück sieht nun mal vor, dass er seine Zeit braucht, und vielleicht hat er auch seine Rolle nicht richtig gelernt, aber du kannst seinen Part nicht spielen. Du kannst es wirklich nicht, es würde nicht einmal etwas helfen, er muss es selbst lernen, denn sonst erfüllt er seine seelische Aufgabe nicht. Manchmal gehört dazu, das ganze Stück abzusetzen und ein neues zu schreiben, also eine Situation wahrhaft zu verlassen, damit etwas Neues entstehen kann. Das kann der andere aber nur, wenn du ihn in seiner Ohnmacht belässt, sonst spürt er nicht, wie ernst es um ihn bestellt ist. Es ist wichtig, dass du lernst, dein Gefühl dafür zu spüren, ob du den klaren inneren Impuls hast, unterstützend einzugreifen, oder ob du aus reinem Mitleid und aus einem diffusen Schuldgefühl heraus handeln willst.

Ein Engel weiß das, denn er kennt den ganzen Lebensweg, sieht ihn, weil er Zugang zum Drehbuch hat und Einblick nehmen kann. Er steht in Kontakt mit dem höheren Selbst seines Schützlings und folgt dessen Anweisungen. Du auf der Erde kannst es nicht wissen, du kennst die Drehbücher der anderen nicht, meistens ist dir ja sogar dein eigenes nur sehr bruchstückhaft zugänglich. Du bist im Blindflug unterwegs und kannst nur dein inneres Navigationssystem nutzen – dein stabiles Gefühl für Richtig und Falsch.

Bleibst du an diese Sucht angebunden, so verankerst du dich fest im Mangel. Du bekommst nicht wirklich, was du brauchst, und gibst auch dem anderen nicht das, was er tatsächlich nötig hätte. Ihr bindet euch gegenseitig in einer energetischen Unterernährung. Das ist wie eine gemeinsame spirituelle Magersucht, was ihr da erschafft!

Der Ausstieg ist ganz einfach: Erkenne, was du tust, und bitte das göttliche hohe Energiefeld, in dich einzuströmen; dann halte den Kanal offen.

Das heißt, immer dann, wenn du spürst, dass du in alte Verhaltensweisen zurückfällst, bete. Bitte darum, genau an dieser Stelle auf ein höheres Niveau gebracht zu werden, und erlaube der göttlichen Lichtkraft, in dich einzuströmen. Das geht allerdings nur, wenn du bereit bist, für einige Augenblicke die Leere auszuhalten, die in dir entsteht, wenn du bei dir bleibst und dem folgst, was dein Herz und dein Energiezustand dir sagen. Das kann sich manchmal ziemlich bedrohlich anfühlen, aber verweile einen Moment; es geht vorbei. Bete, und halte still.

Sei wachsam, denn es gibt einen emotionalen Schutzmechanismus, der dich vor dieser Leere bewahren soll. Denn dein Emotionalkörper weiß nicht, dass es etwas viel Besseres gibt als das bisschen Energie, das du dir mühsam von anderen zusammenklaubst. Dieser Schutzmechanismus redet dir ein, du müsstest deine Energie abgeben, weil der andere dich doch so dringend braucht. Er sorgt dafür, dass du nicht aussteigen kannst, dass du nicht verhungerst. Wenn du deinem Emotionalkörper aber erklärst, dass es etwas sehr viel Umfassenderes und Nahrhafteres gibt als das gemeinsame Suchtmittel – also die Hinundherschieberei von erzwungener und erkämpfter Aufmerksamkeit, zähneknirschender Hilfsbereitschaft und widerstrebender Dankbarkeit –, dann kann er es schnell loslassen.

Dieser Schutz heißt Schuldgefühl. Wenn du aufhörst, alles Mögliche für andere zu tun, obwohl du eigentlich nicht willst und mit deiner natürlichen Energie gerade woanders bist und deshalb auch vom Universum woanders gebraucht wirst, dann bekommst du Schuldgefühle. Diese sind nichts als ein künstliches Gebilde aus verworrenen Energiefäden; es gibt diese Art von Gefühlen in Wahrheit gar nicht. Schuldgefühle sind wie ein klebriger Energieklumpen, der dir eine klare Sicht auf die Dinge unmöglich macht; sie sind so klebrig, dass du gar nicht anders kannst, als dich von ihnen einwickeln zu lassen. Schuldgefühle ziehen deine Aufmerksamkeit wie magnetisch an, und du verlierst deine Urteilskraft. Wenn du in einer systemischen Aufstellung das Schuldgefühl gesondert mit hineinstellst, dann wird sehr rasch klar, dass es ein künstlich erzeugtes Energiefeld ist, das keinen Bestand hat und nur dafür sorgen soll, die Dinge aufrechtzuerhalten, die nicht der göttlichen Ordnung entsprechen. Es ist ein Energiefeld, das deine Coabhängigkeit schützt, sich wie ein klebriger Nebel um dich legt und dich von deiner wahren Kraft abschneidet. Wenn du also Schuldgefühle bekommst, dann nimm sie wahr, aber schenke ihnen keinen Glauben. Sie sind nichts als ein Mechanismus, der dich vor der vermeintlichen Leere schützen soll, in die du stürzen könntest, wenn du in deiner Kraft bleibst.

Zu den Themen Sucht und Coabhängigkeit gehört noch etwas anderes. Hast du schon mal das Wort »Suchtdruck« gehört? Wenn ein Süchtiger seinen Stoff nicht bekommt – sei es das Heroin, den Alkohol, das Essen, den Kick des süchtigen Spielens oder die emotionale Nahrung von anderen –, dann reagiert das System nach einer gewissen Zeit mit Entzugserscheinungen. Diese Zeitspanne kann manchmal recht lang sein, so dass man glaubt, das Problem hätte sich erledigt oder existiere gar nicht. Ist man süchtig, kommt es irgendwann mit doppelter Kraft. Natürlich tut es das, das ist ja die Definition von Sucht. Suchtdruck ist so schlimm, dass er dich unter allen Umständen zum Essen, Trinken oder Spielen bringt, einfach weil es fast nicht auszuhalten ist, wenn diese saugende und tosende innere Leere kommt.

Suchtdruck kann so extrem werden, so zwingend wie der Druck zum Einatmen unter Wasser, wenn du zu lange die Luft angehalten hast. Du weißt, du ertrinkst, wenn du es tust, aber der Atemreflex greift unweigerlich. Ebenso unmöglich ist es für dich, dem Suchtdruck standzuhalten, solange du nicht weißt, was dir die Kraft dazu gibt: nämlich die göttliche Ordnung selbst. (Das kannst du zum Beispiel in einer 12-Schritte-Gruppe lernen.) Der Suchtdruck macht es dir unmöglich, auch nur darüber nachzudenken, abstinent zu werden, denn du glaubst, es würde dich zerreißen. Was du in diesem Moment vergisst oder einfach nicht weißt, ist, dass der Suchtdruck immer geringer wird, je länger du abstinent bleibst. Es gibt also durchaus berechtigte Hoffnung auf etwas viel Besseres.

Schuldgefühle sind der Suchtdruck der Coabhängigkeit. Wenn du deinen

Stoff, nämlich die emotionale Nahrung, die du zu brauchen glaubst, nicht bekommst, sorgen die Schuldgefühle dafür, dass du dich rasch um deinen nächsten »Schuss« kümmerst. Du kannst nicht mit diesen Schuldgefühlen diskutieren, und sie haben nur ein Ziel, nämlich dafür zu sorgen, dass du dich wieder um andere kümmerst, damit du die Leere in dir nicht spüren musst. Sie stabilisieren das süchtige System, sie kennen nichts anderes. Willst du aussteigen, kommst du nicht darum herum, sie auszuhalten, zumindest eine Zeit lang – egal was sie dir einflüstern und egal wie logisch die Argumente sich anhören. Der Suchtdruck ist natürlich auf seine Weise intelligent: Er hat die richtigen Argumente, dich zurück zu deinem Stoff zu führen; das ist auch seine Aufgabe. Das kannst du mit dem Teufel (oder dem inneren Schweinehund) vergleichen, der dir etwas einreden will, was aber nicht stimmt, jedenfalls nicht so. Es ist eine Art verdrehte Selbstheilungskraft: Etwas in dir weiß es einfach nicht besser, weiß nicht, wo echte Kraft herkommen soll, und will dich davor schützen, emotional zu verhungern.

Den Unterschied zwischen echter Schuld und süchtigen Schuldgefühlen kannst du ganz leicht erkennen: Dein Suchtdruck will dich dazu bringen, dich beim anderen zu melden, egal warum. Sei es, um dich zum tausendsten Mal zu entschuldigen, den anderen oder dich selbst anzuklagen, zu rechtfertigen oder um doch noch einen gemeinsamen Weg vorzuschlagen. Immer, wenn du »noch etwas klären« willst, wenn du diesen inneren Drang hast, dich noch einmal mit dem anderen treffen zu müssen, dem anderen noch etwas zu sagen, dich noch einmal zu verabschieden, kannst du davon ausgehen, dass du im Entzug bist.

Wenn du aus coabhängigen Beziehungen aussteigst, dann kann der Entzug so schlimm sein, dass du dich regelrecht krank fühlst. Du kannst alle möglichen körperlichen Symptome entwickeln und dich ausgebrannt, müde und leer fühlen. Dein Denken verdreht sich, du verlierst die Klarheit, und deine Gedanken bringen dir pro Minute fünf logisch erscheinende gute Gründe dafür, dass du die Beziehung doch weiterführen solltest, dass du dem anderen Unrecht tust. Du bekommst Schuldgefühle, glaubst, der andere käme ohne dich nicht zurecht und du müsstest nur lernen, ihn noch mehr zu lieben und zu lassen, wie er ist. Das ist süchtiges Denken, denn wenn du eine Minute lang deinen Verstand einschaltest, erkennst du sofort, dass das alles nicht stimmt und dass du gut daran tust, dich vom anderen fernzuhalten – denn sicher hast du all das längst bis zum Geht-nichtmehr versucht, oder?

Den anderen zu lassen, wie er ist, und ihn zu lieben, wie er ist, heißt nicht, dass du nun wieder einen Grund hast, dich zu melden. Es geht darum, dass du seinen Weg anerkennst, dich vor ihm verneigst und gerade deshalb bei dir bleibst. Suchtdruck vernebelt dir den Verstand und das klare Fühlen. Dein System will Ausgleich und sorgt dafür, dass du dir das besorgst, was es zu brauchen glaubt, nämlich den coabhängigen Kontakt und die Energie, die zwischen euch so vertraut und vernebelnd fließt. Süchtige Beziehungen finden immer in der Zukunft oder in der Vergangenheit statt; die Gegenwart ist meistens unbefriedigend und leer. Süchtige Beziehungen leben von dem Traum, den du träumst, nicht von der Kraft, die tatsächlich fließt. Es ist wirklich schwierig, aus dem Traum zu erwachen und anzuschauen, was tatsächlich gerade passiert. Aber nur so wirst du frei und bereit für das wahre Leben, für ein echtes, neues Energiefeld, für die Verbindung mit einer höheren Kraft. Nur so kannst du der Stimme des Herzens wahrhaftig folgen. Denn wenn du in deinem Traum lebst, kannst du sie nicht hören, geschweige denn ihr folgen.

Keine Sorge, der Suchtdruck geht vorbei, es wird von Tag zu Tag besser, halte dich nur bitte vom anderen fern, egal was dir deine Gefühle einreden wollen.

Anders hingegen ist es, wenn du wirklich spürst: Da gibt es noch eine Chance, und du hast Mist gebaut. Dann bekommst du nicht diese lähmenden, klebrigen Schuldgefühle, die dich drängen, Kontakt zu suchen, sondern du bleibst klar und weißt einfach, dass die Sache noch nicht vorüber ist. Das fühlt sich anders an, klarer, drängender, nicht so sinnvernebelnd und süchtig. Du bekommst vielleicht Angst, wenn du daran denkst, dich beim anderen zu melden, spürst aber gleichzeitig, es ist sinnvoll und notwendig. Handle bitte gemäß dem, was dir dein gesunder Menschenverstand empfiehlt – er kann dir sehr gute Dienste leisten. Außerdem kannst du dein höheres Selbst jederzeit um eine klare Ansage bitten.

Sieh das vielleicht einmal so: Wärst du dir dessen bewusst, dass du letztlich nur deshalb so scheinbar selbstlos immer wieder gibst und gibst und gibst, weil du keine andere Möglichkeit kennst, mit Energie genährt zu werden, so könntest du es schon fast nicht mehr tun. Um deine Illusion aufrechtzuerhalten, dass du ein gebender, guter Mensch bist, der für andere da ist, brauchst du einen Filter, der es dir unmöglich macht, zu erkennen, was wirklich abläuft. Denn wärst du in der Lage, zu erkennen, dass du in letzter Konsequenz etwas haben willst, aber nichts geben möchtest (bist du in der Coabhängigkeit gefangen, dann hast du gar keine Energie übrig, um auch noch welche zu verschenken), könntest du den Kampf um Energie nicht weiter führen. Da du aber nicht weißt, woher deine Lichtnahrung sonst kommen soll, weil dein Emotionalkörper nichts anderes kennengelernt hat, würdest du in seiner Vorstellung einfach verhungern.

Es ist ein bisschen so wie bei den meisten Menschen, die Fleisch essen: Du kannst es nur, weil du vergessen hast, dass du ein Tier töten musst, um das zu tun. Menschen unterliegen einer kollektiven Selbsttäuschung, wenn sie abgepackte Wurst kaufen und dabei vergessen, wer den Preis dafür zahlt. (Iß dennoch Fleisch, wenn du willst und es sich für dich richtig anfühlt. Das ist kein Plädoyer für den Vegetarismus. Du verstehst aber sicher das Prinzip, um das es hier geht, nicht wahr?) Schuldgefühle hindern dich daran, den Mechanismus zu erkennen, der hier wirkt – aber nun weißt du es besser.

Ein Schuldgefühl ist immer ein Zeichen dafür, dass du in einer coabhängigen Beziehung mit einem oder vielen, vielleicht sogar mit fast allen Menschen lebst. Natürlich gibt es auch echte Schuld, echte Versäumnisse, doch so etwas fühlt sich anders an. Es ist nagender, und du spürst, das war wirklich nicht in Ordnung, du hast dich tatsächlich falsch verhalten. Dann gehe bitte hin und mache es wieder gut, übernimm die Verantwortung. Höre auf, dich herauszureden. Bitte das göttliche Ordnungsprinzip um Unterstützung, und erlaube der Lichtkraft, alles wieder in Ordnung zu bringen. Das Universum liebt es, Dinge ins Lot zu bringen, denn das ist seine Natur, das ist der Antrieb für alles.

Die göttliche Ordnung ist der »Masterplan«, und immer, wenn du erlaubst, dass sie wirkt, fließt sie augenblicklich in dein Leben – falls du aufhörst, immer weiter Unordnung anzurichten. So halte still und lass sie dein inneres Zimmer aufräumen; setze dich aufs Bett, und schau ihr zu. Dann ändert sich auch dieser Bereich deines Lebens und wird strahlend hellblau – du kannst endlich das Energiefeld wechseln, es wird Zeit.

Susanne:

Ich bin sicher, du langweilst dich unterdessen zu Tode, bist all dessen völlig überdrüssig und fragst dich, was das alles überhaupt soll, wenn es sich immer wieder so schwer anfühlt …

Es ist, als wären wir wie Schlangen mit zu engen Häuten, alles ist irgendwie ein bisschen langweilig und grau, selbst wenn es sich nach außen hin noch so toll und aufregend darstellt. Das Leben wirkt ein wenig dröge. Fühlst du das ebenfalls? Irgendwie wird es Zeit für etwas Neues, auch wenn wir nicht wissen, was das sein könnte. Erlebst du das auch so? Das ist der kollektive Aufstiegsprozess, und er läuft gerade auf Hochtouren. Wenn dich diese Themen interessieren, gehörst du unweigerlich dazu.

Denn während ich dieses Buch schreibe, verändert sich das Energiefeld der Erde dramatisch und gewaltig. Seine Frequenz wird höher, die Erde selbst verändert ihre Schwingung. Die Auswirkungen, die das hat, sind umwälzend für jeden Einzelnen und für die gesamte Menschheit. Es gibt nun zwei unterschiedliche Energiefelder, in denen wir leben können. Da ist das alte, langsam schwingende, in dem die ziemlich starren Gesetze von Ursache und Wirkung herrschen, in dem die Zeit eine große Rolle spielt und wo du durchaus die Idee des Opferseins und der Angst aufrechterhalten kannst. Wenn du zum Beispiel darauf bestehst, coabhängig zu bleiben, dann darfst du das in diesem Feld gerne ausleben.

Und es gibt ein neues, das wir alle gemeinsam, alle Engel, spirituellen Kräfte, alle inkarnierten hohen Lichtwesen, auf die Erde geholt, dort installiert und ermöglicht haben, weil wir uns als Kanäle dafür zur Verfügung stellten. Hier herrschen Schöpferkraft, Liebe, Leichtigkeit, Fülle und Freiheit. Die Erde selbst ist erwacht. Gaia, das Wesen, dessen Körper die Erde ist, hat wie wir alle einen großen Bewusstseinssprung erlebt und ist sich ihrer selbst wieder bewusst. Auch dieses Buch verändert seine Frequenz, während ich es schreibe. Ich höre immer wieder, dass es nicht mehr um das übliche »Channeln«* geht, denn das würde bedeuten, dass du dich als Instrument zur Verfügung stellst, damit hohe, lichtvolle Energien durch dich hindurchsprechen, während du selbst ein kleines Licht bleibst.

Aber so ist es nicht. Denn du selbst bist diese hohe, lichtvolle Energie. Und so geht es mehr und mehr darum, dir dessen bewusst zu werden. Wir channeln nicht mehr, sind kein Medium, also kein reiner, innerlich unbeteiligter Übermittler mehr, sondern wir sagen einfach das, was wir wissen, innerlich hören und im Herzen erleben. Denn wir sind untrennbar verbunden mit der göttlichen Quelle und der göttlichen Ordnung. Wir haben ein untrügliches Gefühl für Richtig und Falsch, wir fühlen, ob etwas innerhalb der göttlichen Ordnung frei fließt oder sich verbogen und künstlich anfühlt. Wir fühlen es deshalb, weil unsere irdischen Körper, unsere feinstofflichen Energiekörper und unser spirituelles Herz feine Messinstrumente sind. So ist alles, was du lernen willst, längst in dir angelegt, es gibt überhaupt nichts mehr zu tun, als dich daran zu erinnern und ein wenig in dir aufzuräumen.

Du spürst, dass etwas richtig ist, weil es sich richtig anfühlt. Das haben wir schon mehrfach gesagt, und es gibt keine andere Wahrheit. Du kommst innerlich zur Ruhe, weißt einfach. Im neuen Energiefeld der Erde kannst du dich nicht mehr herausreden, und du kannst die Verantwortung nicht mehr an andere abgeben. Wenn du wissen willst, ob das, was du für dein

---

*   »Channeln« bedeutet hier, sich bewusst als Kanal für höhere Informationen, für höherschwingende Wesenheiten und Energiefelder zur Verfügung zu stellen und diese Informationen durch Wort, Bild, Text oder Handlung weiterzugeben oder darzustellen..

Leben möchtest, stimmt, dann frage dein Herz. Wirst du ruhig oder ein bisschen aufgeregt, ja elektrisiert, schlägt dein Herz kraftvoll und spürst du ein »Ja«, dann stimmt es auch, egal was der Rest von dir sagt und gleich was dir deine Angst oder deine Mutter einreden will. Um dein Leben zu leben, brauchst du Mut und Vertrauen zu dir, zur Schöpfung, zu Gott und zum Leben selbst.

Natürlich gibt es in dir Blockaden in allen möglichen Auraschichten, und du tust gut daran, sie nach und nach zu beseitigen, indem du zu Heilern gehst, Familienaufstellungen machst, meditierst und dich körperlich behandeln lässt. Es gibt sehr viele Therapeuten, die auf allen Ebenen zugleich ansetzen, die den Körper genauso mit einbeziehen wie das sehr feinstoffliche Energiefeld der Seele. Gehe hin, und lasse dir alles geben, was du brauchst. Erlaube deinem Leben, den Ausgleich herzustellen. Es gibt immer weniger zu tun; lasse alles los, was dir Überdruss und Langeweile bereitet. Die Zeit ist jetzt reif!

Die Energiefelder beginnen, sich zu trennen, das ist wie mit dem hell- und dem dunkelblauen Feld: Du kannst nicht mehr in beiden Frequenzen zugleich leben. Lange Zeit war es möglich und für unsere Entwicklung auch unumgänglich, dass sich die Energiefelder überlappten, dass du in einigen Teilen deines Lebens im alten Verhalten, Denken und Fühlen bleiben konntest, während du in anderen begannst, schneller zu schwingen. Das schnellere Feld entstand langsam, doch es ist nun so schnell geworden, dass sich seine Frequenzen mit denen des langsameren dunkelblauen nicht mehr überlagern können; sie trennen sich. Damit ist die Zeit gekommen, das Alte endgültig loszulassen. Du spürst es an deinem tiefen, grundsätzlichen Überdruss. Es ist nicht mehr anstrengend, schwierig und beängstigend, das Alte gehen zu lassen, im Gegenteil, es ist nun viel zu mühsam, Altes und Überholtes aufrechtzuerhalten.

Konnten wir in der alten Energie noch an uns selbst vorbeileben, so ist das jetzt nicht mehr möglich. Wenn du dein Leben nicht auf die Reihe bekommst und dich nicht an das zu halten lernst, was du als richtig für dich selbst spürst, dann bleibt dein Kanal eng. Du kannst dir dann nie sicher sein, ob du wirklich hohe, reine Energien wahrnimmst oder ob sich Astralwesen einschleichen. Erweitert sich dein Bewusstsein nicht so, dass du deine tiefen, wahren Absichten erkennst, ziehst du vielleicht Wesenheiten an, die dir das Blaue vom Himmel herab versprechen, aber nicht ausschließlich am reinen Schöpferplan interessiert sind, sondern auch eigene Interessen verfolgen. Hier geht es also um das, was dich schützt, und um die Energie, mit der du in Kontakt kommst, wenn du die schöpferische Schwingung spürst bzw. die Sprache des Lichtes hörst. Und jetzt verstehst du auch, warum du nicht darum herumkommst, dich mit dir selbst zu beschäftigen, wenn du die Lichtsprache verstehen und hören, aber auch sprechen und leben willst.

Was du in diesem Kapitel gelernt hast:

- Werde dir über die Bereiche deines Lebens klar, in denen du noch Kontrolle ausübst und nicht im Gleichgewicht bist.
- Meistens sind es Süchte, die dich dauerhaft und erfolgreich in einem niedrig schwingenden Feld halten.
- Schau dich in deinem Leben nach Situationen um, die dir nicht gut-tun, die du nicht magst, die dich ermüden und die du dennoch nicht verlassen kannst oder willst.
- Wenn du in einer Suchtschleife lebst, kannst du in diesem Bereich nicht deinem Gefühl und deiner inneren Wahrheit folgen, weil dein freier Wille durch die Sucht blockiert ist.
- Die am meisten verbreitete Sucht ist die Coabhängigkeit. Häufig handelt es sich um das Helfersyndrom, die Sucht, gebraucht zu wer-den, die Idee, man müsste ständig für andere da sein.
- Du brauchst die Freiheit, deine Wahrheit zu sagen und zu leben.
- Handelst du gegen den Willen deines Herzen, widersetzt du dich dem göttlichen Plan.
- Deine Lebenskraft beziehst du ausschließlich aus der unendlich großen, unerschöpflichen göttlichen Quelle, das macht dich frei. Lass dich einfach von weißem Licht durchströmen.
- Unterscheide, ob du einen klaren inneren Impuls hast, für den ande-ren dazusein, oder ob du es aus Schuldgefühlen tust – bitte dabei die göttliche Ordnung um Hilfe und um Klarheit.
- Bete, und halte still, tue nichts, lasse die Kraft in dich einströmen, und halte die Schuldgefühle für eine kleine Weile aus – dann kannst du dich neu entscheiden.
- Eine Sucht ist eine verdrehte Äußerung der Selbstheilungskraft; et-was in dir weiß es nicht besser. Erlaube der göttlichen Ordnung zu wirken, und halte still.
- Schuldgefühle sind ein Hinweis auf süchtige Beziehungen.

Wenn etwas richtig ist, dann weißt du es: Etwas in dir kommt zur Ruhe, und für einen Moment wirst du still. Halte Ausschau nach diesem Zeichen.

Deine wahren Absichten

Deine wahren Absichten sind nicht das, was du willst, sondern zeigen sich in dem, was du anziehst und was du zu brauchen glaubst, ob dir das bewusst ist oder nicht. Sie sind es, die in der Tiefe wirken und dein Energiefeld bestimmen. Wenn du zum Beispiel nicht weißt, was dich nährt, dann ist deine unbewusste Absicht, nicht zu verhungern – und dafür sorgst du, gleich wie. Dann kommunizierst du vielleicht mit Engeln, um selbst besser dazustehen, um dein Ego zu füttern, um geliebt zu werden oder um deinem Leben einen Sinn zu geben – aber all das ist keine reine Absicht, sondern du tust es für dich, du dienst einem Mangel, nicht der Liebe.

Die einzige reine Absicht, die von echter Kraft getragen wird, ist die, der Schöpfung zu dienen – nicht dem Mangel, nicht der Angst vor dem Leben, nicht der Kontrolle, nicht der Anerkennung oder Sinngebung, nicht dem Vater oder der Mutter, nicht einmal der Menschheit. Deine bewussten Absichten, über die wir vorher gesprochen haben, weisen dir den Weg, führen dich in das Energiefeld, in das du wechseln willst, bestimmen den Raum, den du betrittst. Deine unbewussten Absichten aber begegnen dir auf dem Weg dahin, sie sind es, die dich an der Erfüllung deiner Wünsche hindern könnten. Es wird Zeit, sie kennenzulernen und sie dem klaren Bewusstsein auszusetzen.

Selbst wenn du deine unbewussten Absichten nicht kennst, bestimmen sie dennoch dein Energiefeld. Und je weniger du sie wahrhaben willst, desto weiter öffnest du dunklen, langsam schwingenden Energien Tür und Tor, weil sie im gleichen angsterfüllten Feld angesiedelt sind. Alles, was du von dir abspalten und nicht wahrhaben willst, was du nicht spüren möchtest und weit von dir weist, bestimmt dein Feld maßgeblich mit, denn es ist nicht erlöst und frei. Erlöst und frei bedeutet, dass es dir bewusst ist und du die Wahl hast, darauf zu reagieren oder nicht. Krass ausgedrückt: Wenn du willst, dass du mit hohen, reinen Energien verbunden bist, dann trinke Bruderschaft mit Luzifer. Denn tust du das nicht, wird er sich mit all den Energien, die zu ihm gehören, in dein Leben drängen – und meistens ist er schon längst darin und wirkt, ohne dass es dir bewusst ist.

Unsere Vorstellung davon, was und wer Luzifer ist, ist meistens so verquer, dramatisch und von der Kirche geprägt, dass wir gar nicht bemerken, in wie vielen Bereichen unseres Lebens seine Energie wirksam ist. Sie ist scheinbar so alltäglich und natürlich, dass wir seine Kraft überhaupt nicht erkennen können. Wir spüren sie daran, dass wir ärgerlich werden, dass wir uns als Opfer fühlen oder »da kann man halt nichts machen« seufzen.

Susanne:

Zu Luzifer habe ich in meinem Buch Loslassen und Heilung erfahren etwas geschrieben, was ich an dieser Stelle wiederholen möchte:

»Als wir – hohe Lichtwesen, die wir alle sind – uns entschieden haben, die Schöpfung in jeder Dimension und Frequenz zu erfahren, und eine Expedition in langsamer schwingende Energiefelder gestartet haben, ahnten wir nur, dass sich diese Felder unangenehm anfühlen könnten. Wir ahnten es, konnten es aber noch nicht wissen, denn wir hatten keine Instrumente, um diese langsam schwingende Energie tatsächlich wahrzunehmen: den Körper, die Emotionen und die Gedanken. Getragen von der unendlichen Liebe der Schöpfung, wollten wir als Menschen zur Erde kommen und diese Unannehmlichkeiten in Kauf nehmen. Wir erschaffen uns nicht bewusst Leid, Ärger, Krankheit und Schmerz, ganz sicher nicht. Wir nehmen all das aber voller Liebe in Kauf.

Um sicherzustellen, dass wir wirklich auch in die am langsamsten schwingenden Energien hineintauchen, haben wir uns eine Art Betonklotz an unsere Füße gegossen. Das, was wir erforschen wollen, müssen wir zunächst erschaffen. Wir müssen es in die Wirklichkeit umsetzen. Es gibt zum Beispiel keinen Krieg, keine Armut, keinen Hass, keine zwischenmenschliche

Gewalt, wenn wir all das nicht inszenieren. Es ist außerhalb der irdischen Gesetze kein natürlicher Zustand, gehört in keiner anderen Dimension zur göttlichen Ordnung, außer es wird ausdrücklich als Erfahrung erschaffen.

Also brauchen wir Werkzeuge, die langsam schwingende Energie herstellen und erfahren können. Unser Emotionalkörper, unser Mentalkörper und unser materieller Körper sind unsere Werkzeuge und Messinstrumente zugleich.

Dieser energetische Betonklotz sieht aus wie ein schwarzer oder zumindest dunkler Schleier, der zwischen unserer bewussten Schöpferkraft und unseren Zellen liegt. Es ist, als hätten wir uns selbst verhüllt. Wir gaben unsere Engels- oder Elfenflügel ab, falls wir welche hatten; wir warfen schwarze Mäntel oder Schatten über unser Licht; wir stellten es ganz bewusst unter einen fast völlig lichtundurchlässigen Scheffel. Wir wussten, dass wir sonst keine niedrig schwingenden Energien würden erzeugen können bzw. sie nicht wahrnehmen könnten, wenn sie bereits vorhanden wären. Ein nichtinkarnierter Engel oder eine andere nichtinkarnierte geistige Wesenheit kennt deshalb keine Angst, weil diese Frequenz in seinem Energiefeld schlicht nicht vorhanden ist. Ein inkarnierter Engel, eine inkarnierte Seele kann durchaus verschiedene Frequenzen annehmen, denn sie haben einen Körper, ein Instrument, mit dem sie auch langsamere Schwingungen wahrnehmen können. Wenn wir in den hohen Frequenzen bleiben, können wir zwar beobachten, aber wir erfahren die Energie nicht in all ihren Daseins- und Ausdrucksmöglichkeiten. Auf diese Weise erforscht man keine Schöpfung!

Erinnerst du dich an Luzifer, den ›gefallenen‹ Engel? Lufizer ist nichts weniger als gefallen. Luzifer nahm sich das andere Ende der Schöpfung vor, er spannte den Bogen von den allerhöchsten Lichtfrequenzen bis in die sehr langsam schwingenden Felder, in der sich die Energie als Neid, Hass, Missbrauch und ganz besonders als Angst ausdrückt. Es ist, als trüge er Gottes Fackel an das andere Ende des schöpferischen Bewusstseins, als schwänge er sich herab zum dichtesten Punkt der Schöpfung, weil das ja irgendjemand machen muss. Dazwischen, in den Frequenzen zwischen Gott und Luzifer, spannt sich die gesamte Schöpfung auf. Gott und Luzifer allein wissen, was ihn das gekostet haben muss. Verneigen wir uns vor seiner Entscheidung.

Als ›kosmische Wissenschaftler‹, die wir sind (sonst wären wir nicht hier), erforschen wir natürlich auch die Bereiche, die energetisch von Luzifer stabilisiert werden. Was wäre das denn für eine Forschungsreise, wenn wir auf halber Strecke kehrtmachten und ›zu gefährlich, zu dunkel‹ jammern würden? Auf der Erde versammeln sich die mutigsten und neugierigsten Seelen des ganzen Universums. Wir kneifen nicht, wir steigen hinab in die Tiefen der Schöpfung. Und um das sicherzustellen, kappen wir scheinbar die Seile, die uns mit höheren Ebenen verbinden. Wir legen uns selbst Steine in den Weg, damit wir sichergehen, auch wahrhaftig alles zu erforschen und nicht zurückzukehren, bevor nicht auch die letzte energetische Tiefe bezeichnet, klassifiziert und erkannt worden ist.

Wir sind nicht hier, um irgendwelche einzelnen Erfahrungen zu sammeln. Wir sind Schatzsucher, wir sind Forscher, wir führen die wichtigste und größte Expedition durch, die die Schöpfung überhaupt zu bieten hat. Die Suche nach dem Heiligen Gral ist dagegen ein Kinderspiel. Die Werkzeuge, die es erst möglich machen, diese Expedition zu erleben, die Informationen zu speichern und zu verarbeiten, sind unsere Gefühle, unser Körper, unsere Gedanken.«

Wenn du also weißt, dass auch du längst all die Erfahrungen mit Luzifer gemacht hast, die du vielleicht so angestrengt zu vermeiden suchst oder weit von dir weist, dann wird es Zeit, zu verstehen, wo du noch in seinem Bann hängst. Denn wenn du das nicht verstehst, bleibst du in spirituellem Hochmut gefangen. Es gibt Wesenheiten, die nichts lieber tun, als spirituellen Hochmut sichtbar zu machen, dich zu foppen und dir falsche Informationen zu geben, wenn du dich mit höheren Energiefeldern verbinden willst. (Allzu große Demut ist übrigens genauso hochmütig, auch das ist nicht wahrhaftig. Zeig dich in deiner wahren Größe; dazu gehört aber auch: Zeig dich mit deinen dunklen Seiten und deinen Schwächen, denn nur dann können sie gehen.)

Im Tarot ist der »Teufel« die Karte für alle irdischen Verhaftungen. Sie steht für das, was du missbrauchst und woran du dich klammerst. Der

Teufel ist ein Symbol für alles, was nicht frei ist und nicht leicht fließen darf, für die Bereiche, in denen du kontrollierst, festhältst, nicht wahrhaben willst und dich abhängig und unfrei fühlst. Damit sieht das Bild schon ganz anders aus, nicht wahr? Warum sollte es bitte keine schwarze Magie sein, wenn du jemandem etwas Gutes tust, damit du dich selbst besser und gebraucht fühlst? Wie würdest du es denn sonst nennen? Du versuchst den anderen an dich zu binden, ihn festzuhalten, zu kontrollieren und ihm deinen Willen aufzudrängen. Klar, dein Verhalten steht scheinbar unter dem Vorzeichen der liebevollen Sorge. Aber es ist weder frei noch von reiner Liebe getragen, sonst wärst du nicht so enttäuscht und fühltest dich nicht so zurückgewiesen, wenn der andere es nicht annimmt. Da es im niedrig schwingenden Erdenergiefeld nur zwei Pole gibt und das Verhalten nicht frei und von reiner Absicht bestimmt ist, kann es letztlich nur dunkel und magisch sein, oder?

Immer, wenn du etwas gegen deinen eigenen oder gegen den Willen eines anderen tust, ist es nicht von reiner, göttlicher Kraft getragen. Wenn es sich nicht leicht und frei anfühlt, dann ist es magisch gebunden, egal was es ist. Tatsächlich, es gibt fast kein anderes Verhalten in der menschlichen Gesellschaft. Und weil es so ist, werden die Umwälzungen auch groß und gewaltig sein. Du lebst in den meisten Bereichen deines Lebens nicht in Freiheit, sondern bist gefangen in Befürchtungen und Zwängen. Das ist nicht natürlich, es ist nicht licht und frei, es wird verursacht von Bindung und Angst. Aber du kannst, wenn du es nur willst, ganz einfach aussteigen und in ein höheres Feld wechseln: wenn dir bewusst wird, wo du gebunden bist, und wenn du es für möglich hältst, dass das nicht der Lauf der Welt ist, sondern künstlich geschaffene Abhängigkeit.

Natürlich hören wir deine Einwände, denn es ist uns klar, wie provokativ es klingt, was wir sagen. Aber wenn dir das nicht bewusst ist, wenn du nicht bereit bist, dazu zu stehen, einfach weil es stimmt, ob du es wahrhaben willst oder nicht, dann kennst du dein eigenes Energiefeld nicht. Und dann wirst du erstens nicht frei, und zweitens kannst du nicht sicher sein, ob du, wenn du dich in höhere Energiefelder begibst, nicht

Wesenheiten anziehst, die mit deinen unbewussten Frequenzen in Resonanz gehen.

Aber dennoch: Natürlich musst du davon ausgehen, dass genau das geschehen wird. Es geht dabei nicht um Wertung, um Richtig oder Falsch, um Gut oder Schlecht. Es geht einfach nur um das Energiefeld. Und wenn du bestimmte Frequenzen, die sich darin befinden, bewertest, nicht wahrhaben willst oder dir schönredest, dann kannst du das zwar gern tun, es ändert aber nichts daran, dass sie sich in deinem Feld befinden.

Verstehst du, es spielt überhaupt keine Rolle, ob dir das gefällt oder nicht, ob du es für richtig hältst oder nicht oder ob es dein Selbstbild stört. Auch deine bewussten Absichten spielen keine Rolle. Falls du es nur gut meinst, nun, dann glaubst du das vielleicht sogar, aber es stimmt nicht. Solange du unfreie und süchtige Energien in dir trägst, in bestimmten Bereichen deines Lebens aus Angst handelst und nicht aus Liebe, solange du andere oder dich selbst binden willst, manipulierst, selbst wenn es scheinbar zu deren oder deinem eigenen Besten geschieht, so lange stehst du in diesem Bereich mit dem Teufel im Bunde, mit einem niedrig schwingenden, langsamen, unfreien Energiefeld. Hart, nicht wahr?

Aber es ergibt keinen Sinn, es nicht wahrhaben zu wollen. Du kannst nichts erlösen, was du nicht zur Kenntnis nimmst und akzeptierst. Und es macht ja auch nichts, du darfst voller Mitgefühl für dich selbst sein!

Susanne:

Ich war früher esssüchtig und reagiere auch heute bei Stress und innerer Leere mit der Idee, ich könnte ja mal etwas essen. (Nicht sehr sinnvoll, oder? Aber so reagiert nun einmal mein System.) Ich habe unterdessen die Freiheit gewonnen, es nicht zu tun, deshalb bin ich nicht mehr so zwanghaft und süchtig. Aber ich kann sehr rasch wieder in dieses Energiefeld hineinrutschen, wenn mir nicht bewusst ist, dass es da ist. Es wartet nur darauf, dass ich es zu verdrängen oder zu leugnen beginne. In Bezug auf Essen bin ich also immer noch abhängig, nicht ganz frei, süchtig. In Bezug auf Essen wirkt in mir das Energiefeld von Luzifer.

Es ist nicht der Teufel, der mir armen Seele das einredet, sondern ich befinde mich im Energiefeld der dunklen, langsamen, angsterfüllten Energien, deshalb können sie wirken. Kann ich deshalb nicht mit hohen Energien in Kontakt kommen? Im Gegenteil. Ich kann überhaupt nur, weil ich das weiß und wahrhaben will, mit hohen Energien in Kontakt kommen, denn nur dann kann ich bewusst unterscheiden, mit welchen Feldern ich gerade kommuniziere. Weil ich mit Luzifer Bruderschaft getrunken habe, kann ich mit ihm umgehen und ihn, wenn seine Energie zu wirken beginnt, aus meinem Feld hinausführen – beziehungsweise sein Feld verlassen.

Das, was Susanne sagt, stimmt, aber es gilt nur für den Teil der dunklen Energien, die im Erdenergiefeld wirken. Es gibt dunkle Energien, die in höheren Ebenen wirksam sind, und da haltet ihr euch bitte tunlichst raus. Es gibt andere Kräfte, die sich darum kümmern. Ihr als Menschen habt die Aufgabe und seid in der Lage, mit den dunklen Frequenzen umzugehen zu lernen, die sich mitten unter und in euch aufhalten, aber mehr nicht. Vermeidet es bitte, hier dem Hochmut anheimzufallen.

Es gibt Energiefelder, in denen ihr, wie wir schon zu Beginn sagten, die Schuhe ausziehen müsst und mit den Frequenzen, die euch im Moment zur Verfügung stehen, nichts, aber auch wirklich gar nichts zu tun habt. Es gibt tatsächlich dunkle Wolken, Dämonen oder wie immer du es nennen willst, die in weitaus größerem Umfang aktiv sind, als euch das vielleicht bewusst ist; doch das betrifft andere Planeten und ist die Aufgabe anderer. Klinkt euch da bitte nicht ein, denn das, was euch energetisch nichts angeht, kann euch tatsächlich schaden.

Dies ist eine Lektion in wahrer Demut. Erkennt bitte die energetischen Bereiche, in denen ihr nichts ausrichten könnt und nichts ausrichten dürft, weil es nicht zu euren momentanen Aufgabenbereichen gehört. Ihr habt hier und mit euch selbst schon genug zu tun, dazu seid ihr auch genau am richtigen Platz. Die meisten dunklen Energien wollen nur in ihrer Kraft anerkannt werden und euch daran erinnern, dass ihr nicht allmächtig seid, nur weil ihr gerade lernt, mit Lichtenergie umzugehen. (Auf der Schöpferebene seid ihr es natürlich, aber da sehen wir viele Dinge sowieso anders und würden uns nicht auf Energiekämpfe einlassen.)

Bitte nehmt das ernst. Wir sehen, dass einige von euch glauben, die Welt retten zu müssen, doch das ist nicht nötig. Lasst nicht zu, dass euch eine Art spiritueller Größenwahn davon abhält, euch um das zu kümmern, was in euch selbst ansteht – und zwar nur darum. Etwas Wichtigeres als euren eigenen Prozess gibt es im Moment im ganzen Universum nicht. Wir sind bei euch und unterstützen euch in jeder Sekunde eures Aufstiegs.

Susanne:

Als ich noch mehr mit meiner Esssucht beschäftigt war, habe ich eine wichtige Erfahrung gemacht. Ich redete mal wieder mit dieser Sucht, um sie loszuwerden. Ich schickte Licht hinein, wandte also irgendwelche Techniken an, um das Energiefeld loszulassen, aufzulösen, fortzuschicken. Ich sprach auch mit Luzifer und sagte ihm, er solle diese Sucht von mir nehmen, ich wollte mich jetzt anders entscheiden, er solle den Bann lösen. Ich als freies Lichtwesen würde es so anordnen. Ich tat also all das, was ich gelernt hatte, übernahm meine Verantwortung als hohes geistiges Wesen.

Das war in diesem Fall nichts als überheblicher Unsinn. Die Sucht wurde immer stärker, als wolle sie mir zeigen, wer das Sagen hat; der Suchtdruck steigerte sich gewaltig. Ich ließ mich auf einen energetischen Machtkampf ein und dachte, ich müsste ihn gewinnen. Als ich aber meine Aufmerksamkeit nach innen richtete, hörte ich Folgendes: »Warum gibst du nicht endlich zu, dass ich stärker bin? Wir haben eine Wette abgeschlossen, uns auf eine Art energetisches Fingerhakeln eingelassen. Warum gibst du nicht endlich zu, dass ich gewonnen habe?« Und weißt du, was? Das stimmt. Die Sucht ist einfach stärker als ich. Das kann ich nicht ändern, und warum sollte ich auch? Als ich mich vor ihr verneigte und sagte: »Ich erkenne deine Kraft an. Du hast gewonnen«, ließ sie augenblicklich los. Ich bin nun mit ihr verbündet; ich weiß, sie kann mich überfallen, wann immer sie das will, sie ist einfach stärker als ich. Aber sie wirkt nicht gegen mich, denn auch sie dient, wie alles in diesem Universum, der göttlichen Ordnung. Diese Sucht lehrte mich Demut und nahm mir die spirituelle Überheblichkeit.

Du kannst nicht alles mit Licht heilen. Manche Dinge müssen einfach an-erkannt werden, und dazu gehören machtvolle dunkle Energiefelder. Sie müssen nicht einmal geheilt werden! Es geht nicht darum, gegen sie zu kämpfen, sondern darum, sie zu akzeptieren und Frieden mit ihnen zu schließen.

Auch die Dunkelheit muss da sein dürfen, braucht ihren berechtigten Platz in Gottes Schöpfung. Dann schleicht sie sich nicht mehr hinterrücks in dein Leben, sondern stellt dich vor eine bewusste Wahl.

Susanne:

Wenn die Sucht jetzt kommt, dann fragt sie mich offen und direkt, und ich kann mich entscheiden. Das ist ein gewaltiger Unterschied, denn jetzt kann mein freier Wille wieder wirken. Gebe ich die Sucht nicht zu oder meine ich gar, ich sei ihr sowieso überlegen, dann steht mir mein freier Wille in diesem Bereich nicht zur Verfügung. Dann zeigt sie mir schlicht, wo der Hammer hängt, und das ist auch richtig so.

Erkennst du also dunkle Energien an, sei es in dir oder global, dann wirken sie nicht mehr gegen dich, sondern stehen dir zur Verfügung, wenn du dich ihrer bedienen willst. Die Konsequenzen musst du dann natürlich tragen, denn diese dunklen Energiefelder binden dich an niedrig schwingende Energien, das ist ihre Natur. Dennoch dürfen sie da sein, du brauchst sie ja nicht zu nutzen ... Kämpfe nicht mehr dagegen an. Verneige dich, erkenne ihre Kraft an, gib den Kampf auf, und entscheide dich anders, so einfach ist das. Das ist wahre Freiheit.

Willst du mit hohen Energien in Kontakt kommen, dann neige dein Haupt. Glaube nicht, du könntest nun die Welt umkrempeln. Räume vor deiner eigenen energetischen Haustür auf; das ist nicht nur genug, alles an-dere ist nichts als Anmaßung. Deine energetische Haustür ist alles, womit du in Kontakt kommst und worauf du Einfluss hast, das kann durchaus global sein. Du kannst in sehr hohe Bereiche kommen und sehr viel bewirken, aber bleibe wachsam und in Demut. Erkenne also, wo du gebraucht wirst und wo du auf hohem Niveau coabhängig bist. Wenn du eine fremde Galaxie mit Hilfe von Lichtkraft vor der Zerstörung retten willst, dann kaufe dir ein Computerspiel, aber lasse sie das in Wahrheit bitte unter sich ausmachen, außer du bekommst einen klaren energetischen Auftrag. Dann spürst du aber auch die Kraft und hast die Ermächtigung, damit umzugehen.

Werde dir bitte deines energetischen Zustands bewusst, und lasse lieber die Finger von Energiefeldern, bei denen du nicht sicher bist, ob du sie halten kannst. Manchmal ist selbst das Segnen schon hochmütig. Du spürst es, ob deine Energie willkommen ist oder ob es sich nicht willkommen, eventuell sogar gefährlich anfühlt. Immer, wenn du das Gefühl hast, mit deinem Licht nicht willkommen zu sein, gehe bitte wieder – mag das auf der Erde oder in höheren Dimensionen, bei deiner Familie oder in fremden Galaxien sein. Geh dahin, wo du wirklich gebraucht wirst; es gibt wirklich genug Orte und Dimensionen, in denen deine Energie dringend benötigt wird. Du spürst es als Drängen und hast einfach Lust dazu! Unsere echten Aufgaben zeigen sich immer als das, was wir gern tun möchten, als das, was uns wahrhaftig erfüllt.

Wenn du also nicht erkennen oder zugeben willst, dass du in bestimmten Bereichen deines Lebens mit Luzifers Energie in Kontakt bist (falls es so ist), dann bist du auf eine Weise hochmütig, die deine wahren Absichten mehr prägt, als du es dir vorstellen kannst. Warum? Weil du einen riesigen blinden Fleck in dir trägst, eine Stelle in dir, die du nicht zulassen kannst, die du mit viel Aufwand und energetischen Anstrengungen verdrängen musst. Denn natürlich weißt du tief in dir sehr genau, wovon ich rede. Du bist ein Geschöpf Gottes, und die göttliche Ordnung ist dir nicht nur vertraut, sie ist dein natürlicher Zustand. Alles, was aus dieser göttlichen Ordnung herausfällt, nagt an dir, kostet dich Kraft und muss von dir mit viel Aufwand aufrechterhalten werden, denn du spaltest diesen Bereich vom Strom des Lebens ab.

Aus der göttlichen Ordnung fällst du nicht heraus, wenn du Teile in dir trägst, die dunkel und unfrei sind. Du fällst (scheinbar) heraus, wenn du diese Teile abspaltest und vor dir und anderen leugnest. Denn dann kann das Licht, die normale ausgleichende göttliche Kraft, nicht wirken. Die Sprache des Lichts – wie schon zuvor gesagt – ist nichts als die Sprache der göttlichen Ordnung, manchmal sehr aufregend und spektakulär, meistens aber sehr natürlich und so, dass sie deinem Gefühl und deinem gesunden Menschenverstand entspricht. Gibt es nun einen Bereich in dir, in dem diese Ordnung nicht wirken darf, weil du ihn zu verbergen versuchst, dann fließt sie nicht frei durch dich hindurch, kann nicht alles in dir erhellen und erleuchten, und deshalb verzerrt sich dein Kanal. Deine Werkzeuge, mit denen du Lichtsprache wahrnimmst, sind dann verbogen und nicht klar.

Dr. Diethard Stelzl schreibt hierzu in seinem Buch Spirituelles Heilen in der Tradition der atlantischen Kristallchirurgen:

Da Gott sich selbst erfahren, also alles wie ein Betrachter von außen beobachten wollte, erschuf Er aus sich selbst heraus seinen erstgeborenen Sohn. Dieser Sohn war reines Licht, von Gott nicht unterscheidbar, vollkommen, perfekt, Gott gleich. Damit Gott sich selbst erfahren – beobachten – konnte, brauchte er einen Gegenpol. Und so bat Gott seinen erstgeborenen Sohn, einen konträren Standpunkt einzunehmen, da die Erfahrung der eigenen Identität nur in der Spiegelung der Gegensätzlichkeit möglich war und ist, also vom LICHT durch die DUNKELHEIT hindurch. Dies führte zum Wirken des zweiten Geistigen Gesetzes der Polarität. Dieser erstgeborene Sohn ging in die Polarität, in die gegensätzliche Position zu Gott in der Welt des Lichtes, also in ein Umfeld der Dunkelheit. Dieser Standpunkt wird sich später in der Zahl 6 wieder finden, also im Gegenteil von Licht = Dunkelheit, Abwesenheit von Licht. Der erstgeborene Sohn war also das Licht in der Dunkelheit, das eingeschlossene Licht Gottes in der Abwesenheit von Licht. Der Name des Sohnes lautete LUZIFER, dies ist griechisch und bedeutet auf Deutsch der LICHTTRÄGER. Er trägt also das Licht in die Dunkelheit als Spiegelung Got-

tes ins sich selbst. Licht und Dunkelheit stellen somit die ersten Polaritäten dar, welche definiert wurden. So wie das Licht ein reiner Seinszustand ist, ist es die Dunkelheit ebenfalls, ohne Wertung.

Susanne:

Für alle, die sich mutig ihren eigenen Energien stellen und nebenbei Luzifer aus seinen ureigenen Illusion, in der er sich ein wenig verfangen, entlassen wollen, führe ich hier eine Meditation an. Mache sie bitte nicht, wenn du ein ungutes Gefühl dabei hast! Du brauchst eine hohe geistige Klarheit und spirituelle Freiheit von Dogmen und Glaubenssätzen, um dich Luzifer auf diese Weise zu nähern. Lies den Text bitte zunächst ganz durch, und schau, was er in dir berührt. Wenn du Angst bekommst, dann führe die Meditation nicht durch.

Meditation über Luzifers wahre Gestalt

Entspanne dich. Bitte deine hohen geistigen Führer und Lehrer, bei dir zu sein und dich zu beschützen. Du kannst auch, wie in den vorangegangenen Meditationen, einen Lichtkreis um dich ziehen.
Nun bitte Luzifer, dir zu erscheinen – in seiner wahren Gestalt. Es kann sein, dass du ihn zunächst als Teufel siehst; dann schau ihn dir genau an, und spüre deine Angst oder Unsicherheit. Stelle dich vor ihn hin, und sage ihm, dass du das Spiel mit Licht und Dunkelheit durchschaust und bereit bist, ihn nun in seiner wahren Gestalt zu treffen. Bitte ihn außerdem, dir alles zurückzugeben, was du ihm in den verschiedenen Inkarnationen gegeben hast, damit er dir deine Wünsche erfüllt.
Löse deinen Vertrag mit ihm, den Pakt mit dem Teufel, den wir alle

irgendwann geschlossen haben, weil das zu den Basiserfahrungen jeder Seele gehört. Ohne diesen Pakt kannst du nicht wirklich in die Dualität eintauchen. Lass dir die Seelenanteile zurückgeben, die du ihm geschenkt hast oder die er als Preis von dir gefordert hat dafür, dass er dir mit seiner dunklen Macht zur Verfügung steht und deine Wünsche erfüllt. Vielleicht hast du ihm sogar ein Kind geopfert, dann bitte darum, dass dessen Seele nun in die Freiheit entlassen wird.

Beobachte, was passiert, ob er reagiert oder dich nur anschaut, dir vielleicht sogar noch mehr Angst macht. Falls das passiert, dann lasse alles los, was du ihm je gegeben hast, schenke ihm die Seelenanteile, und bitte darum, dass sie im Energiefeld der göttlichen Liebe neu geformt werden und dir dann wieder zur Verfügung stehen mögen.

Kämpfe mit niemandem mehr, auch nicht mit dem Teufel. Nun bitte ihn noch einmal, dir in seiner wahren Gestalt zu erscheinen – nun aber bitte ihn voller Mitgefühl. Wenn du magst, dann verneige dich vor ihm; achte sein Schicksal, er hat den dunkelsten Weg gewählt, damit wir alle die Erfahrung der Dualität machen können. Verneige dich vor der Bestimmung, die er auf sich genommen und in der er sich verfangen hat – dann erlaube ihm, sich zu verwandeln.

Sieh, wie er allmählich lichter zu werden beginnt, nach und nach seine wahre Lichtgestalt annimmt. Du erkennst sogleich einen sehr hohen Engel, der ein so kraftvolles Energiefeld hat, dass du wahrscheinlich den Antrieb hast, dich noch einmal zu verneigen. Geschieht das, so bitte ihn, dich mit seiner Kraft zu unterstützen – denn genau das ist seine wahrhaftige Energie: Er trägt die Schöpferkraft der Erde in seinem Energiefeld, so wie du es unterdessen auch tust.

Luzifers verführerische Macht, mit der er dich binden konnte – und genauso war es auch verabredet –, besteht darin, dass er Zugang zum Schöpferfeld der Erde hat und du glaubst, nur durch ihn könnten sich deine Wünsche verwirklichen. Nun hast du selbst den Zugang gefunden. Das heißt aber nicht, dass du Luzifer nicht bitten darfst, dich zu unterstützen – jetzt allerdings aus Liebe zum göttlichen Schöpfer-

plan, nicht länger aus Angst oder aus egoistischen Motiven heraus. Wenn du Luzifer in seiner wahren Gestalt siehst und seine Strahlkraft und Größe erkennst, verlierst du augenblicklich die Angst vor ihm und begegnest ihm voller Hochachtung.

Jetzt kannst du ihn noch einmal bitten, alles loszulassen, was er von dir noch festhält, wenn das nicht sowieso längst geschehen ist. Bleibt er dunkel und Angst einflößend, so bitte um Segen für ihn und für dich. Lass die Meditation los, und führe sie später noch einmal durch. Denn dann gibt es in deiner Seele noch Stellen, die daran festhalten, dass er dunkel und böse ist. Das macht nichts, aber dann ist es jetzt noch nicht die richtige Zeit für eine Erlösung.

Was du in diesem Kapitel gelernt hast:

- Die einzige reine Absicht, die von echter Kraft getragen wird, ist die, der Schöpfung zu dienen.
- Werde dir deiner Absichten bewusst. Manchmal erreicht man seine Ziele nicht, weil man sich selbst im Weg steht.
- Erlaube all deinen Bedürfnissen, sich zu zeigen, damit sie ihren angemessen Platz in deinem Leben finden können.
- Erkenne die Bereiche deines Lebens, in denen du versuchst, deine Absichten zu manipulieren.
- Nur das, was du wahrhaben willst und zur Kenntnis nimmst, egal wie schwierig es dir auch erscheint, kann erlöst werden.
- Erlaube dir, auch dir selbst gegenüber mitfühlend zu sein.
- Lerne, mit den Absichten umzugehen, die dich ablenken. Stelle dich immer wieder bewusst und mutig in den Dienst des Lichtes.
- Erlaube der göttlichen Ordnung, in wirklich allen Bereichen deines Lebens zu wirken, auch wenn du befürchtest, etwas zu verlieren.

Loslassen

Will man Lichtsprache verstehen und in Worte und Handlungen übersetzen können, ist es sinnvoll und unumgänglich, die Kunst des Loslassens zu erlernen, denn sonst schaltet man innerlich nicht auf »Empfang«.

Loslassen. Das ist wieder so ein Wort. Es wird so viel über das Loslassen geschrieben, dass man gar nicht mehr weiß, was man noch alles loslassen soll. Denn was bleibt am Ende noch übrig? Außerdem – wie soll das überhaupt gehen, was sollst du loslassen, und wie machst du das? Nun, es gibt nur eine einzige Sache, die du loslassen sollst, kannst und darfst, nämlich die Kontrolle. Hilft dir das? Nein. Natürlich nicht, denn es gibt Bereiche in deinem Leben, da ist es deine heilige Pflicht, die Kontrolle (im Sinne von Verantwortung) zu übernehmen. Woher also sollst du wissen, was du kontrollieren musst und was du loslassen sollst? Und was heißt Loslassen überhaupt? Wozu dient es?

Es bedeutet nichts anderes, als dass du aufhörst, die Dinge auf deine (oder sagen wir, auf deine gewohnte) Art zu tun, und erlaubst, dass sie auf göttliche, geführte Weise geschehen. Die göttliche Weise fühlt sich so persönlich, individuell und aufregend an, dass dir dein normales Verhalten langweilig, vorhersehbar und altbacken vorkommt – und das ist es auch. Überall da, wo du Kontrolle ausübst, sei es über dein Verhalten, deine Gefühle oder Gedanken, fließt die göttliche Ordnung nicht richtig, sondern wird verzerrt und verbogen. Das ist, als seiest du ein Instrument für einen ganz bestimmten, wunderschönen und einzigartigen Ton, aber das Instrument ist verstimmt – und das auch noch bewusst und aus dem eigenen Willen heraus, als wäre dein persönlicher, göttlicher Ton irgendwie falsch. Es gibt, wie wir bereits erläutert haben, eine ganze Menge Gründe für dich, anzunehmen, dass dein persönlicher Ton falsch ist; du hast es schließlich oft genug gesagt bekommen, und irgendwie scheint das ganze Orchester um dich herum sowieso eine andere Musik zu spielen.

Das ist, als hättest du eine perfekte Geige in der Hand und wolltest immer dann, wenn das Musikstück, das alle gemeinsam erschaffen, es erfordert, ein reines hohes C spielen. Nur du kannst dieses hohe C spielen; und du hast ein untrügliches Gespür dafür, wann es gebraucht wird. Du spürst es, wirst ein bisschen aufgeregt und kribbelig, dann bekommst du einen klaren inneren Impuls. Aber irgendwie scheint es plötzlich, als wäre die ganze Musik falsch, ein einziges Durcheinander. Jedes Mal, wenn du spürst, nun wäre dein hohes C angesagt, scheint es doch nicht so richtig zu passen – deshalb verzerrst du es, als hieltest du keine Geige, sondern eine E-Gitarre in den Händen – oder du spielst es erst gar nicht, hältst dich völlig raus. Die verzerrten Töne der E-Gitarre werden jedoch von anderen gespielt, für die das ihr natürlicher Ausdruck ist. Aber erst gar keinen Ton von dir zu geben ist auch nicht das, wozu du auf der Erde bist …

Du kannst das Bild auch umdrehen: Vielleicht passt zu dir ein sehr lauter, verzerrter Ton, der an der richtigen Stelle dem Musikstück genau die richtige Dramatik, das Feuer, den Ausdruck verleiht – doch du versuchst, ihn rein und klar zu spielen, obwohl er genau so verzerrt und laut gebraucht wird.

In beiden Fällen bist du nicht im Einklang, je nachdem, ob du immer viel zu brav bist und dich anpasst (den Ton also leiser drehst und entzerren willst) oder ob du dich verbiegst und nach außen hin lauter, schöner, erotischer, erfolgreicher und schriller zu scheinen versuchst, als du in Wahrheit bist – dann verzerrst du dein reines hohes C. Loslassen bedeutet nun, den Ton so aus dir herausströmen zu lassen, wie er deiner natürlichen Frequenz entspricht – und zwar immer und überall. Es bedeutet nichts anderes, als dass du deinen Impulsen folgst und nur ihnen. Das hört sich leicht an und ist doch unglaublich schwierig, und zwar weil wir darauf konditioniert und trainiert sind, uns dem Lärm oder der falschen Stille um uns herum anzupassen.

Bleiben wir beim Bild des Orchesters: Dann, wenn du ganz sicher spürst, dein hohes C wird verlangt, fühlt es sich dennoch irgendwie falsch an, weil das ganze Orchester verstimmt ist und einen ganz schönen Murks zusammenspielt. Es ist eine ziemliche Herausforderung, es dennoch erklingen zu lassen, weil es scheinbar nicht zum Stück passt, obwohl du spürst, dass nun dein Einsatz kommt. Loslassen bedeutet, den Ton dennoch zu spielen, auch wenn er sich noch so falsch anhört, einfach weil du nicht anders kannst, wenn du deiner inneren Stimme folgst. Der Ton ist nicht falsch, sondern das Stück ist chaotisch.

Sobald du beginnst, den richtigen Ton an der richtigen Stelle zu spielen, erinnern sich die Musiker in deiner unmittelbaren Umgebung an ihren eigenen Einsatz und an die Musik, die eigentlich geplant war – sie beginnen ihrerseits, ihren Ton im richtigen Moment und in der richtigen Frequenz zu spielen. Das zieht Kreise, zumal bereits viele an verschiedenen Stellen im Orchester sich zu trauen beginnen, ihren Einsatz zu bringen, egal, was um sie herum geschieht. Das ist ein schönes Bild, aber es im Alltag umzusetzen ist wirklich schwierig, weil es deine ungeteilte Achtsamkeit und Aufmerksamkeit erfordert, deinen Einsatz zu erkennen und deinen Ton zu treffen.

Natürlich ist es in Wahrheit ganz einfach: Folge deinem Herzen, denn du kannst es … Das ist zunächst nichts als ein Spruch, dessen Weisheit sich nicht umsetzen, nicht leben lässt, wenn man Steuern zahlen oder eine alte, schwierige Tante pflegen muss. Und genau hier bekommt das Loslassen Bedeutung. Bitte darum, deinen Ton in jeder Sekunde hören zu dürfen – und um den Mut und die Kraft, diesem Ton zu folgen. Es gibt im Universum ein absolutes Interesse daran, dass du klar und rein bist, dass du erkennst, wo dein Platz ist und was von dir gefordert wird. Da du ein Instrument für genau deinen Ton bist, ist das der Einsatz, der dir am meisten Freude bereitet und dir am leichtesten fällt. Es ist für eine perfekt gestimmte Geige ein Hochgenuss, wenn das hohe C gespielt wird, verzerrst du es, dann überdehnst du ihre Saite. Für eine E-Gitarre dagegen ist es genau das richtige, denn ihre Saiten sind darauf ausgelegt. Sie langweilt sich zu Tode, wenn du sie dauernd nur sanft anspielst. (Nun, das weiß ich jetzt natürlich nicht so genau, aber die E-Gitarre meiner Freundin empfindet es so.)

Alles, was sich für dich richtig anfühlt, was dir ein Kribbeln und ein lebendiges, warmes Gefühl bereitet, alles, was sich offen, frei und weit anfühlt, ist dein Ton, selbst wenn du vielleicht Angst oder Unsicherheit bei dem Gedanken daran, ihn zu spielen, spürst. Das macht nichts. Werte nicht, bis du keine Angst mehr hast, sonst kommst du nie voran. Wahrer Mut zeigt sich nicht in Abwesenheit von Angst, sondern angesichts der Angst. Du spielst deinen Ton, obwohl du Angst hast, ja gerade dann. Fordere das Leben immer wieder heraus; prüfe, ob es dich trägt; sei mutig und wage dich auf dünnes Eis – weil du gar keine andere Wahl hast, wenn du deine Musik zu dem machen willst, was sie eigentlich sein sollte: ein unermesslich liebe- und machtvoller Ausdruck der göttlichen Schöpfung. Die so unglaublich erhebende und zu Tränen rührende Ode an die Freude von Beethoven ist gegen das, was du mit anderen erschaffen kannst, wenn ihr endlich eure wahren Töne zu spielen wagt, ein kleines Kinderliedchen.

Wie sieht das Loslassen konkret aus? Du erkennst nach und nach, auf welche Weise du deinen Ausdruck kontrollierst, verzerrst, zurückhältst oder aber dramatisierst – und lässt es. Du lässt den Kampf; du erlaubst dem Leben, dich an die Stelle zu setzen, an die du gehörst, und nicht an die, die du haben willst, weil sie dir deiner Meinung nach zusteht – oder aber weil du nichts Besseres verdient zu haben glaubst. Beides, Selbsterniedrigung und Selbsterhöhung, sind Spielarten des Egos und beide verzerren deinen Ton. Loslassen heißt: Du erlaubst deinen Herzenswünschen, in dir zu leben und dich zu leiten; du gestattest deiner Sehnsucht, dich zu führen; du verpflichtest dich aus tiefstem Herzen, der göttlichen Ordnung, die sich durch dich ausdrücken will, zu dienen.

Susanne:

Natürlich wollen wir uns alle tragen lassen, wir glauben nur nicht daran, dass das Leben und der göttliche Plan wirklich das Beste für uns bereithalten, nicht wahr? Wir sind alle einmal zu oft nicht aufgefangen worden, scheinbar ins Leere gestürzt. Loslassen ist wie sterben, denn wir wissen wahrhaf-

tig nicht, was danach kommt; es ist wie ein Sprung ins Ungewisse, und alles kann passieren. Es erfordert einen so ungeheuren Mut, uns dem göttlichen Plan hinzugeben, dass jeder Engel, jedes himmlische Wesen versteht, warum wir es nicht tun. Wir haben uns, um uns die Erfahrung im menschlichen Körper überhaupt möglich zu machen, von unserer Anbindung an die göttliche Kraft abgeschnitten; wir haben eigene Pläne gemacht, einen eigenen Weg gefunden, eine eigene Musik erschaffen.

Das war unsere Absicht, darum ging es zunächst bei diesem Experiment. Unsere Musik hört sich nicht toll an – ich persönlich finde zum Beispiel, wir haben viel zu viele Paukenschläge von detonierenden Bomben drin, und der Text ist auch langweilig. Über die Schmerzensschreie brauchen wir erst gar nicht zu reden; es sollten, wenn überhaupt, Freudenschreie sein! Aber sie funktioniert schließlich irgendwie, und wir arbeiten alle hart daran, dass sie immer besser klingt, auch wenn es vielleicht nicht der göttlichen Ordnung entspricht.

Tatsächlich arbeiten wir daran, uns immer mehr zu verbiegen, uns dieser Art von Musik anzupassen, denn es scheint, als habe sie sich verselbstständigt. Die Gesellschaft, die Wirtschaft, das Geld, der jeweilige Feind, welche Religion, welches Land oder welche Idee auch immer dahinterstecken mag – sie geben den Ton an, so glauben wir, und wir knirschen mit den Zähnen, singen aber das Lied dessen, dessen Brot wir zu essen glauben. Wir lassen uns das Musikstück vorgeben, jemand – irgendjemand, wir wissen nicht mal, wer das ist und mit welcher Berechtigung er das tut! – legt uns die Noten hin, und wir bemühen uns nach Kräften, sie zu spielen. Aber das sind nicht unsere Noten, das ist nicht das ursprüngliche, natürliche Stück!

Wessen Brot aber essen wir denn bitte in Wahrheit? Es gibt nun mal nichts anderes als die schöpferische göttliche Kraft, in welcher Weise auch immer sie sich zeigt und ausdrückt. Die göttliche Ordnung kannst du gut mit elektrischem Strom vergleichen: Du kannst ihn weder sehen noch fühlen, noch nachweisen, du erkennst ihn nur an den Wirkungen, die er hat, sei es, dass elektrische Geräte funktionieren, es sei denn dass du einen Schlag bekommst. Auch Messgeräte reagieren auf die Auswirkungen des Stromes, nicht auf die

Bewegung der Elektronen selbst. Du kannst ihn nicht fühlen, nur seine Wechselwirkung mit dir oder dem Gerät, das du an diesen Strom anschließt, wahrnehmen. So erkennst du das Wirken der göttlichen Kraft auch nur in ihrem Ausdruck, und weil du wie eine Lampe ein Teil seiner Gerätschaften bist, ist es sehr sinnvoll, dich bewusst an diesen göttlichen Stromkreis anzuschließen. Angeschlossen bist du zwar ohnehin, sonst gäbe es dich gar nicht, aber ein bewusster Ausdruck dieser göttlichen Kraft zu werden geht einen Schritt weiter. Du triffst eine bewusste Entscheidung, nutzt deinen freien Willen.

Alles, worüber wir hier reden, dient nur dazu, dir die Widerstände aus dem System zu nehmen, damit der Strom ungehindert durch dich hindurchfließen kann. Die Lampe in dir beginnt zu leuchten, und daran erkennen andere – und du selbst! – die Wirkungen der göttlichen Kraft. Die Widerstände in dir sind alles, was du über das Leben glaubst und nicht glaubst, alles, was du deiner Meinung nach sein darfst und nicht sein darfst; es sind deine Wertvorstellungen und deine Glaubenssätze, woher auch immer sie kommen. Wenn du mit höheren Energiefeldern kommunizieren willst, wenn du also ein Sprachrohr der göttlichen ordnenden Kraft sein willst, dann gibt es kein Richtig oder Falsch, keine Moralvorstellungen und keine Tabus, es gibt nur das, was für den jetzigen Moment und in der augenblicklichen Situation angemessen ist.

Du kannst nicht mehr werten oder Dinge ausschließen, wenn du in der Lichtsprache kommunizieren möchtest. Die göttliche Ordnung bedient sich all ihrer Werkzeuge, egal ob du sie gut findest oder nicht und egal ob du dir selbst erlaubst, sie anzuwenden oder nicht. Das bedeutet loslassen. Lasse die Dinge so sein, wie sie sich dir zeigen, und manipuliere sie nicht. Sage, was du fühlst, und tu das, wobei du spürst, dass es richtig ist, egal ob es dir gefällt oder nicht und egal wie du dabei aussiehst und wirkst.

Die verschiedenen Ebenen können sich durchaus scheinbar widersprechen. Doch wenn du dein Bewusstsein öffnest, dann können dem Anschein nach gegensätzliche Wahrheiten zur selben Zeit existieren. Du kannst jemanden lieben UND ihn gehen lassen; du kannst Angst haben UND dich gleichzeitig getragen fühlen. Du weißt, jede Situation ist vielschichtig und hat verschiedene Wahrheiten, aber in sich ist das Energiefeld dennoch nicht diskutabel. Warum gibt es nur eine Wahrheit? Weil das Energiefeld, das sich durch ein Gefühl, ein Ereignis oder einen Umstand zeigt, nicht unklar oder unbestimmt ist.

Was du in diesem Kapitel gelernt hast:

- Gehe neue Wege. Erlaube, dass die Dinge im göttlichen Sinne geschehen.
- Folge deinen Impulsen und nur ihnen, auch wenn du sie nicht gleich verstehst.
- Spürst du keine Impulse oder kannst dich nicht entscheiden, ihnen zu folgen, dann tu einfach nichts, sondern warte bis du wieder weißt, was zu tun ist.
- Folge deinem Herzen, du kannst es!
- Fordere das Leben immer wieder heraus; prüfe, ob es dich trägt, dadurch gewinnst du Vertrauen in die göttliche Ordnung.
- Erlaube deinen Herzenswünschen, dich zu leiten. Vertraue ihnen. Sie führen dich zur Erfüllung.
- Wenn du in der Lichtsprache kommunizieren willst, dann kannst du nicht mehr werten oder Dinge ausschließen. Sei offen für alles, was sich in dir zeigt.

Die richtige Verantwortung übernehmen

Es gibt keine Möglichkeit, Verantwortung für etwas zu übernehmen, wofür du energetisch nicht verantwortlich bist, genauso wie es keine Möglichkeit gibt, die Verantwortung für etwas von dir zu schieben, was zu deinen Aufgaben gehört. Du kannst zwar Verantwortung für alles übernehmen, was du willst, energetisch gerätst du damit allerdings ins Abseits. Du bist nur für das verantwortlich, was dein eigenes Energiefeld betrifft, und dort für alles, worauf du Einfluss hast, egal wem du die Schuld auch in die Schuhe schieben möchtest, seien es deine Gesundheit, deine Gefühle, deine Beziehungen, dein innerer Zustand, deine Wohnsituation, die Art, wie du mit Geld umgehst, oder deine spirituelle Entwicklung. All das kannst du zumindest energetisch ändern, indem du dir anschaust, in welchem Raum du dich gerade befindest und was über dessen Tür steht. Du kannst immer um Unterstützung bitten und um das uneingeschränkte Wirken der göttlichen Ordnung.

Du bist nicht für die Gefühle anderer Menschen verantwortlich, denn das betrifft deren Energiefeld. Du bist es selbst dann nicht, wenn sie versuchen, dich dafür verantwortlich zu machen. Du kannst allerhöchstens der Auslöser für bestimmte Gefühle bei anderen sein, die Ursache für ihre Reaktion liegt jedoch in ihrem eigenen Energiefeld und in der Art und Weise, wie sie es gewohnt sind, zu reagieren, welche Gefühle sie vermeiden wollen, was angeregt wird und welche Resonanz in ihnen entsteht.

Du kannst versuchen, einer bestimmten Situation aus dem Weg zu gehen, indem du nicht die Wahrheit sagst oder etwas verschweigst, aber du kannst die Gefühle der anderen nicht ändern. Du kannst nur dafür

200

sorgen, dass sie erst gar nicht entstehen, indem du das Energiefeld verbiegst.

Tust du das, bist du selbst wieder aus der Ordnung ausgetreten. Gebracht hat es gar nichts, und nun kannst du zusehen, wie du das wieder geradebiegst. Meistens tun Menschen das dadurch, dass sie sich noch mehr verbiegen. Dadurch wird die Situation immer komplizierter, und sie werden schier verrückt, weil sie sich so anstrengen müssen. Du verhältst dich so, um eine Situation zu vermeiden, deren Konsequenzen, nämlich die Gefühle des Gegenübers, du nicht erleben möchtest, weil dadurch etwas in dir berührt wird. Weißt du, was du damit beim anderen anrichtest? Er spürt die Wahrheit, weil natürlich auch er ein Messinstrument für das wirkende Energiefeld in sich trägt – du aber leugnest sie oder verzerrst das Feld. Der andere beginnt, an seinen Wahrnehmungen zu zweifeln, obwohl sie stimmen. Herzlichen Glückwunsch! Du hast gerade den Kelch der inneren Spaltung weitergereicht, aus dem ihr alle als Kind so freigiebig genährt wurdet.

Natürlich ist es die Aufgabe des anderen, seinen Wahrnehmungen dennoch zu vertrauen. Deine Aufgabe aber könnte es sein, das Feld erst gar nicht zu verzerren, meinst du nicht? Denn du brauchst bloß um Kraft zu bitten und darum, dass die Ordnung auch in dieser Situation wirksam wird. Außerdem hilft es sehr, zu lernen, den anderen mit den Augen der Liebe zu betrachten und ihm zuzutrauen, dass er in seiner Beziehung zu dir das Beste in sich zutage fördert, egal wie er sich sonst verhält.

Denn dafür bist nun du wieder verantwortlich: Welche Erwartungen hast du? Natürlich formen deine Erwartungen nicht die Reaktion deines Gegenübers, er hat einen eigenen freien Willen, du kannst ihn nicht manipulieren. Aber indem du das Beste von ihm erwartest, gibst du ihm die Gelegenheit, es zu zeigen. Du öffnest ihm die energetische Tür, in Liebe und Freiheit zu handeln.

Es gibt Menschen, die bringen in anderen das Schlechteste zum Vorschein, weil sie nichts anderes erwarten. Du kannst lernen, in Mitmenschen das Beste ans Tageslicht zu bringen, indem du ihnen vertraust und sie segnest. Ob sie bereit sind, ihre guten Seiten zu zeigen, ist dann ihre Entscheidung. Grüße still das Göttliche in jedem Menschen, und bitte ihn in Gedanken, dir von Herz zu Herz zu begegnen. Dann trägst du mehr zum Frieden in dieser Welt bei, als du dir vorstellen kannst.

Die göttliche Ordnung ist gänzlich kompromisslos; in ihr gelten die Regeln der Liebe und der Freiheit und sonst nichts. Was dein Ego, deine Angst, deine Vorstellungen, deine Eltern oder deine Gesellschaft sich auch immer ausdenken, es stimmt einfach nicht, und daran gibt es nichts zu rütteln. Die Welt folgt den Gesetzen der göttlichen Ordnung, egal wie sehr wir sie auch zu verbiegen versuchen. Das Stück, das wir zu spielen haben, ist das Stück der göttlichen Liebe, und was immer wir auch veranstalten, letztlich ist das nun mal die einzige Wahrheit. Warum wir das so vehement vertreten? Weil es so ist, weil all dein »Ja, aber ...« letztlich überhaupt keine Rolle spielt.

Wenn du zum Beispiel deinen Arbeitsplatz verlierst, ist das Teil deines göttlichen Plans. Dann ist es Zeit für dich weiterzugehen; es ist sinnvoll und bringt dich auf seelischer Ebene ein Stück näher zu dir, zu deiner eigenen Wahrheit und Energie. Und wenn du das nicht sehen kannst oder willst, wenn du im Opfertrip gefangen bleiben möchtest, wenn du lieber die Gesellschaft verfluchst oder dich zu Hause einschließt und nun zuviel isst oder trinkst, leidest und dich energetisch herunterfährst, wenn du nicht bereit bist, an dieser Erfahrung zu wachsen, dann ist es dennoch das Richtige für dich. Du spielst eben deinen Ton nicht, aber damit vertust du eine sich dir bietende Gelegenheit.

Das klingt hart, und das ist es auch. Jeder hat einen freien Willen, aber letztlich dient er zu gar nichts, denn die göttlichen Gesetze wirken sowieso. Am sinnvollsten setzt du deinen freien Willen ein, indem du ihn gleich den göttlichen Gesetzen unterwirfst. Das Universum ist ein bedingungsloses System, und es erfordert Aufmerksamkeit, vollen Einsatz und eine hohe Bereitschaft, sich den inneren Zwängen und Ängsten zu stellen. Aber, und das ist die gute Nachricht, es ist letztlich genau das, was du willst, was dich befriedigt, was du suchst und wozu du hier bist! Die Suche nach der göttlichen Ordnung und der Wunsch, sich ihr ganz hinzugeben, sind im menschlichen System angelegt. Es schenkt euch eine tiefe Erfüllung, euren seelischen Plan Wirklichkeit werden zu lassen. Das ganze Universum verneigt sich vor euch, wenn ihr den Weg zu euch selbst zurückgeht.

Manchmal aber gehört zum Loslassen auch, zu erkennen, dass man es nicht kann, obwohl es richtig wäre. Wenn du spürst, eine Situation führt dich in eine Sackgasse, aber dein Herz hängt an einer bestimmten Sache, dann gibt es manchmal keine andere Lösung, als deinem Impuls zu folgen. Du liebst zum Beispiel einen Menschen, mit dem keine Beziehung möglich ist, warum auch immer. Du weißt es, du spürst es und die Information kommt an einer Stelle in dir an, an der du erkennst: Es stimmt. Aber trotz allem kannst du nicht gehen.

Klar, dann rufen kluge Menschen mit erhobenem Zeigefinger: »Du bist süchtig und coabhängig«, und vielleicht stimmt es auch. Dennoch kannst du manchmal nicht loslassen, sondern klammerst dich an die Hoffnung. Wenn du ein krankes Kind hast und spürst, es geht und du musst es gehen lassen, aber du wirst beim Gedanken daran verrückt, dann hilft dir gar nichts mehr, dann kannst du den Willen und den göttlichen Plan und all das einfach vergessen. Dann haderst du mit dem Schicksal und verfluchst Gott, und das darfst du auch. Wenn du selbst dabei bist, das Leben zu verlieren, wenn du spürst, deine Zeit ist gekommen, obwohl es noch lange nicht so weit sein sollte, dann nutzt es dir gar nichts, zu verstehen, wozu das dient, es ist dennoch einfach nicht auszuhalten. Wenn deine Eltern sterben, geliebte Menschen dich verlassen, wenn deine Wünsche und Träume sich nicht erfüllen, wenn du nicht schwanger wirst, obwohl du es dir so sehnlich wünschst, wenn niemand deine Musik hören will, wenn du nicht das auf die Erde bringen kannst, was du so gern teilen möchtest, warum auch immer, dann hilft nur noch Mitgefühl.

Meditation:
Die Engel des Mitgefühls

Schließe die Augen, und bitte die Engel des Mitgefühls zu dir. Ein perlmuttfarbenes Licht erscheint dir, und um dich herum entsteht eine Art Raum, ein Zimmer, ein Raumschiff, eine Lichtkugel, die mit diesem perlmuttfarbenen Licht erfüllt ist. Tritt ein, setze dich hin, und schütte den Wesen, die sich darin befinden und auf dich warten, dein Herz aus. Manchmal ist Mitgefühl die einzige Antwort, die das Universum zu bieten hat.

Erzähle ihnen alles, und erlaube dir, das Mitgefühl in dein Herz einströmen zu lassen. Weine, wenn du willst; lass all deine Gefühle zu, auch die Wut und das Opfergefühl, das Selbstmitleid und das Nichtverstehen. Erzähle ihnen, wie gemein alles ist, wie enttäuscht du bist, wie sehr du dir gewünscht hast, erfüllt und glücklich zu sein, und wie überzeugt du davon bist, das Leben, das Schicksal hätte sich geirrt. Es kann sein, dass du irgendwann und irgendwo, auf einem fernen Planeten und in einer anderen Dimension verstehst, wozu das alles diente, aber das ist im Moment nicht wichtig.

Erzähle ihnen alles, und lasse nichts aus. Nimm die Wärme und das Verständnis an, die sie ausstrahlen, spüre das Mitgefühl; lasse dir den schweren Stein, den du im Herzen trägst, herausnehmen, ganz vorsichtig. Du brauchst die Situation deines Lebens nicht zu verstehen. Verweile in der Kugel des Mitgefühls, und ruhe dich aus; weine, lasse einfach alles zu. Manchmal scheint das Leben gemein zu sein, und manchmal sieht es aus, als irre sich das Schicksal. Und vielleicht stimmt das manchmal sogar, egal was alle anderen sagen und egal welche Gesetze gelten.

Lasse das Mitgefühl zu, lasse es zu, dass du ab und an nichts verstehst und abhängig von reiner Gnade bist. Möglicherweise kannst du die Wesen sehen, mit denen du redest. Oder du spürst ein En-

ergiefeld von Barmherzigkeit und Gnade; dann sei dir sicher, dass Kwan-Yin, die Göttin des Mitgefühls, bei dir ist. Sie streicht dir über den Kopf und hört dir zu. Sie versteht alles, sie kennt alles, sie tröstet dich, nur weil sie da ist. Die Tränen, die du weinst, werden zu perlmuttfarbenen Perlen, und die Wesen sammeln sie auf.

Irgendwann verlassen sie mit dir gemeinsam den Raum. Sie steigen zum Hüter deines Schicksals auf und nehmen dich in ihrer Mitte mit. Du näherst dich nun dem Hüter, vielleicht ist es auch das Schicksal selbst, in jedem Fall ist es die Wesenheit, die verantwortlich dafür ist, dass sich die Dinge so erfüllen, wie sie das letztlich tun, die ausgleicht und darauf achtet, dass alle geistigen Gesetze erfüllt werden.

Eventuell nimmst du auch die Göttin Justitia wahr. Sie hält eine Waage in der Hand und hat die Augen geschlossen. Unbestechlich sorgt sie dafür, dass sich die Waagschalen des Karmas ausgleichen. In welcher Form auch immer du dieses Wesen wahrnimmst, du stehst nun vor ihm. Die Engel des Mitgefühls und der Gnade sind bei dir. Sie reichen ihm die Perlen, die du geweint hast, selbst wenn du keine echten Tränen vergossen hast, und bitten für dich um Gnade. Sie legen die Perlen in die Waagschale, falls der Hüter des Schicksals eine in der Hand hält. Lege auch den schweren Stein hinein, den die Gütigen dir aus dem Herzen genommen haben: Das Schicksal nimmt ihn an. Die Perlen verwandeln sich in Lichtfunken und strömen in dein Herz zurück. Es wird leichter und freier, du kannst wieder durchatmen und schaust nun das Schicksal direkt an. Du spürst die Klarheit und Kraft dieser Wesenheit, und auf einmal wirst du ruhig.

»Ich bitte um Gnade«, sagst du. Du weißt auch nicht, warum, aber es scheint richtig zu sein, was zu sagen. Das Schicksal nickt. Und nun geschieht etwas, das du nicht allein erreichen kannst:

Die Waagschalen deines Karmas gleichen sich aus. Egal wie viele Inkarnationen du hattest, wie sehr du auch versucht hast, dein Karma auszugleichen, letztlich ist es die Gnade, die dich erlöst. Sie gehört zu deinem Seelenplan dazu, sie ist ein untrennbarer Bestandteil deines

Prozesses. Gnade ist nicht nur ein Geschenk Gottes, sondern auch ein unverzichtbarer Meilenstein auf deinem Weg zur Freiheit, zum Licht. Augenblicklich fällt alles von dir ab; du steigst vom Rad des Schicksals, dein noch unerlöstes Karma löst sich auf, und du schwebst wie in einer Energiewolke in ein sehr helles Licht. Hier bekommst du Kraft, du wirst angefüllt mit Liebe und Licht, mit Lebensenergie und einer ganz neuen Art, die Dinge wahrzunehmen. Dein Herz beginnt, sich auf den Herzschlag des Universums selbst einzustimmen, es öffnet sich, und Energie aus dem Herzen des Universums strömt in dein Herz-Chakra.

Erlaube dir bewusst, tief und sanft zu atmen, während sich dein Herz mit den Energien einer höheren Liebe und einer höheren Absicht verbindet. Du spürst einen Moment lang die Liebe des Lebens zu sich selbst, zu allem, was existiert; du spürst, dass du ein untrennbarer Teil dieser Liebe bist, und weißt, dass du dich nun für immer ans Licht angeschlossen fühlen wirst. Bleibe in diesem Zustand, ruhe dich aus; verweile in dieser tiefen Ruhe, so lange du willst. Vielleicht durchströmt dich tiefe Dankbarkeit, du fühlst dich frei und gelöst, erkennst, dass von nun an alles anders werden darf, leichter und freier.

Wenn es Zeit ist, kehre zurück in den Raum, in dem du dich befindest, in deinem Körper. Bleibe innerlich angeschlossen an das hohe Feld von Licht und Liebe, während du dich dem Alltag wieder zuwendest.

Was du in diesem Kapitel gelernt hast

- Du bist nur für die Dinge verantwortlich, auf die du tatsächlich Einfluss hast, für diese musst du allerdings auch energetisch gerade stehen.

- Bitte immer um Unterstützung und um das Wirken der göttlichen Ordnung in allen Bereichen. Damit erfüllst du deine Verantwortung auf ideale Weise.

- Es gibt Situationen, für die du dich verantwortlich fühlst, obwohl du keinen Einfluss auf sie hast. Bitte um Segen für alle Beteiligten. Mehr kannst und brauchst du auch nicht zu tun.

- Erwarte von allen Menschen immer nur das Beste, und gib dadurch jedem die Gelegenheit, dir seine besten Seiten zu zeigen, wie auch immer er sich sonst verhält.

- Grüße still das Göttliche in jedem Menschen und bitte ihn innerlich, dir von Herz zu Herz zu begegnen. Damit schaffst du mehr Frieden in der Welt, als du dir vorstellen kannst.

- Wenn du erkennst, dass du nicht loslassen kannst, dass du gefangen bist im Festhalten und im Schmerz, dann bitte die Engel des Mitgefühls um Hilfe.

Kapitel 6

Der freie Wille

Widerspricht das, was wir über richtige Verantwortung und Loslassen gesagt haben, nicht dem, was wir vorhin über die Räume gesagt haben, die du bewusst aufsuchen darfst? Wie können wir behaupten, dass du dich dem göttlichen Plan hingeben sollst, selbst wenn auf deinem Plan steht, dass du auf der Straße leben musst, und gleichzeitig über deine Absicht und deinen freien Willen sprechen? Hier scheint es in der Tat einen fundamentalen Widerspruch zu geben. Du hast den freien Willen, du hast die Wahl, du darfst, ja, du sollst ihn sogar nutzen. Du hast die heilige Aufgabe, deine Absicht zu fokussieren, deine wahren Absichten zu benennen und ihnen zu folgen – und gleichzeitig hast du die ebenso heilige Aufgabe, dich dem Schöpferplan hinzugeben, der göttlichen Ordnung zu dienen, selbst wenn sie dich an eine Stelle setzt, die dir gar nicht gefällt.

Susanne:

Ich selbst lebte lange Zeit in diesem Widerspruch und habe nicht verstanden, wie ich dieses Problem lösen könnte. Ich wollte glücklich, innerlich und äußerlich reich und erfüllt sein, aber das Leben schien andere Pläne mit mir zu haben. Ich war unglücklich, definitiv nicht erfüllt und so sehr im Mangel, dass ich schon sauer wurde, wenn jemand Geburtstag hatte, weil ich nicht wusste, woher das Geld kommen sollte, ein Geschenk zu kaufen.

Außerdem aß ich viel zu viel, ich konnte einfach nicht damit aufhören. Ich wollte zwar gesund und schlank sein, aber ein Teil in mir wehrte sich offensichtlich dagegen. Gott schien andere Pläne mit mir zu haben, wäre ich sonst so unglücklich? Es sollte für die göttliche Kraft ein Klacks sein, mich aus dieser unerträglichen Situation herauszuholen! Ich meditierte doch so viel, ich

208

wusste doch schon alles, was bitte lief falsch? Warum passten meine äußeren Umstände so gar nicht zu dem, was ich tief in mir ersehnte, warum ließ mich Gott so leiden, wenn es nicht zur universellen Ordnung gehörte?

Also war dieses Leid doch scheinbar in meinem göttlichen Plan vorgesehen! Ich wollte mich diesen Plänen zwar hingeben, das lernen, was ich lernen sollte, aber ich konnte und wollte auch meine eigenen Ziele nicht aufgeben … Ich konnte nicht verstehen, dass ich meiner Meinung nach gesunde Ziele hatte, meiner Meinung nach auch alles dafür tat, dass sie erfüllt wurden, dass aber mein Leben selbst eine einzige Katastrophe war.

Wie also passen der freie Wille und die göttlichen Pläne zusammen? Wie überwinden wir diese scheinbar so unüberwindliche Kluft? Wir können schließlich unsere Pläne, Träume und Wünsche nicht aufgeben, das wäre Verrat an uns selbst. Wir können nicht so tun, als wollten wir etwas Bestimmtes nicht in unserem Leben haben, wir sind nun mal unserem Herzen verpflichtet.

Wer jetzt sagt: »Nun ja, dann ist eben dein Wunsch falsch«, der kennt nicht dieses tiefe innere Wissen, dass sich etwas richtig anfühlt und dennoch nicht erfüllt wird. Unsere tiefen Herzenswünsche sind immer richtig, immer. Sie sind der Schlüssel zu unserem göttlichen Plan und zu unserer Lebensaufgabe. Wir richten sie nur manchmal auf das falsche Objekt, weil wir nicht die ganze Wahrheit kennen. Und wir vergessen, dass wir ein Opfer bringen und einen Entwicklungsweg gehen müssen.

Opfer, das ist auch so ein Wort. Das Opfer, das von uns gefordert wird, wenn wir unserer Bestimmung und Erfüllung ein Stück näher kommen wollen, ist immer ein Stück des Egos und der Angst. Das hört sich leicht an, wer will sich schon seine Angst eingestehen? Die opfern wir doch gern, oder? Nun, so einfach ist es nicht: Ein Opfer, das wir bringen müssen, ist genau das Stück Vermeidungsverhalten, das uns in der Angst festhält. Das hört sich schon anders an, nicht wahr? Das Opfer ist immer etwas, was wir lernen müssen loszulassen, weil das Sich-Opfern unserer Erfüllung im Weg steht – und genau das ist es meistens, was wir mit Klauen und Zähnen verteidigen. Ich MUSS diesen Job behalten, schließlich muss ich meine Miete zahlen. Ich KANN nicht aufhören, zu viel zu essen, ich halte den Druck sonst nicht aus.

Ich KANN diese Wohnung nicht kündigen. Ich MUSS mich um meinen alten Vater kümmern, ohne mir dabei helfen zu lassen …

Nein, all das musst du nicht. Du darfst auf der Stelle um eine göttliche Lösung bitten – und bereit sein, dein altes Verhalten zu lassen, das dieser Lösung im Wege steht!

Mein altes Verhalten, das ich nicht aufgeben wollte, weil es meiner Ansicht nach sowieso nicht wirklich etwas mit meinen Wünschen und Zielen zu tun hatte, war meine Sucht. Ich war der Ansicht, ich könnte sehr wohl süchtig weiter essen oder hungern, je nachdem, wie es mir ging, und dennoch die Geschenke des göttlichen Planes erhalten.

Aber so funktioniert es nicht. Denn – wenn ich das Beispiel mit dem hell- und dem dunkelblauen Energiefeld aufgreifen darf –: Die Erfüllung meiner Herzenswünsche liegt im hellblauen Feld. Meine Sucht aber hält mich im dunkelblauen fest. Auch wenn du dich um deinen alten Vater kümmerst, ohne dir Hilfe dabei zu holen, sofern das im dunkelblauen Feld liegt, wenn die Ursache dafür, dass du dir nicht helfen lassen willst, Angst vor ihm oder vor der Reaktion deiner Geschwister oder eine übertriebene Hingabe an dein Selbstbild als aufopfernde Tochter ist.

Das, was du dem göttlichen Plan verweigerst, ist das, was dich im Mangel festhält. Der Teil in dir, der noch nicht wirklich bereit ist, deiner inneren Stimme zu folgen, obwohl du es eigentlich besser weißt, ist der Teil im System, der so langsam schwingt, dass die nächsthöhere Frequenz für alle Bereiche deines Lebens nicht zugänglich ist. Es kann dir dennoch ganz gut gehen. Aber für den nächsten Schritt in Richtung Leichtigkeit und spiritueller Hingabe brauchst du die Bereitschaft, dein Leben zu ändern, nämlich in den Bereichen, von denen du spürst, dass du nicht der reinen Sprache des Herzens, sondern der Stimme der Angst folgst.

Deine Herzenswünsche sind in deinem persönlichen göttlichen Plan mit angelegt, sonst hättest du sie nicht. Aber ihre Erfüllung kann anders aussehen, als du es dir vorstellst. Wenn du erlaubst, dass dich die göttliche Kraft zur Erfüllung all deiner Wünsche führt, und dabei die Idee aufgibst, du wüsstest schon selbst am besten, wie das dann konkret aussehen soll, dann hast du gute Chancen. Immer dann, wenn dein freier Wille dem Willen des Ganzen entgegensteht und du nicht deinem Herzen folgst, weil du in bestimmten Bereichen deines Lebens andere Pläne hast, gerätst du in eine Art Warteschleife. Du drehst so lange deine Kreise, bis du dein freiwilliges, also das deinem freien Willen entsprechende, aber leider in diesem Fall nicht besonders erleuchtete, Verhalten erkennst und es an den ursprünglichen göttlichen Plan anbindest.

Du hast deinen freien Willen, damit du diese Warteschleifen drehen kannst, denn auf diese Weise erforschst du die verschiedenen Möglichkeiten, wie Energie sich anfühlen kann. Aber irgendwann wird das langweilig, nicht wahr? Du könntest langsam beginnen zu erforschen, wie sich echte gelebte Liebe anfühlt. Deine Herzenswünsche, dein freier Wille und der Wille der göttlichen Ordnung fließen immer dann harmonisch zusammen, wenn wir die Widerstände gegen Veränderungen aufgeben und das Leben so fließen lassen, wie es das will. Wenn wir dann noch die innere Freiheit haben, mitzufließen, dann kann dein Leben gar nicht anders, als sich auf höchster Ebene zu erfüllen.

Susanne:

Um unseren eigenen inneren Ton spielen zu können, bedarf es also großer Wachheit und Aufmerksamkeit. Denn wir müssen, wie es ein guter Orchestermusiker auch tut, unseren Einsatz erkennen und nutzen. Er erfordert nicht nur, dass wir unseren Ton sauber beherrschen, sondern auch, dass wir diesen auf den Punkt genau spielen. Wir haben durch unsere inneren Impulse ein untrügliches Zeichen für den richtigen Zeitpunkt. Zwar sind wir ungeduldig oder zögerlich, aber in uns gibt es eine Uhr, die anders tickt und uns auf die Sekunde mitteilt, wann unsere Zeit gekommen ist. Wenn wir dann zaudern, weil wir Angst haben, unsicher werden und uns nicht zeigen wollen, dann kann sich die göttliche Ordnung nicht durch uns ausdrücken. Zum Glück gibt es aber eine alte Technik, die wir auf der Erde vielleicht vergessen haben, die im restlichen Universum aber durchaus genutzt wird:

Da habe ich dich getragen …

Vor Urzeiten, als du dich zur langen Reise durchs Universum aufgemacht hast, hattest du ein Wissen fest in dir verankert. Es war das Wissen darüber, dass die göttliche Kraft dich trägt, dass du deinem Herzen vertrauen kannst und dass es nichts anderes gibt als reine göttliche Liebe. Gleich was dir geschah:

Du warst immer verbunden mit diesem Wissen, du fühltest dich nie von anderen getrennt und alleingelassen. In welcher Dimension du auch immer lebtest und zu Hause warst, du fühltest dich getragen und wusstest, dass du ein Teil des großen Schöpferplanes bist. Bis du auf die Erde kamst.

Als du begannst, energetisch in die Dimension der Erde einzutreten, musstest du einen hohen Preis dafür zahlen: Alle Energiefelder, die zu hoch, zu licht schwangen, musstest du zurücklassen. Denn die Energie der Erde war so langsam, so dicht, dass du nicht ganz in sie eingetaucht wärst, wenn du diese hohen Lichtfrequenzen nicht aus deinem dir bewussten System entlassen hättest. Das war, als legtest du deine Kleidung ab, ebenso Schmuck, Krone, Zepter und Stab, einfach alle Zeichen deiner Zugehörigkeit zur Familie der hohen Lichtwesen. Du zogst einen Taucheranzug an, setztest eine Maske auf und tauchtest hinab in den tiefsten Ozean, um ihn zu erforschen sowie anderen Tauchern und den Lebewesen, die sich sonst dort aufhielten, zu begegnen. Du wolltest die Meere besiedeln und in ihnen leben, bis du sie und ihre besondere Energie in dich aufgenommen und verstanden haben würdest. Dann wolltest du auftauchen und den anderen, die an Land geblieben waren, davon erzählen.

Diese Zeit ist jetzt gekommen. Ganz allmählich bist du wieder aufgetaucht, hast dich nach und nach den geringeren Druckverhältnissen angepasst. Dein Körper ist durch viele Prozesse gegangen, hat all die Anpassungen und Veränderungen, die nötig waren, um dem allzu großen Druck in den Tiefen der Meere standzuhalten, losgelassen. Nun ist er bereit, in das Licht zurückzukehren, in die Welt der Leichtigkeit und der Anbindung an die göttliche Kraft.

Stelle dir bitte vor, dass du unter Wasser bist. Du trägst noch den Taucheranzug, die Atemmaske, das schwere Sauerstoffgerät – aber du kannst, wenn du nach oben schaust, bereits das Licht erkennen. Du nimmst die Oberfläche des Wassers wahr, obwohl du vielleicht längst vergessen hast, dass es sie überhaupt gibt. Allzu lange lebtest du in den Tiefseegräben, in denen es kein Licht gab, nur Schwere, Dunkelheit und Kälte. Du steigst immer höher; das Wasser trägt dich. Du legst noch unter Wasser Stück für Stück, so weit du dich traust, das schwere Gerät ab, damit du immer leichter wirst und nach oben steigen kannst. Nun sind es nur noch wenige Meter, die dich von der Wasseroberfläche trennen. Aber dann scheint es irgendwie nicht weiterzugehen. Du spürst, du musst nun auch die Sauerstoffflasche abwerfen; sie ist zu schwer. Doch du hast so lange mit dieser Flasche gelebt, dass du zu sterben glaubst, wenn du sie loslässt. Du weißt nicht, was dann geschieht, ob du tatsächlich so weit aufsteigst, dass du die Oberfläche durchbrichst und die reine, klare Luft direkt einatmen kannst. Dennoch spürst du, du musst diesen Schritt wagen, denn sonst kannst du nicht ganz aufsteigen, sonst bleibst du zu schwer. Du schaust, was du noch loslassen kannst, ob es noch etwas gibt, was dich behindert, was du aber nicht unbedingt brauchst, doch da gibt es nichts mehr; du hast auf dem langen Weg hierher bereits alles hinter dir gelassen.
Du spürst diese Angst, nicht mehr versorgt zu sein, wenn du das Gerät abwirfst, doch du spürst auch, dass du letztlich gar keine Wahl hast, wenn du tatsächlich aufsteigen willst … Du bist hin- und hergerissen. Spüre diesen Zustand, er ist dir sicher sehr vertraut. Du ahnst zwar den nächsten Schritt, doch du hast Angst, befürchtest, zu viel zu riskieren, eventuell gar zu sterben, alles zu verlieren, wenn

du loslässt … und doch ist dir klar, dass du gar nicht mehr anders kannst. Du bist so weit gekommen und wirst jetzt nicht auf den letzten Metern aufgeben. Also entschließt du dich, alles auf eine Karte zu setzen und es zu riskieren. Du beginnst, die Befestigung der Flasche aufzuschnüren, nimmst das Mundstück heraus, setzt die Maske ab, wirfst alles von dir – und hoffst, nun endlich aufzusteigen. Die Luft wird sehr rasch knapp.

Dennoch fühlst du dich befreit. Du beginnst nach oben zu steigen, schwimmst der Oberfläche, der Luft und dem Licht entgegen, doch du erkennst, du kommst nicht rasch genug voran. Du schaffst es nicht allein, die Oberfläche ist noch immer zu weit entfernt. Du hast alles losgelassen, warst so mutig, und dennoch scheint dein Ziel unerreichbar. Du verstehst es nicht, aber du kannst die Oberfläche offensichtlich nicht allein erreichen. Du willst aufgeben, aber etwas in dir erinnert dich an einen uralten Brauch, den du völlig vergessen hast, weil du so lange auf dich selbst gestellt warst:

Endlich tust du das einzig Richtige und Letzte, was dir noch zu tun bleibt: Du rufst um Hilfe. Du sendest einen Hilferuf an die Oberfläche, erinnerst dich daran oder hoffst zumindest, dass es Wesen gibt, die dir Hilfe zugesichert haben und – voller Mitgefühl – für dich da sind.

In diesem Augenblick erscheinen Dutzende von Delfinen, leichte, fröhliche und verspielte Tiere. Sie umkreisen dich und scheinen dich zu ermutigen. Sie stupsen dich an, schwimmen unter dich und beginnen, dich zu tragen, heben dich an die Oberfläche, ganz leicht und blitzschnell. Du lässt alles los, gibst dich ihnen völlig hin. Du erlaubst dir, nichts mehr zu tun, und nimmst die Hilfe ganz und gar an. Tiefe Ruhe breitet sich in dir aus, das Licht und die Oberfläche kommen rasch näher, du brauchst nichts mehr zu tun. Du wirst getragen und spürst, wie sich ein Glücksgefühl in dir auszubreiten beginnt. Wenn du endlich die Oberfläche durchbrichst, endlich den ersten, tiefen Atemzug nimmst, endlich das Licht der Sonne wieder siehst und von

den Wesen begrüßt wirst, die deinen Weg beobachtet und überwacht
haben, bist du bereits so glücklich und frei, dass es dir vorkommt,
als wärst du nie weg gewesen. Die Delfine tragen dich an Land. Du
verabschiedest dich von ihnen und bedankst dich. Dann trocknest du
dich ab, legst dich in die Sonne und genießt die Wärme, die Freiheit,
die Leichtigkeit …

Du erkennst, dass es genau das Richtige war, um Hilfe zu bitten, weil das zum Rückweg dazugehört. Es ist sogar ein Teil des Weges. Das letzte Stück können wir nicht allein gehen, denn nur wenn wir uns erinnern, dass wir von nichts abgeschnitten sind, können wir nach Hause zurückkehren. Nur wenn wir es wagen, um Hilfe zu bitten, und uns klar wird, dass wir nicht allein sind, überwinden wir das letzte Stück der scheinbaren Trennung.

Susanne:

Wen aber bitten wir um Hilfe? Nun, in einem Buch über Lichtsprache müssen wir natürlich auch über die Botschafter dieser Sprache sprechen. Wir müssen mit den Wesen reden, die sich bereit erklärt haben, die Informationen so zu transformieren, dass sie für uns zugänglich sind: Engel!

Was du in diesem Kapitel gelernt hast

- Dein Wille und der Wille Gottes scheinen sich manchmal zu widersprechen.
- Unsere tiefen Herzenswünsche sind immer richtig. Wir versuchen nur manchmal, sie mit dem falschen Objekt zu verwirklichen und verhindern so ihre Erfüllung.
- Für die Erfüllung unserer Herzenswünsche ist ein Opfer und ein Entwicklungsweg erforderlich. Wir »opfern« genau das Stück Vermeidungsverhalten, das uns Sicherheit zu geben scheint, uns aber eigentlich in der Angst gefangen hält.
- Bitte immer wieder um eine göttliche Lösung, und sei bereit, diese anzunehmen.
- Entwickle die Bereitschaft, dein Leben zu ändern beziehungsweise ändern zu lassen, damit göttliche Lösungen in dein Leben einfließen können.
- Deine Herzenswünsche, dein freier Wille und der Wille der göttlichen Ordnung fließen immer dann harmonisch zusammen, wenn du jegliche Widerstände gegen Veränderung aufgibst, und das Leben fließen lässt.
- Erinnere dich immer wieder daran, um Hilfe zu bitten; erlaube der göttlichen Kraft, in jeder Minute in dir und durch dich zu wirken.

7.
Engel

Unter deiner Haut sitzt irgendwo ein Engel, der mit einer Botschaft der Güte und Liebe für die Menschen auf Erden wartet. Lass ihn in deinen Taten zu Wort kommen.

Phil Bosmans (*1922),
»der moderne Franziskus«,
belgischer Ordenspriester,
Telefonseelsorger und Schriftsteller

Kapitel 7

Eine persönliche Begegnung und Berührung

Über uns ist schon so viel geschrieben und geredet worden, dass wir dem nichts mehr hinzufügen möchten; wir begegnen euch lieber direkt und persönlich. So wollen wir diese Seiten nutzen, um euch im Herzen zu berühren und um euch unsere Energie und Kraft zu zeigen, damit ihr euch traut, endlich an uns zu glauben und unsere Hilfe in Anspruch zu nehmen.

Was habt ihr dabei zu verlieren, wenn ihr an uns glaubt? Wenn es uns gibt, dann ist es sehr sinnvoll, unsere Hilfe zu nutzen. Gäbe es uns nicht, und Susanne redete sich all das nur ein, nun, dann tut sie es sehr wirksam, und es schadet euch nicht! Dann könnt auch ihr einfach glauben und eurer Illusion folgen. Zu verlieren habt ihr nichts, oder? Selbst wenn wir nichts als ein Placeboeffekt eures Gehirns wären, so sind wir doch ein sehr effektiver und hilfreicher Effekt – sofern ihr nicht immer wieder zweifelt, sondern unsere Energie, sei sie nun eingebildet oder echt, nutzt.

Also bildet euch ruhig ein, es gäbe uns: Euer Leben wird auf jeden Fall leichter, denn ihr bekommt dadurch Zugang zu einer neuen Art, die Dinge zu sehen, und findet neue Lösungen. Ist es nicht völlig egal, ob diese neuen Lösungen in eurem eigenen Gehirn oder den Reichen der Engel entstehen? Natürlich klingt es ein bisschen komisch, wenn wir euch sagen, ihr sollt an uns glauben, ohne euch zu vergewissern, dass es uns gibt. Aber ihr habt nun einmal euren freien Willen, und dazu gehört, dass ihr die Entscheidung trefft, uns wahrhaftig wahrzunehmen.

Wir dürfen euch nicht davon zu überzeugen versuchen, dass es uns gibt, denn auch das gehört zu eurem Weg. Ihr allein trefft die Entscheidung, an uns zu glauben und euren Wahrnehmungen zu vertrauen. Wir bieten uns euch an, aber mehr können und dürfen wir nicht tun. Unsere Hilfe, die Weisheit, zu der wir Zugang haben, und unser Eingreifen stehen euch zur Verfügung. Als ihr euch entschieden habt, auf die Erde zu gehen, war uns allen klar, dass ihr in eine so niedrig schwingende Energie eintaucht, dass ihr den Zugang zur Weisheit und Liebe des Universums größtenteils vergessen werdet. Wir Engel sind euer Versorgungstrupp, die Botschafter, die

Verbindung zwischen dem, was ihr sowieso wisst, dem All-Bewusstsein, dem göttlichen Schöpferplan, und dem Bewusstsein, das ihr als Menschen zur Verfügung habt.

Viele von euch glauben, wir wären ein Wunder, unglaublich mächtig, und ihr wärt nur kleine Lichter, die sich bis auf den Boden verneigen müssten, bis sie einen von uns sprechen dürfen. Das Gegenteil ist der Fall. Natürlich sind wir tatsächlich machtvolle Wesen. Aber das ist nichts gegen eure Gabe, Energien zu verwirklichen, nichts gegen das, was ihr in jeder Minute an Energie bewegt! Wir existieren, um die Energiefelder zu stabilisieren, die wir in der Dimension der Dualität brauchen, und wir dienen eurem Bewusstseinsprozess.

Ihr seid wie Bergsteiger, die sich auf die höchsten, unzugänglichsten Berge wagen, und wir sind die Bergwacht, das Nachschubbataillon. Doch wir sitzen letztlich im Trockenen und Warmen. Wir kommen, sobald wir sehen, ihr braucht Hilfe oder neue Energie. Den harten Teil der Aufgabe habt ihr, und deshalb verneigen wir uns vor euch.

Ihr kommt euch klein und unbedeutend vor, aber das liegt nur daran, dass ihr euch ganz bewusst aufgemacht habt, unwegsames Gelände zu erkunden, in dem der natürliche Zugang zu Licht, Wärme und spiritueller Nahrung nicht so einfach ist. Wir sitzen, wie gesagt, in unserer warmen Hütte und haben alle Gerätschaften, die wir brauchen, um euch zu helfen; ihr aber seid mit dem spirituellen Rucksack (eurem Körper) unterwegs und könnt nur das Nötigste mitnehmen. Wenn ihr uns nicht ruft, dann haltet ihr euren Teil der Abmachung nicht ein. Dann seid ihr wie die allzu großartigen, eigensinnigen Helden im Kino. Kennt ihr Filme, in denen jemand den Helden spielen will und alle Warnungen, Hilfsangebote und jede Unterstützung ablehnt? Es nervt euch, wenn ihr das seht; ihr denkt: Wie kann man denn nur so sein? Warum ist der so unvernünftig und überschätzt sich selbst? Nun, ihr verhaltet euch genauso, wenn ihr uns nicht sucht. Es war nie geplant, dass ihr euren Weg allein gehen müsst. Das könnt ihr gar nicht, denn ihr habt nun mal nur den kleinen energetischen Rucksack bei euch.

Die Sicherungsleine sind eure Chakras, und über diese kommunizieren wir mit euch. Es ist völlig absurd, dass ihr euch in dieses unermessliche Abenteuer »Leben auf der Erde« begebt und dann glaubt, ihr wärt auf euch allein gestellt; wer hat euch denn das eingeredet? Wir lassen doch nicht die wichtigsten Abenteurer dieses Universums im Stich! Ihr seid es, die den Himmel auf die Erde bringen wollen, im wahrsten Sinne des Wortes. Ihr seid es, die sich auf die Reise gemacht haben, die heiligste Aufgabe zu erfüllen, die es überhaupt gibt, nämlich Liebe in die dunkelsten Bereiche der Schöpfung zu tragen. Die ganze dreidimensionale Schöpfung hat überhaupt nur den Sinn, dass wir das Licht der Liebe in die Materie tragen. Das, was ihr gerade tut, ist genau das, wozu dieses ganze riesige Universum erschaffen wurde! (Traditionelle Naturwissenschaftler sehen das vielleicht anders, aber für uns Engel ist das die Wahrheit. So hat jeder seine persönliche Sicht der Dinge, sogar wir.)

Ihr fühlt euch, als ließen wir euch im Stich, aber das können wir gar nicht. Es ist unsere Bestimmung, unsere höchste Aufgabe und unser aller Streben und Sehnen, euch den Himmel so nahe zu bringen, dass ihr ihn auf der Erde verankern könnt. Stellt euch vor, ihr habt es auf euch genommen, eine riesige Fackel zu entzünden, auf dem höchsten Berg der Erde. Ihr könnt den Berg zwar erklimmen, aber nicht mit der Fackel in der Hand. Die Fackel muss euch gebracht werden, wenn ihr oben seid. Es ist eine Gemeinschaftsarbeit, und jeder weiß das. Wir haben Helikopter, die euch diese Fackel liefern, wenn ihr sagt, ihr seid so weit. Wir haben das Gerät, das ihr braucht. Wir versorgen euch aus der Luft, damit ihr den Berg erklimmen könnt.

Ihr könnt diese Aufgabe nur dann übernehmen, wenn ihr sicher seid, dass wir euch zur Seite stehen, alles andere hätte gar keinen Sinn. Ihr würdet auf halbem Weg verhungern, außerdem könntet ihr die riesige Fackel gar nicht tragen. Die ganze Aufgabe ergibt überhaupt nur dann einen Sinn, wenn wir zusammenarbeiten. Sonst klettert ihr immer höher – aber wozu? Dann seid ihr oben, und weiter? Ihr und euer Weg auf der Erde seid ein Teil der Aufgabe, den Himmel auf die Erde zu bringen, aber es nutzt nichts, wenn ihr den Berg erklimmt und dann nicht nach der Fackel ruft! Wozu seid ihr denn dann hochgeklettert? Wir kreisen mit dieser riesigen Fackel im Laderaum um die Spitze des Berges, aber wir können sie euch erst liefern, wenn ihr nach oben schaut und uns das »Okay« gebt, denn sonst fällt sie einfach auf den Boden, und damit ist niemand gedient!

Wenn wir bei diesem Bild bleiben, dann stellen sich natürlich einige Fragen: Warum seilen wir euch nicht einfach ab? Warum müsst ihr überhaupt den Berg erklimmen? Wozu wollen wir gemeinsam eine Fackel aufstellen? Nun, die Antwort auf all diese Fragen ist ganz einfach. Ihr erklimmt den Berg, WEIL ER DA IST. Weil er zu Gottes Schöpfung gehört und weil das eine Erfahrung ist, die sonst noch keiner gemacht hat. Mehr ist es nicht. Aber weil sich Gott selbst erfahren will, weil sich das universale Bewusstsein in jedem möglichen Energiefeld und Energiezustand spiegeln und erleben will, muss jemand diesen Berg erklimmen, denn sonst bleibt diese Erfahrung ein blinder Fleck im All-Bewusstsein.

Die Fackel zeigt nur: Wir waren hier, wir haben diesen Teil der Erfahrung zur universalen Akasha-Chronik hinzugefügt, diesen Teil der Welt, diese Dimension haben wir mit allen Sinnen erlebt und als Erfahrung gespeichert. Das hört sich nicht besonders aufregend an, schon gar nicht wie eine wichtige Aufgabe, aber letztlich geht es um nichts anderes als darum: jeden Energiezustand zu erleben und zu erfahren, damit sich die göttliche Ordnung ihrer selbst bewusst wird. Es ist nicht wirklich wichtig, ob das Universum überhaupt existiert oder nicht. Es spielt auch keine so große Rolle. Aber es ist ein ungeheuer spannendes Abenteuer, welches das Leben zu bieten hat!

Redet also bitte mit uns. Wir geben euch nun an dieser Stelle Antworten auf die Fragen, die uns am häufigsten gestellt werden oder die wir für wichtig halten.

Warum antwortet ihr nie oder nur selten, wenn wir euch um Rat bitten?

Nun, wir antworten immer. Unsere Antworten sind aber oft anders, als ihr es hören wollt oder für möglich haltet. Wir antworten euch durch Gefühle, Ideen, Visionen und Eingebungen, durch Zufälle oder Zeichen. Manchmal hört ihr uns auch als eine klare Stimme im Kopf, oder ihr bekommt ein warmes oder kühles Gefühl in den Händen, im Herzen oder im Rücken, aber das ist seltener. Ihr hört und seht unsere Antworten, manchmal geben wir sie euch auch durch einen anderen Menschen, durch ein Buch, durch einen Traum – aber das genügt euch oft nicht. Ihr wollt meistens keine Antworten von uns, ihr wollt Sicherheiten, und die können wir euch nicht geben. Denn das Zweifeln zu lassen und unserer Führung zu vertrauen: beides gehört zum Weg des Bergsteigers. Das sind die Steine, das Geröll des Pfades … wir können ihn nicht einfach für euch freischaufeln.

Wenn ihr uns um Hilfe bittet, dann sind wir für euch da. Und seht ihr im Sand nur eine Spur, so tragen wir euch, wie es das Gedicht Spuren im Sand von Margaret Fishback Powers so wunderbar zeigt. Aber unsere Hilfe ist oft nicht das, was ihr wollt, denn sie ist immer auf euren Seelenplan ausgerichtet, nicht auf euren Willen. Wenn ihr zum Beispiel eine wichtige Erfahrung machen müsst oder einen wichtigen Schritt gehen wollt, dann können wir euch nicht aus der Situation erlösen. Wir müssen euch »hängen lassen«, können euch nur immer wieder die Informationen geben, die euch den nächsten Schritt zeigen. Es ist immer das, was ihr im tiefsten Inneren sowieso wisst.

Als Susanne uns immer wieder inständig darum bat, die Essstörungen von ihr zu nehmen, konnten wir das nicht einfach so tun, denn sie dienten einem Zweck: Sie lernte das 12-Schritte-Programm kennen und zwischen ihrem eigenen und dem göttlichen Willen zu unterscheiden. Hätten wir ihr das Thema aus dem Energiefeld gezogen, ohne dass sie diesen Weg gegangen wäre, hätte sie die Lektionen der Essstörungen nicht gelernt, und damit wären sie fast umsonst gewesen.

Alles, was euch im Leben begegnet, ergibt einen Sinn. Wir können die

Last erst dann von euch nehmen, wenn dieser Sinn durch eure neue Erkenntnis erfüllt ist. Wir stehen im Dienst eures höheren Selbst, das die spirituelle Verantwortung für euch trägt und die Aufgabe hat, dafür zu sorgen, dass sich euer Seelenplan erfüllt. Wir können euch immer und jederzeit Hinweise auf den nächsten Schritt geben. So bittet uns, euch die nächsten Schritte zu zeigen, und seid offen für das, was in euch zu klingen beginnt, auch wenn es vielleicht genau das ist, wovor ihr am meisten Angst habt. Genau da verläuft meistens euer Pfad. Aber erinnert euch: Wir sind da, wir helfen euch, tragen euch über die schwierigsten Strecken und bieten euch jederzeit die Sicherheitsleine!

Wie verdiene ich mir die Aufmerksamkeit der Engel?

Vielleicht fragst du dich: »Habt ihr nichts Wichtigeres zu tun, als euch um meine kleinen Angelegenheiten zu kümmern? Was muss ich tun, um eure Aufmerksamkeit zu bekommen und zu verdienen?« Nichts! Du hast unsere Aufmerksamkeit den ganzen Tag. Das Beten, die Anrufungen, die Meditationen: alles, was du machst, um uns zu begegnen, dient dir, nicht uns. Sie öffnen dein Energiefeld für uns, damit du uns wahrnimmst, und sind somit auch sehr wichtig. Aber wir nehmen dich immer wahr. Deine so genannten kleinen Angelegenheiten sind die Anker, mit denen du das Licht auf die Erde bringst.

Unsere Aufgabe ist es, dich dabei zu unterstützen, dich an das Licht und deine Aufgaben und Absichten zu erinnern. Wir bringen dir das Licht und rufen dir deinen eigenen Seelenplan immer wieder ins Gedächtnis, indem wir dich an deine Herzenswünsche erinnern. Manche davon sind übrigens nur Wegbegleiter, keine echten Ziele, führen nur zum nächsten Bewusstseinsschritt. Und gerade deshalb sind sie von so großer Bedeutung.

Manchmal erfüllt sich ein Herzenswunsch nicht sofort. Dann schau, was du daraus lernen kannst und wozu der Wunsch – nicht dessen Erfüllung – in deinem Leben führt. Es kommst auch vor, dass das Zulassen

eines Wunsches schon das Ziel ist, nicht erst dessen Erfüllung. Wir begleiten dich nicht nur auf deinem Weg, sondern geben dir auch immer wieder
die Landkarten in die Hand und machen dich auf Hinweisschilder aufmerksam; das ist einfach unsere Aufgabe. Denn du hast genug damit zu
tun, deine Ausrüstung – Körper, Gefühle, Gedanken etc. – zu tragen. Mit
dieser Ausrüstung erfährst du die dreidimensionale Welt (anders kannst
du sie nicht erfassen), und mit diesen Werkzeugen installierst du das Licht
in dieser für dich letztlich so fremden Dimension.

Wir sind, wenn du es so willst, wie ein Navigationssystem. Es ist also
ziemlich sinnvoll, auf uns zu hören, denn wir haben gemeinsam mit deinem höheren Selbst die Route ausgearbeitet. Du hast uns beauftragt, dir
den Weg, den du dir selbst zugewiesen hast, ins Gedächtnis zu rufen, denn
wir haben die Karten und die Zielbeschreibungen in den Händen. Das hört
sich an, als hättest du im Alleingang entschieden, wie deine Inkarnation
verlaufen wird, aber aus unserer Sicht sieht das ganz anders aus. Wenn du
dich in die Bereiche deines höheren Selbst begibst, dann hast du eine ganz
andere Art von Überblick. Du bist an das Wissen des Universums angeschlossen, empfindest dich weniger als individuelle Persönlichkeit, eher als
Werkzeug, als Teil Gottes. Du hast einen Auftrag und bist darauf vorbereitet, diesen auszuführen. Du bist ein Energiefeld, ein Teil der Schöpfung mit
bestimmten Aufgaben und Absichten, der im Einklang mit der göttlichen
Ordnung ist.

Du weißt einfach, was du noch zu erfahren hast, wo du noch mehr Licht
in dein eigenes Dunkel und damit auf die Erde bringen willst. Dir ist klar,
wie deine Inkarnation verlaufen soll, damit du nicht nur lernst, was du dir
vorgenommen hast, sondern auch in genau dem unterstützt wirst, was du
auf die Erde bringen willst. Du legst dir die entsprechenden Ereignisse als
Energiefeld bereit, damit sie zu gegebener Zeit in dein irdisches Leben fließen können. Du verabredest dich mit anderen Wesenheiten, planst deine
Inkarnation tatsächlich wie eine Reise, buchst die Hotels, verabredest dich
an bestimmten Bewusstseinsorten und realen Plätzen – sobald die Reise
dann aber losgeht, vergisst du völlig, dass du sie bestens vorbereitet hast,

damit sie dich genau an jene inneren Orte führt, an denen du dein Bewusstsein schulen und entwickeln willst. und auch das gehört zu der Reise.

Je mehr du dich unserer Führung anvertraust, desto leichter und reibungsloser kannst du deiner inneren Reiseroute folgen. Sie hält genug Aufgaben und Überraschungen für dich bereit; da brauchst du dich nicht auch noch damit herumzuschlagen, den Weg zu suchen. Übrigens ist es ganz leicht, seinen Weg zu finden – du gehst ihn sowieso. Es gibt gar nichts anderes. Das, was dir begegnet, ist das, was du erfahren wolltest, so einfach ist das. Du kannst gar nichts falsch machen, weil es um eine innere Reise geht, um die Entwicklung deines Bewusstseins. All die äußeren Ziele dienen dir nur dazu, dich auf diese innere Reise zu schicken. Es gibt keine Ziele, die du unbedingt erreichen musst. Die innere Reise und das, was du dabei erfährst, sind bereits das Ziel – auch wenn sich das äußerst unbefriedigend anhört und du natürlich im Außen Erfüllung, Liebe und Leichtigkeit erfahren willst und sollst.

Dennoch geht es um die innere Reise. Die Erfüllung im Außen ist die Wirkung, die logische energetische Folge, sobald dein Bewusstsein im Energiefeld der Erfüllung angekommen ist. Natürlich gehört aber auch die Suche nach dem Weg zu den Erfahrungen, die du machen willst. Wenn du dich von uns führen lassen kannst, dann hast du schon einen großen Teil des Weges zurückgelegt. Deshalb führen wir dich ganz besonders sorgfältig, solange du noch gar nicht weißt, dass es uns gibt. Öffnest du dann dein inneres Auge und erinnerst dich, so wirst du erleben, dass wir die Führung scheinbar ein bisschen locker lassen. Auf diese Weise lernst du, dich an uns zu wenden und den Kontakt bewusst herzustellen. Auch das gehört zum Weg. Du bist also, solange du noch nichts von uns weißt, fast besser geführt als jetzt. Mit »besser« meinen wir straffer, fester, als würdest du schlafwandeln, und wir achten darauf, wohin deine Füße dich tragen.

Nachdem du erwacht bist, sind wir natürlich genauso da, aber du bekommst Stück für Stück die Verantwortung dafür zurück, bewusst nach dem Weg zu fragen. Das heißt, wir lassen dich tatsächlich ein kleines Stück scheinbar in die Irre laufen, damit du lernst, dich an uns zu wenden. Wir kommunizieren mit dir über dein Herz und über deine Intuition. So folge deinem Herzen, und du bist auf dem richtigen Weg. Für die Ungeduldigen unter euch: Ihr könnt nicht schneller reisen, als ihr es geplant habt, denn der Weg ist eben das Ziel.

Es gibt allerdings Tapetentüren, Abkürzungen, die dir immer wieder erlauben, eine Lernerfahrung auf denkbar schnellste Weise zu machen. Du bekommst immer eine Gelegenheit, die Reise abzukürzen. Es ist eine Art Wurmloch, das dich ohne Umschweife ans Ziel (das Ziel ist in diesem Fall immer ein Quantensprung im Bewusstsein) bringen würde und dir den langen Weg der Erfahrung ersparen könnte. Meistens aber könnt ihr diesen kurzen Weg nicht nutzen. Eure Seele entscheidet sich, den langen Weg der Erfahrung zu gehen, damit sich euer Bewusstsein stabil und sicher erweitern kann. Sonst seid ihr zwar irgendwo angekommen, aber ihr wisst nicht, wie. Das wirst du als Seele dann nicht akzeptieren, denn du bist ja hier, um den Weg zu erforschen, nicht um ans Ziel zu kommen. Wenn du einfach nur an irgendein Ziel kommen wolltest, dann würdest du es dir schlichtweg energetisch erschaffen. Du kannst das. Weil deine Seele aber den bewussten Weg in das entsprechende Energiefeld kennenlernen will und du eben nicht zaubern, sondern einen stabilen, fundierten, bewussten Weg erforschen und am eigenen Leib erfahren willst, nutzt du deine wahren Kräfte nicht, hast sie förmlich auf Eis gelegt. Das ist auch sehr sinnvoll, denn du wirst den irdischen Weg nicht erfahren können, wenn du einfach deine Lichtkraft nutzt.

So langsam dürft ihr das übrigens wieder tun, denn ihr kennt nun die irdischen Wege. Ihr könnt ruhig wieder erschaffen und Mitschöpfer sein, das ist sowieso die neue Aufgabe ... Ihr lernt erst mal die »langsamen« Wege kennen, um das Energiefeld zu erforschen, aber sobald ihr es kennt, und jetzt ist so weit, dürft und sollt ihr alle Energie, die euch zur Verfügung steht, anwenden, um den Himmel auf die Erde zu bringen.

Wenn du Licht in dein inneres Dunkel bringst – also in die Bereiche deiner Persönlichkeit, die voller Angst und Sorge sind, die scheinbar nicht zu dir gehören und sich einsam fühlen –, dann öffnest du damit einen

Lichtkanal, durch den die Gnade Gottes und die Strahlkraft der göttlichen Ordnung auf die Erde fließen können. Heilung und Erlösung sind immer so leicht zu erreichen, wie ihr es für möglich haltet. Je mehr ihr die Kontrolle abgeben und dem Wunder der Gnade und der Heilung durch uns vertrauen könnt, desto leichter könnt ihr heil, also ganz, werden und in den Vollbesitz eurer geistigen und spirituellen Kräfte gelangen. Werdet wie die Kinder, steht in der Bibel, das bedeutet: Fasst wieder Vertrauen zu uns und zur göttlichen Kraft, zur göttlichen Gnade und zum göttlichen Plan, denn ihr seid ein Teil davon, und nicht nur das: Ihr seid wie wir, nichts anderes als Engel, Naturgeister oder andere hohe Lichtwesen.

Auch wir Engel haben eine bestimmte gemeinsame Frequenz, die uns von anderen hohen Wesenheiten unterscheidet. Es kann sein, dass du diese Engelfrequenz in dir trägst; vielleicht aber kommst du auch aus einem völlig anderen System. Auf der Erde versammeln sich mittlerweile die verschiedensten Wesenheiten, weil sie den Aufstiegsprozess miterleben und unterstützen wollen. Manche sind auch als eine Art spirituelle Reporter dabei; sie unterstützen den Prozess nicht, sondern funken die Informationen an ihre Heimatdimension. Wenn dich anspricht, was wir sagen, dann vertraue deinen Wahrnehmungen: Viele von euch fühlen sich hier so fremd, als kämen sie aus weit entfernten Galaxien, und so ist es auch. All eure Reisen durch Zeit und Raum finden statt, indem ihr euch einfach neu inkarniert, ihr braucht keine Raumschiffe, ihr wechselt einfach den Inkarnationsort.

Es ist so leicht, Frieden zu finden. Es ist euer natürlicher Zustand, eins zu sein mit dem Universum. Erinnert euch bitte immer wieder daran, dass diese Inkarnationen auf der Erde im höchsten Maße ungewöhnlich sind und euer wahres Wesen nur ganz entfernt widerspiegeln. In Wahrheit seid ihr hohe Lichtwesen, verbunden und im Einklang mit den göttlichen Gesetzen, und das wisst ihr auch.

Deshalb ist es keine Zauberei, mit uns in Kontakt zu kommen. Es ist nichts Besonderes, es ist euer und unser natürlicher Zustand. Dürfen wir euch an dieser Stelle übrigens mal sagen, dass wir euch vermissen?

Was sind Botschaften des Herzens?

Es gibt keine speziellen »Botschaften«, allerdings das immerwährende Flüstern der Liebe und der Freiheit in deinen Zellen. Du bist angeschlossen an alles Wissen, an jedes Gesetz, hast Zugang zu jeder Lösung; sie wird im Moment deiner Frage oder deines Bedürfnisses speziell für dich herausgesucht und aufbereitet. Verstehst du, du bist ein Teil der göttlichen Ordnung, und sie ist bestrebt, auch dich immer im Gleichgewicht zu halten. Fällst du aus diesem Gleichgewicht heraus, weil du eigene Wege der Angst gehst, dann tut sie alles, um dich wieder einzubinden, und je bereitwilliger du dich ihr hingibst, desto leichter und ekstatischer kann das geschehen. Dann wird Loslassen zu einem Akt der reinen Freude und Befreiung, weil du weißt, es kommt etwas, was dir viel mehr entspricht, als nur die Ordnung wiederherzustellen!

Das ist wie eine riesige Auskunft: Du stellst eine Frage und bekommst die Antwort innerhalb von Sekunden oder Minuten genau so aufbereitet, wie es deiner Situation angemessen ist, und in einer Sprache, die du verstehst, wenn du dich konzentrierst und deinen Eingebungen vertraust. Zuhören musst du allerdings schon; sonst ist es, als riefest du tatsächlich die Auskunft an, zweifeltest dann aber an der Richtigkeit der Nummer, die du erhältst. Du fügst eine Vier hinzu, lässt dafür die Acht weg, weil dir das richtiger erscheint. So wird das aber nichts. Wir können es nur so bildhaft ausdrücken; die Antworten sind jedenfalls immer so irdisch und konkret, wie ihr es braucht.

Wenn du die Sprache des Herzens verstehen willst, dann bedeutet das, du gibst dich ganz und gar deiner inneren Führung hin, deinem Herzen und dem, was du für richtig und stimmig hältst. Du machst es dir zur Aufgabe, immer freier und weiter zu werden, immer bewusster, damit du immer weitere Teile des Gesamtkonzeptes Leben verstehst. Du beginnst, eine Art Überblick zu bekommen, verstehst die energetischen Zusammenhänge und kannst ganz anders reagieren. Du bindest dich bewusst ein in den Schöpferplan und richtest dein Augenmerk darauf, die Schöpfung zu unterstützen. Der ist dir sowieso sicher, denn das Universum ist energetisch gesehen ein Ort der Fülle, der Freiheit und der Liebe, der absoluten Ordnung. Es gibt nichts, was aus dieser herausfällt, und es ist für alle Wesenheiten zutiefst befriedigend, ihr zu folgen, denn sie trägt dich und bietet dir vollkommene Sicherheit.

Begibst du dich in Gottes Hände, so lässt du dich in ebendiese göttliche Ordnung hineinfallen. Vertraust du dein Leben bereitwillig Gott an, darfst du darauf bestehen, dass sie dich in allem trägt und dafür sorgt, dass sich alles für dich fügt. Es gibt keine unerfüllten Bedürfnisse. Im Zustand der göttlichen Ordnung fügt sich alles so leicht und harmonisch, dass es eine Freude ist, dem Leben dabei zuzuschauen, wie es sich selbst organisiert.

Wenn du deine Angelegenheiten als Herausforderungen für die göttliche Ordnung betrachtest, dann kannst du dabei zuschauen, wie sich alles zum Besten entwickelt. Es gibt keine Probleme, nur Aufgaben und Lösungen; das ist so ein kluger Spruch, der aber stimmt. Lebst du bewusst in der göttlichen Ordnung, wie wir Engel das tun, dann siehst du alles ganz anders. Du fragst nur noch: Gut, und wo ist jetzt hier die Lösung?, und öffnest dich für den Vorschlag, der dann kommt. Du hältst nicht mehr an Problemen fest, weil es keine gibt, nur an Fragen, auf welche du die Antworten noch nicht kennst. Diese Antworten entstehen aber in genau dem Moment, in dem du die Frage stellst, weil die göttliche Ordnung gar nicht anders kann, als sich selbst wiederherzustellen. Wenn du dich ihr bewusst anvertraust, dann wirkt sie, ob du willst oder nicht, sie kann nicht anders, und darauf darfst du dich verlassen. Das ist die Sicherheit, die ihr wirklich braucht und nach der ihr hinter allem sucht. Dich ihr bewusst anzuvertrauen bedeutet aber auch, alles zu unterlassen, was du dir selbst ausdenkst, und das ist das, was dir so schwerfällt ...

Wir können dir nicht klarmachen, dass wir immer da sind, weil es sich für dich oft nicht so anfühlt, das wissen wir. Denn, wie wir zuvor schon gesagt haben, unser Eingreifen geschieht nicht immer auf die Weise, die du dir wünschst. Aber wir können nicht anders, wir müssen deinem Seelenplan dienen, das ist so verabredet ... Bitte uns doch einfach immer wieder um Kraft; wir tun nichts lieber, als dich mit Energie zu versorgen, das ist eben unsere Aufgabe. So nehmen wir unseren Platz innerhalb der Schöpfung ein.

Wie übersetzt ihr die Sprache des Lebens in etwas, was ich verstehen kann?

Die wirkende göttliche Ordnung selbst ist vollkommen unpersönlich und universell. Sie ist es in einem Maße, in dem sie dir kalt und steril, geradezu erschreckend logisch und nüchtern vorkommen würde, begegnetest du ihr »ungefiltert«. Die göttliche Ordnung ist nicht Liebe, wie du oft liest und hörst, sie ist einfach Ordnung, Klarheit und Gleichgewicht. Sie hat nicht die geringste emotionale Färbung, ist unparteiisch und unabhängig. Sie kümmert sich tatsächlich nicht um deine Angelegenheiten, nicht in dem Sinn, wie du das oft glaubst und verstehst.

Es gibt keinen Gott, der auf einer Wolke sitzt und deine Wünsche erfüllt. Gott nimmt dich persönlich nicht wahr; diese Kraft hat keine Persönlichkeit. Aber gerade deshalb wirkt er immer und überall. Gerade deshalb brauchst du weder gut noch fromm zu sein! Du hast die unendliche Freiheit, dich auszuprobieren, mit Energien zu spielen und deinen Impulsen zu folgen – du trägst allerdings, und das ist nicht verhandelbar, die Verantwortung für deine Entscheidungen.

Dass ihr die göttliche Ordnung als Liebe wahrnehmt, liegt an der Schwingung, die wir hinzufügen. Es ist unsere heilige Aufgabe, dafür zu sorgen, dass die universelle, unpersönliche und logische göttliche Ordnung so moduliert wird, dass sie mit den Frequenzen der Erde, also auch mit euch, in Wechselwirkung treten kann. Wir übersetzen die reine, klare Ordnung in Energien, die in eurem Leben wirken können, also in Ereignisse, innere Bilder, Klänge und Farben, Energien, die in eurem physischen, im Emotional- und Mentalkörper wirken können. Wir sind letztlich nichts als große Modulatoren; wir fügen der unpersönlichen göttlichen Ordnung unsere Energie hinzu und verwandeln sie dadurch so, dass ihr sie spüren könnt.

Das hört sich nicht wirklich romantisch an und ist es auch nicht. Gerade deshalb aber ist es ein Leichtes, sich dieser Ordnung hinzugeben. Ihr müsst nicht an rosarote Engel glauben, die auf einer Wolke schweben und Posaune spielen (ihr dürft schon, aber ihr müsst es nicht), sondern ihr braucht ein Bewusstsein dafür, dass ihr eingebunden seid in einen unendlich großen universellen Kreislauf, dem alles unterliegt – ob euch das gefällt oder nicht. Und natürlich gefällt es euch, denn es fühlt sich so rein, gesund und natürlich an, dass es eure tiefsten Sehnsüchte erfüllt. Wir Engel sind Wandler des weißen Lichtes, egal auf welcher Stufe wir stehen. Diese sogenannte Stufe hat nichts mit einer Rangordnung zu tun, natürlich nicht, sondern ist einfach eine Bezeichnung dafür, welche Art von Schwingung wir der göttlichen unpersönlichen Ordnung hinzufügen und in welcher Dimension wir das tun. Je höher die Dimension ist, desto unpersönlicher und globaler wirken auch wir. Dann ist es für euch schwieriger, mit uns Kontakt aufzunehmen, weil eure Emotionalkörper uns nicht spüren können.

Da eure Beziehungen in der Hauptsache über eure Emotionalkörper laufen, habt ihr möglicherweise manchmal das Gefühl, dass wir abweisend und kalt sind, wenn ihr mit den sehr hohen Engelenergien in Kontakt kommt. Aber das stimmt natürlich nicht; wir haben nur nicht die emotionale Frequenz, die eurem System entspricht, weil sie für uns zu langsam ist. Wenn ihr euch auf noch höhere innere Ebenen begebt, also mit höheren Chakras wahrzunehmen lernt, dann spürt ihr die ungeheure Lichtkraft, die wir sind. Dieses Licht strömt durch euer eigenes Chakra-System und wird dadurch so transformiert, dass ihr es nach mehreren Umwandlungen als Liebe im Emotionalkörper spüren könnt.

Willst du mit dem Emotionalkörper wahrnehmen, wirst du uns nicht spüren; kommunizierst du aber über die höheren Chakras mit uns, fließen die Informationen in dich ein und werden wie in einer Löschkette immer weiter gereicht. Dabei werden sie immer weiter verändert, immer irdischer, immer langsamer, bis euer Emotionalkörper sie erkennen und wahrnehmen kann. Mit dem Mentalkörper funktioniert das natürlich genauso; dort kommen die Energien als Botschaften, innere Bilder oder klare Gedanken an, sofern im Gehirn die entsprechenden Areale trainiert sind.

Die Schutzengel sind so weit heruntermoduliert, so irdisch und persönlich, dass sie euch erreichen, auch wenn ihr noch nicht in den höheren Chakras kommunizieren könnt. Sie sind von ihrer Schwingung her am irdischsten, am menschlichsten, obwohl auch sie keine Emotional- und Mentalkörper haben. Den bekommt man nur, wenn man das ganze Paket inklusive des physischen Körpers bestellt. Und das ist auch sinnvoll, denn dein Schutzengel hat die Aufgabe, dich innerhalb deines eigenen Seelenplans zu unterstützen. Könntest du ihn nur wahrnehmen, wenn dein Bewusstsein schon hoch entwickelt ist, dann würdest du in neunzig bis fünfundneunzig Prozent deiner Inkarnationen allein dastehen.

Dein Schutzengel kommuniziert direkt mit deinen erdnahen Aurakörpern, mit den feinstofflichen Körpern, die schon dicht an der Frequenz der Materie liegen. Eingebungen, Ahnungen, bestimmte körperliche Zustände und alles, womit er dich führt, sind deshalb möglich, weil seine Energie schon recht langsam schwingt und er auf diese Weise einen Zugriff auf dich hat. Wenn du bewusst in höheren Dimensionen mit uns kommunizieren willst, dann hast du jedoch keine Wahl, du musst lernen, dich über die höheren Chakras mit uns zu verbinden. Die Informationen, die dann kommen, durchlaufen dein eigenes Chakra-System, und du übersetzt sie dir damit.

Wir können, weil wir ein sehr hohes, also schnell schwingendes, Energiefeld aufrechterhalten, nicht allzu weit zur Erde hinabsteigen, unsere Frequenz also nicht senken. Die Informationen, die sehr dicht an der ungefilterten Universalen Ordnung liegen, sind also eher unpersönlich und global. Sie verschaffen dir einen größeren Überblick, der weit über das hinausgeht, was du so den ganzen Tag als Ahnungen in dir verspüren magst. Wenn du das Universum einmal mit einem Supermarkt vergleichst, dann liegen sie in den oberen Regalen, weil das die Frequenz ist, in der sie selbst schwingen. Du musst sie hier oben abholen, es geht nicht anders. Wir können sie dir nicht heruntertransformieren, das musst du schon selbst tun.

Das bedeutet aber auch, dass du, wenn du in höheren Bewusstseinsebenen kommunizieren willst, deinen gewohnten mentalen Aufenthaltsort verlassen musst. Du begibst dich mit deiner Aufmerksamkeit in Bereiche, in denen du tatsächlich nicht weißt, welche Informationen du bekommst, denn sie gehören nicht zu deinen alltäglichen geistigen Erfahrungen. In diesem Fall ist es für dich besonders schwierig, offen zu bleiben, in einem leeren Raum zu verharren, bis du die Informationen bekommst. Es dauert eine Weile, bis die Informationen dein Chakra-System durchlaufen haben und dir damit zugänglich werden, aber das ist Übungssache.

Wenn du mit uns oder auch mit anderen Wesenheiten Kontakt aufnehmen willst, dann lasse deine mentale Bequemlichkeit hinter dir, und begib dich in die Ich-weiß-es-nicht-Erfahrung. Denn du weißt tatsächlich nicht, wie die größeren Zusammenhänge aussehen, weil sie noch nicht in deinem Gehirn abgespeichert sind. Dein Verstand hat nur Zugang zu dem, was in dir gespeichert ist, also zu allem, was entweder durch dich oder durch deine irdischen Vorgänger oder vorigen Leben lange genug bewusst erfahren wurde.

Erst durch Wiederholungen werden die Informationen in den Zellen abgespeichert, weil sich die entsprechenden Synapsen allmählich dauerhaft miteinander verschalten und für die entsprechenden Botenstoffe durchlässig werden. Außer du bekommst einen Schock, machst eine besonders bedrohliche Erfahrung, dann gibt es eine Art Blitzspeicher. Denn manche Erfahrungen kann man nur einmal machen, deshalb programmieren sie dein Gehirn sehr rasch und dauerhaft. Die Areale, in denen du bewusste Entscheidungen treffen kannst, werden schleunigst vom System abgekoppelt, und ältere Hirnteile übernehmen vollständig das Kommando. Es entsteht eine automatische Reaktionsschleife, die dein bewusstes Eingreifen nicht nur unnötig macht, sondern sogar verhindert. Das Überleben steht nun an erster Stelle, und dir wird das Steuer aus der Hand genommen. Das Gehirn schaltet immer dann auf »Autopilot«, wenn es schwallartig von einer bestimmten Menge Stresshormone überschwemmt wird – also wenn du einen Schock bekommst und ein Trauma erleidest, egal ob du es selbst so empfindest oder nicht.

Willst du neue Erfahrungen machen, dir neue geistige Horizonte eröffnen, betrittst du Bereiche, in denen du dich wie im Nebel fühlst. Du wanderst herum wie in Watte gepackt, weil du die neuen Umstände noch nicht einschätzen kannst und weil dein Verstand nicht eingreifen kann, denn er hat zunächst keine Antwort. Du hältst dich nun in Gehirnrealen auf, die noch nicht verschaltet sind, die sich erst in dein System eingliedern müssen, in denen die Reaktionen nur zögerlich und stockend ablaufen, solange du darauf noch nicht trainiert bist.

Die Kunst ist, in diesem Zustand zu bleiben, dich zu entspannen und offen für Antworten zu sein, wie auch immer diese aussehen. Der Verstand hat hier nichts zu suchen, denn er vergleicht alles, was er hört, mit dem, was er schon kennt, und versucht es einzuordnen; das ist seine Aufgabe. Das, was du hörst, wenn du mit uns kommunizierst, kann dein Verstand aber erst dann erfassen und als konkrete Erfahrung abspeichern, wenn du damit vertraut bist und du es dir zur Gewohnheit gemacht hast, mit uns zu reden. Dann gehört das zu deinem alltäglichen Erfahrungsschatz, und dein Verstand bezieht diese Ebene automatisch mit ein, wenn er Erfahrungen bewertet und einordnet. Er ist völlig wertfrei; er unterscheidet nur zwischen »kenne ich« oder »kenne ich nicht«. Alles, was er nicht kennt, lässt er zunächst offen. Wenn du ihm dann lauschst, hörst du nur ein mentales weißes Rauschen. Wenn du nun in irgendeine Schublade greifst, um die Leere zu füllen, verschließt das den Kanal zu uns. Du sinkst energetisch wieder ab und bist einfach nicht zu Hause, wenn wir dir antworten.

Das weiße Licht ist das Energiefeld absolut klarer Ordnung, so streng, wie du es dir nur vorstellen kannst. Die geistigen Gesetze sind unerbittlich, sie wirken, du kannst ihnen nicht entkommen. Aber genau diese geistigen Gesetze sind deine Chance, wenn du uns erlaubst, sie dir zugänglich zu machen. Denn das ist unsere Aufgabe: Wir sind Energiefelder, die nach und nach die göttliche Kraft transformieren, und je näher wir energetisch an der Erde sind, desto persönlicher werden unsere Energien. Natürlich fühlt es sich für dich absolut persönlich an, wenn dir dein Schutzengel die Lösung für dein Problem in dein Energiefeld schickt und du die Information erhältst, die du brauchst – auf welche Weise du sie dann auch immer wahrnimmst. Es ist allerdings nicht persönlich gemeint; du bist ein Teil der Schöpfung, und deshalb bekommst du natürlich genau auf dich zugeschnittene Antworten. Denn die Ordnung wirkt in dem Feld, das du erschaffst, genauso wie in jedem anderen auch. Dein freier Wille ist es, der dieses Wirken zulässt oder gar darum bittet – oder eben nicht. Dennoch gehört auch das natürlich zur göttlichen Ordnung, es gibt nichts anderes. Dann wirken eben die Kräfte des Ausgleichs und sorgen auf anderen Ebenen für Ordnung.

Nimm uns also bitte als Modulatoren wahr. Wir fügen der unpersönlichen göttlichen Ordnung die Farben und anderen Schwingungen hinzu, die nötig sind, damit das göttliche Reich der dritten Dimension aufrechterhalten werden kann.

Was ist eigentlich der Unterschied zwischen dem höheren Selbst und dem Schutzengel?

Das höhere Selbst ist, wie der Name bereits sagt, eines deiner Chakras, ein Energiezentrum, das untrennbar zu dir gehört, kein eigenständiges Wesen, obwohl du es durchaus so wahrnehmen kannst. Es steht in immerwährendem Kontakt mit deinem Seelenplan und übergibt dir, je bewusster du wirst, nach und nach die spirituelle Selbstverantwortung für dich. Seine Energie ist sehr machtvoll, klar und frei; sie spielt keine Spielchen mit dir.

Wenn du dich an dein höheres Selbst wendest, bekommst du ohne Umschweife Antworten aus deinem mit dem Universum abgesprochenen Seelenplan. Es antwortet dir direkt und ohne Sentimentalität oder Beschönigung. In ihm herrschen Klarheit, Wahrheit und eine gewisse Art von strenger Aufrichtigkeit: Das höhere Selbst ist wie ein sehr klarer Diamant, der dir ungeschminkt zeigt, wo du stehst. Dennoch ist es sehr leicht und voller Freude, denn Freude ist unser aller wahre Natur.

Es dient deiner spirituellen Bewusstseinsentwicklung und lässt keine Spielchen zu. Als Hüter deiner spirituellen Entwicklung gibt es dir immer genau das Stück Verantwortung in die Hand, die dein Energiesystem aus irdischem Körper, Emotional- und Mentalkörper gerade tragen kann. Besonders wichtig ist, dass du die Verantwortung für dein inneres Kind übernimmst.

Lassen wir unseren spirituellen Körper nun selbst zu Wort kommen:

Ich gehöre (im Gegensatz zu deinem Schutzengel oder zu Engeln im Allgemeinen) untrennbar zu dir. Seit Anbeginn der Zeit begleite ich dich und werde immer bei dir sein, denn ich bin du, nur auf einer höheren Ebene. Spürst du mich? Fühle ich mich sehr vertraut an? Ich bin alles, was an Weisheit und Kraft in dir ist. Ich funke Informationen in dein Bewusstsein, vermittle zwischen Seelenplan und Bewusstsein. Ich greife nicht ein, habe keinen Einfluss auf dich, stehe dir aber immer dann zur Verfügung, wenn du mich fragst und wirklich wissen willst, wie eine Situation von höheren Ebenen deines eigenen Bewusstseins betrachtet aussieht und welche Lektion für dich persönlich dahinter steht. Immer, wenn du fragst, worum es für dich wirklich geht, antworte ich dir.

Du kannst jederzeit aus mir heraus leben, mich jederzeit in dein Leben integrieren. Ich BIN du in einer höheren Dimension, nicht getrennt von dir, sondern tatsächlich ganz und gar du selbst. Dein Bewusstsein erreicht mich ab und zu, und das sind die Momente, in denen du vollkommen klar siehst, deine spirituelle Verantwortung vollkommen tragen kannst und willst. Dann sinkt das Bewusstsein wieder, und du fühlst dich getrennt von mir. Suche bewusst den Kontakt zu mir, und nimm mich als dich selbst wahr, als die weisesten, liebevollsten und klarsten Anteile in dir – denn das bin ich, und das bist gleichzeitig du. Ich gehöre zu deinem System, ich bin ein Teil deiner eigenen Energie. Vielleicht fühlst du dich manchmal von mir getrennt, aber das ist nur eine Illusion; ich bin ein Teil von dir. Immer, wenn du Fragen oder Anrufungen an mich richtest, wendest du dich an dich selbst, die höheren Anteile deines Selbst, eben dein höheres Selbst.

Dein Schutzengel ist etwas anderes als dein höheres Selbst. Lies, was er dir dazu sagt:

Wir Schutzengel sind eigenständige Wesen. Ich diene deiner Entwicklung, aber ich bin nicht du (wenn man einmal davon absieht, dass letztlich sowieso alles eins ist). Ich stehe in Kontakt mit deinem höheren Selbst und diene der Erfüllung deines Seelenplanes. Ich gebe dir auch Informationen, unterstütze dich und stehe dir hilfreich zur Seite. Wenn du Hilfe brauchst, kann ich eingreifen. Ich kann Energiefelder verändern und dich schützen; das ist meine Aufgabe. Ich diene deinem Bewusstsein wie eine Mutter ihrem Kind, sodass es sich in aller Ruhe entfalten kann.

Ich ebne dir den Weg, solange du noch nicht laufen kannst, räume dir Hindernisse zur Seite und greife ein, wenn eine Situation es erfordert – immer in Absprache mit deinem höheren Selbst. Wenn du mich bittest einzugreifen, dann spreche ich das mit ihm ab. Falls es deiner Entwicklung dient, verändere ich das Energiefeld, falls nicht, dann ändere ich es nicht, gebe dir aber Kraft und Zuversicht. Verstehst du? Ich sende dir das in dein Leben hinein, was du brauchst, um deinen Weg zu gehen. Ob du es annimmst oder nicht, ist eine andere Frage und unterliegt nicht meiner Kontrolle. Das entscheidest du selbst mit deiner empfangenden Energie, der Yin-Kraft in dir. Je besser du sie entwickelt hast, desto besser kannst du die Geschenke, die ich dir in Form von Kraft oder wundervollen Gelegenheiten bringe, annehmen.

Deinen Weg kenne ich, weil ich Informationen von deinem höheren Selbst bekomme. Natürlich geschieht das so blitzschnell, dass du keinen zeitlichen Unterschied bemerkst – wir lesen unsere Energiefelder in spiritueller »Lichtgeschwindigkeit«. Licht ist nämlich nicht die schnellste Energie im Universum: Das Bewusstsein ist noch viel schneller; es braucht von hier aus zur Sonne oder zu den entferntesten Galaxien nicht mal eine Sekunde. Wenn du betest oder um Unterstützung oder um Klarheit bittest, dann lesen wir dein Energiefeld und antworten dir auf der Ebene, auf der dein Bewusstsein tatsächlich fragt. Wenn du zum Beispiel darum bittest, Klarheit zu bekommen, und bekräftigst, dass du bereit bist, die Verantwortung für eine bestimmte Situation zu übernehmen, dann scheinst du deine Bitte an dein höheres Selbst zu richten. Wir aber lesen dein Energiefeld und erkennen sofort, ob das stimmt oder ob du nur glaubst, dass es stimmt. So erkennen wir, ob du auch emotional bereits in der Lage bist, die spirituelle Verantwortung tatsächlich zu tragen, oder ob du es nur gern tun würdest.

Schon der Wunsch danach, die Verantwortung zu tragen, stärkt dich, und falls es im Augenblick noch zu früh ist, wirst du es in einiger Zeit tatsächlich können. Denn der Wunsch allein genügt nicht, es ist ein Entwicklungsweg zurückzulegen. Der Wunsch ist der Initialfunke, der das innere Licht entzündet und alles beleuchtet, was seiner Verwirklichung im Wege steht.

Das alles geschieht blitzschnell und ohne dass du es bemerkst. Wir antworten dir also immer aus dem Energiefeld heraus, das in Wahrheit angesprochen wird, egal wen du nun bewusst um Unterstützung bittest. So brauchst du nicht zu fragen, wen du um Unterstützung oder um Klarheit bitten sollst, es sei denn, du willst Klarheit über die Absicht deiner Frage bekommen. Denn wir haben klare Zuständigkeiten, weil wir in Resonanz mit dem gehen, was du aussendest. Dabei ist es gleichgültig, was du sagst, denn wir erkennen, was du meinst.

Wir Schutzengel gehören nicht zu dir, wir dienen dir und damit dem Bewusstsein des ganzen Universums. Wir hüten deinen Weg und schützen dein Energiefeld. Wir umgeben dich wie eine Energie, gehören aber dennoch nicht untrennbar zu deinem Energiefeld.

Wenn du fragst, wie viele Schutzengel du nun hast, dann bekommst du vielleicht eine Zahl genannt. Das ist dann die Anzahl der verschiedenen Energiefelder, die dich im Moment umgeben, dich schützen und dir dienen, nicht die Zahl der tatsächlichen Engelwesen, denn sie nehmen sich nicht so wahr. Wenn aber dein höheres Selbst erkennt, dass es für deine

Entwicklung wichtig ist, dass du einen ganz persönlichen Schutzengel an deiner Seite spürst, dann geschieht auch das.

Du brauchst dir unsere Hilfe nicht zu verdienen, und du brauchst es uns niemals recht zu machen. Wir kennen den göttlichen Plan und deine immens wichtige Rolle darin. Wir dienen der göttlichen Kraft, indem wir dir dienen, wie auch du der göttlichen Kraft dienst, indem du deinen irdischen Bewusstseinsweg gehst. Wir dienen nicht deinem Ego, und deshalb brauchst du dich auch nicht klein zu fühlen. Wir dienen – wie du – der Liebe und der göttlichen Ordnung, dem spirituellen Weg, den du gehst, um die geoffenbarte und lebendige Liebe zu erhöhen und zu vermehren. Wir können uns auf Augenhöhe begegnen, denn wir dienen genauso wie du – du und wir sind Mitarbeiter im selben Team.

Können auch Verstorbene Schutzengel sein?

Auch Verstorbene können zwischen zwei Inkarnationen sehr liebevolle und durchaus schützende Begleiter sein. Möglicherweise gehört es zu ihrem Seelenplan, dir eine gewisse Zeit zu dienen. Aber sie haben ihren eigenen Seelenplan und dienen nicht dem deinigen – wie jede Seele, die sich entschieden hat, als Mensch zu inkarnieren, selbst wenn sie auf anderen Ebenen ein Engel ist. (Wie schon gesagt Ihr alle seid in anderen Dimensionen sehr hohe geistige Wesen: Engel, Naturgeister oder Außerirdische. Schließlich ist die Erde ein intergalaktischer Treffpunkt. Ihr habt euch auf eine gemeinsame Frequenz, nämlich die der Erde, geeinigt und macht deshalb in dieser Dimension sehr ähnliche Erfahrungen, aber das war es dann oft auch schon mit den Gemeinsamkeiten.) Jede Seele begibt sich auf eine ganz persönliche Pilgerreise und muss sich um ihre eigene spirituelle Entwicklung im irdischen Körper kümmern, indem sie das Rad des Schicksals durchläuft.

Schutzengel erfüllen ihre Bestimmung, indem sie einer Seele, die den irdischen Weg gewählt hat, zur Seite stehen. Eine Seele, die als Mensch auf der Erde war, also die Erfahrung mit Materie und Dualität gemacht hat, dient auf eine ganz andere Weise, nämlich mit Hilfe ihrer eigenen Entwicklung durch die Erfahrung. Wenn dir also ein Verstorbener hilfreich zur Seite steht, dann ist das ein freiwilliges Geschenk, aber nicht seine Bestimmung.

Erinnere dich an das Beispiel mit dem Berg, den wir durch unser irdisches Leben erklimmen. Wenn du dich entschlossen hast, den Berg zu erforschen, dann gehörst du zum Forscherteam, nicht zum Versorgungstrupp – auch dann nicht, wenn du gerade eine Pause einlegst. Wenn uns Verstorbene unterstützen, dann immer in Absprache mit deinem Schutzengel und deinem Seelenplan. Sie stehen dir aus Liebe hilfreich zur Seite, haben aber keinen eigenen Einblick in deinen Seelenplan und können nur ihre eigenen Erfahrungen weitergeben, denn sie sind auf ihrem eigenen Weg, und da gehören sie auch hin. Sie haben durch die irdische Frequenz keinen Einblick mehr in die sehr hohen Dimensionen anderer, weil das im Moment nicht zu ihren Aufgaben gehört. Wenn du das Rad des Schicksals durchlaufen hast, kann sich das durchaus wieder ändern, dann kannst du vielleicht andere als aufgestiegener Meister auf ihrem Weg unterstützen. Aber solange du selbst an deine Entwicklung angeschlossen bist, richtet sich dein Augenmerk unweigerlich immer wieder auf deinen eigenen Weg.

Wir alle erforschen die Dualität und die niedrig schwingende physische Dimension, das ist unsere Aufgabe, und damit sind wir mehr als genug beschäftigt. Die Engel erhalten das Energiefeld aufrecht; das höhere Selbst bist du selbst ohne die niedrig schwingenden Frequenzen von irdischem, emotionalem und mentalem Körper. Das widerspricht sich nicht, du kannst durchaus auch ein Engel sein, aber im Moment machst du in erster Linie deine Erfahrungen mit der Materie.

Und wie nennt man Engel oder andere hohe geistige Wesen, die Erfahrungen mit Materie machen? Auf welchen gemeinsamen Namen haben wir uns geeinigt? Richtig, wir nennen uns Menschen!

Wenden wir uns nun dem wichtigsten Werkzeug zu, das euch zur Verfügung steht, dem irdischen Körper.

Was du in diesem Kapitel gelernt hast:

- Lässt du es zu, dass Engel in deinem Leben wirken, so wird alles leichter. Du bekommst Zugang zu einer neuen Art, Dinge wahrzunehmen und findest neue Lösungen.
- Du allein triffst die Entscheidung, an Engel und höhere Bewusstseinsformen zu glauben.
- Niemals warst du oder bist du auf dich allein gestellt. Du bist der wichtigste Abenteurer des Universums, und alle geistigen Kräfte sind bei dir.
- Weil sich Gott selbst erfahren will, weil sich das universelle Bewusstsein in jedem möglichen Energiefeld spiegelt und erleben will, bist du auf der Erde, um genau diese Erfahrungen zu ermöglichen.
- Engel antworten dir durch Gefühle, Ideen, Visionen, Zufälle oder Zeichen, durch eine klare Stimme im Kopf oder ein bestimmtes inneres Wissen. Nimm das bitte wahr.
- Zumeist wollen Menschen keine Antworten, sondern Sicherheiten, deshalb ist die Hilfe der Engel oft anders als erwartet, denn sie ist immer auf den Seelenplan ausgerichtet, nicht auf den menschlichen Willen.
- Engel stehen im Dienst des höheren Selbst, welches die spirituelle Verantwortung für dich trägt und dafür sorgt, dass sich dein Seelenplan erfüllt.
- Engel bringen das Licht und erinnern dich an deinen Seelenplan, indem sie dir deine Herzenswünsche nahelegen.
- Alle äußeren Ziele dienen nur dazu, dich auf die Reise zur Entfaltung deines Bewusstseins zu schicken. Dass du sie verwirklichst ist

die logische Konsequenz, sobald dein Bewusstsein im Energiefeld der Erfüllung angekommen ist.

- Du kannst nicht schneller vorwärtskommen als in deinem Seelenplan vorgesehen, weil der Weg, deine Reise der Entwicklung deines Bewusstseins dient.

- Je mehr du die Kontrolle abgibst und je mehr du dem Wunder der Gnade durch Engel zu vertrauen lernst, umso leichter kannst du heil, also ganz, werden.

- Es ist ein natürlicher Zustand, mit Engeln zu kommunizieren, also mache es nicht unnötig kompliziert, halte es einfach!

- Im Zustand der göttlichen Ordnung fügt sich alles leicht und harmonisch. Es ist eine Freude, dem Leben dabei zuzuschauen, wie es sich selbst organisiert.

- Halte nicht an Problemen fest, denn in Wahrheit gibt es gar keine – es gibt nur Fragen an und Aufgaben für die göttliche Ordnung.

- Entspanne dich im Zustand des Nichtwissens, und sei offen für Antworten.

- Dein höheres Selbst ist im Gegensatz zu deinem Schutzengel oder geliebten Verstorbenen ein eigenes Chakra, das untrennbar mit dir verbunden ist.

8.

Unser Körper

*Unser Körper, ja unser ganzes Leben
ist nichts anderes als ein Spiegelbild
unserer geistigen Situation, denn es
ist der Geist, der den Körper formt
und unser Schicksal bestimmt.*

Professor Kurt Tepperwein (*1932),
deutscher Unternehmer,
Unternehmensberater und Psychologe

Der Körper als wunderbares Werkzeug

Von allen Werkzeugen, die euch zur Verfügung stehen, um mit den Informationen aus dem Kosmos, mit dem göttlichen Plan, in Kontakt zu kommen, missbraucht ihr den Körper am meisten. Dein Körper ist dein Spiegelbild; er zeigt dich nach außen, ist Aushängeschild und Ärgernis zugleich. Viele, die sich mit spirituellen Themen beschäftigen, haben ein gestörtes Verhältnis zu ihrem Körper. Und warum? Weil er die Wurzel allen Übels zu sein scheint! Denn ist es nicht gerade der Körper, der sie von ihrer geliebten spirituellen Heimat trennt? Diese ganze Materie, die unterhalten, gefüttert, gewärmt und bewegt werden will, hindert sie sie nicht daran, sich leicht und frei zu fühlen?

Ist dein Körper in Wahrheit nicht eher eine Last als eine Chance für dich? Sorgt nicht genau dein Körper mit all seinen Bedürfnissen dafür, dass du eben nicht einfach deinem Herzen folgen kannst? Die Angst vor Armut und Krankheit, vor Hunger und Kälte, vor dem Tod betrifft ausschließlich den körperlichen Aspekt des menschlichen Daseins. Hättest du deinen Körper nicht, wäre vieles leichter, nicht wahr? Und dann sollst du auch noch gut aussehen, schlank und gesund sein und einen zufriedenen Eindruck machen! Wie viele spirituelle Wesen fühlen sich in ihrem Körper wie gefangen, essen zu viel, können nicht mit den Bedürfnissen ihres Körpers umgehen, gehen viel zu oft oder viel zu selten zum Arzt, überarbeiten sich, sorgen mehr für andere als für sich selbst, trinken, rauchen, haben alle möglichen Arten von Süchten und fühlen sich einfach nicht wohl in ihrer Haut?

Der Anspruch von außen ist geradezu verrückt hoch, denn alles scheint machbar zu sein: Du kannst gut aussehen, also musst du gut aussehen. Du kannst gesund sein, also musst du es auch sein. Du kannst schlank, gebräunt und sportlich aussehen, also haben wir die Pflicht, uns darum zu bemühen. Schönheit ist nicht mehr nur einfach eine Eigenschaft von sehr vielen anderen, sondern an alle ein Anspruch, den es zu erfüllen gilt. Selbst die Idee, wahre Schönheit käme von innen, klingt angesichts dieses Wahns wie reiner Hohn, denn was nutzt dir das, wenn keiner deine innere

Schönheit sieht, weil du dich weigerst, dir die Haare zu färben? Kennst du diesen Druck, gut auszusehen, beweglich, schlank, sexy und anziehend zu sein, und zugleich diese Scham darüber, dass du den Maßstäben der anderen, wer auch immer das sein mag, nicht standhalten kannst? Natürlich kennst du das.

Vielleicht hast du diese Scham in die hinterste Ecke deines Bewusstseins geschoben und sagst dir ein wenig trotzig: Mich muss man nehmen, wie ich bin! Diejenigen, denen ich nicht gefalle, können gleich wieder nach Hause gehen. Aber stimmt das? Vermeidest du vielleicht nicht einfach dieses Gefühl, weil du ihm sowieso nichts entgegensetzen kannst? Dann meditierst du, machst ein paar Atemübungen und fühlst dich besser, aber letztlich braucht nur ein kleiner falscher Gedanke daherzukommen, und du schämst dich wieder für die kleinste Kleinigkeit.

Susanne:

Wir muten unserem Körper täglich mehrere Stunden die Information »Du bist nicht gut genug« zu; und was diese Informationen mit den Wassermolekülen machen, aus denen unser Körper ja zum großen Teil besteht, wissen wir spätestens seit den aufregenden Bildern von Dr. Masaru Emoto. Unser Körper trägt alles. Jeder Gedanke, jedes Gefühl löst unweigerlich eine biochemische Reaktion aus. Das Gehirn bildet Botenstoffe, und die entsprechenden Synapsen, also Nervenverbindungen, werden angeregt. Jeder Muskel, jedes Organ steht in Kontakt mit deinen Gefühlen und Gedanken; jede Zelle hat Rezeptoren, mit denen sie diese Botenstoffe aufnimmt. Auf molekularer Ebene reagierst du vierundzwanzig Stunden lang, sieben Tage die Woche, auf das, was du fühlst und denkst.

Wohlgemerkt: nicht auf das, was du tatsächlich erlebst, sondern auf das, was du wahrnimmst, was du darüber denkst, und darauf, wie du dich in Bezug auf deine Erlebnisse fühlst. In Wahrheit gibt es gar kein »tatsächlich«, denn es sind deine Gedanken und Gefühle, die ein Ereignis zu einem Erlebnis machen. Alles, was geschieht, hat erst dann einen Einfluss auf dich, wenn du emotional und mental darauf reagierst.

Ob du diese Reaktionen bewusst bemerkst, spielt dabei keine Rolle. Du kannst vollkommen von deinen Gefühlen abgeschnitten sein, sie reagieren dennoch; und dein Körper spiegelt diese Reaktion, du bekommst es nur nicht mit. Dann kriegst du eben, wie wir es schon einmal gesagt haben, aus scheinbar heiterem Himmel Bauchschmerzen oder Migräne.

Nun, für den Körper gibt es kein »aus heiterem Himmel«. Alles, was dir begegnet, kündigt er dir an – sogar Unfälle. Ein leises Gefühl von Unsicherheit, ein kleines »Ich fahre zu schnell«, ein verstecktes »Ich mache mir zu viel Druck und sollte mich entspannen«, ein hintergründiges »Ich muss mich mal ausruhen, ich habe wirklich keine Lust mehr, so weiterzuleben« – all das wispert schon seit Wochen, wenn nicht Monaten, zwischen deinen Zellen, bevor ein Unfall passiert.

Dein Körper ist, wie all deine anderen Instrumente auch, ein äußerst fein gestimmter Seismograph, der auf deine Umwelt reagiert wie eine wachsame Katze oder ein aufmerksamer Hund. Mit Umwelt meinen wir alles, auch die spirituellen und emotionalen Gegebenheiten, das, was du nicht so offensichtlich erkennst, hörst oder fühlst, jede scheinbar unmerkliche Reaktion der anderen Menschen. Dein Körper spürt Gefahren; er erkennt, wenn etwas nicht stimmt, wenn du dich lieber entfernen solltest, wenn es gilt, vorsichtiger und achtsamer zu sein. Dann bekommst du dieses ungute Gefühl im Bauch, deine Beine werden kribbelig oder die Knie weich, du bist innerlich angespannt, wie auf dem Sprung. Menschen, die sprungbereit wirken, sind es meistens auch, oft sogar gegen ihren bewussten Willen.

Deinen Körper, dieses unendlich fein abgestimmte, wertvolle Werkzeug, mit dem du Energien bis ins Letzte wahrnehmen könntest, wenn du nur in ihm richtig anwesend wärst, betrachtest du aber meistens eher als einen schlichte Kleiderständer, eine Maschine, eine Last oder ein Arbeitsgerät. Richtig? Für viele von euch ist er außerdem das Objekt, mit dem sie sich Liebe verdienen wollen. Sie achten darauf, sexy, hübsch, irgendwie aufregend zu sein, damit sie bemerkt, geliebt, begehrt und erfolgreich werden. Sie erhoffen sich die emotionale Energie, über die wir vorhin schon geredet haben, durch ihr Aussehen und Auftreten zu erkaufen, das sie sich durch Training, Make-up, Kleidung oder einen besonderen Stil zugelegt haben. Das gilt für Männer wie für Frauen, auch wenn sie etwas unterschiedliche Gewichtungen haben.

Susanne:

Natürlich können wir das alles stammesgeschichtlich erklären. Wir müssen sexy und gesund aussehen, damit wir genug Nachkommen zeugen können. Das stimmt. Aber die Natur ist schlau. Wir SIND sexy und gesund, wenn wir uns ganz natürlich verhalten und unser inneres Potential im Außen verwirklichen. Wir müssten dem, was wir körperlich sind, nichts mehr hinzufügen, um bemerkt zu werden – wenn wir natürlich lebten. Weil wir aber die Reize immer weiter erhöhen, immer mehr Ausrufezeichen an uns kleben, die »Nimm mich wahr!« rufen, müssen wir gleichzeitig die Rezeptoren für erotische Signale immer weiter abdämpfen.

Wenn dein Körper einem bestimmten Reiz lange und intensiv ausgesetzt wird, dann entwickeln seine Zellen immer mehr Rezeptoren für diesen bestimmten Reiz, der vom Gehirn aus durch Botenstoffe an die Zellen weitergereicht wird. Dauert die Reizüberflutung zu lange an, setzen die Rezeptoren ihre Reizschwelle herab, sonst wäre der Körper im Dauerstress. Deshalb brauchen Suchtkranke immer mehr von ihrem Stoff. Der Körper gewöhnt sich daran, indem er die Reizschwelle herabsetzt. Das ist ein natürlich ablaufender Vorgang, der dafür sorgt, dass du trotz erhöhter Reize innerlich im Gleichgewicht bleibst (obwohl das selbstverständlich genau das Gegenteil dessen ist, was ein Süchtiger erreichen will). Also musst du die Dosis erhöhen oder sie zumindest auf dem erreichten Niveau halten.

Susanne:

Sind wir nun also mit erfolgreichen, braun gebrannten, schlanken und schönen Menschen reizüberflutet (schlag irgendein Frauenmagazin auf, schalte den Fernseher ein, schau dir eine beliebige Werbung an), dann erscheint uns alles andere nicht mehr einfach nur normal, sondern unansehnlich, wenn nicht gar abstoßend. Das Normale – also Natürliche und allein deshalb Wunderschöne, weil Gott keine Fehler macht, weil du, wie auch immer du aussiehst, ein Teil der Natur bist und deshalb ebenso schön bist wie eine Rose, ein Delfin oder ein seltsam geformter Gesteinsbrocken – kommt uns grau, farblos und langweilig vor.

Wir sind süchtig nach Schönheit, aber nach einer ganz bestimmten, in wenigen Worten beschreibbaren Schönheit, die sehr plakativ und klischee-haft ist.

Die Schönheit, die ihr erreichen wollt, ist so einseitig, unnatürlich und flach, dass nur wenige Menschen ihr entsprechen können, ohne sich dabei zu schinden, und doch glaubt ihr, ihr hättet die Pflicht, in diesem Sinne so schön zu sein, wie es nur möglich ist, am besten sogar noch schöner. Ihr legt euren Körper und eure Seele in ein Solarium oder gar unters Messer, esst viel zu wenig oder einseitig, überfordert euch – um einem Schönheits-ideal zu entsprechen, das Liebe und Aufmerksamkeit verspricht. Tut ihr das nicht, fühlt ihr euch latent schuldig, denn ihr müsstet ja nicht so dröge daherschlurfen, wenn ihr euch ein bisschen Mühe gäbet.

Susanne:

Wir müssten nicht dick sein, wir brauchten die Augen der anderen nicht zu beleidigen, wir könnten schließlich ein Fitnesscenter besuchen oder end-lich eine der unzähligen Diäten beginnen, nicht wahr? Zumindest könnten wir uns die Haare färben, uns endlich die Nase operieren lassen oder uns schminken. Wir machen uns, wenn wir dicker sind, besonders sorgfältig zu-recht, lenken den Blick von der Zumutung ab, die unser Körper darstellt, und unterstreichen unser hübsches Gesicht. Oder wir haben sowieso aufgegeben, dann strengen wir uns aber ganz bestimmt in anderen Bereichen an, um das auszugleichen, sind besonders leistungsorientiert, nett und hilfsbereit oder tragen unserem Liebsten die Hausschuhe vors Bett.

Ist dein Emotionalkörper der Schrottplatz für all deine nicht gelebten Gefühle, so ist dein physischer Körper eine Sondermülldeponie. Und damit willst du die Lichtsprache verstehen, diese unendlich liebevolle, klare und freudige Energie erleben? Ja, natürlich willst du das. Und zum Glück gibt es deine Selbstheilungskräfte, diesen speziellen Ausdruck der göttlichen Ordnung, die in dir wirkt. Es ist dein natürlicher Zustand, an Freude und Leichtigkeit angeschlossen zu sein. Gesundheit ist im Plan Gottes mit enthalten.

Das Einzige, was du tun musst, um in diesen Zustand zu kommen, ist, alles zu lassen, was dich daran hindert. Und genau daran scheitern die meisten, aber das muss nicht so sein. Kleine Schritte genügen, die aber musst du gehen. Dieses Buch zu lesen nutzt dir gar nichts, wenn du daraus nicht das umsetzt, was dir wichtig erscheint. Es sind leider genau die Dinge, die du nicht mehr hören magst: gesunde Ernährung, Sport, tanzen, lachen, spazieren gehen, ein Haustier streicheln, in die Natur gehen, allein mit dir sein, ab und zu mal ein bisschen Hunger aushalten, genug trinken und alles lassen, was dich schädigt, sei es eine Beziehung oder eine Arbeitsstelle, die dich belastet. Du magst es nicht mehr hören, weil du nicht weißt, wie du das umsetzen sollst. Dabei genügen kleine Schritte, und einen davon kannst du heute gehen.

Es ist süchtiges und ungesundes Schwarz-Weiß-Denken, wenn du glaubst, das hätte erst einen Sinn, wenn du die Zeit hast, alles auf einmal zu ändern. Nein! Alles, was du heute für dich tun kannst, solltest du heute für dich tun, denn du brauchst es ja nur heute zu machen. Morgen ist morgen, darum brauchst du dich jetzt nicht zu kümmern. Wenn du dich wirklich um das »Heute« kümmerst, Lösungen für heute suchst und um Führung für heute bittest, dann kannst du es schaffen.

Heute kannst du zehn Minuten spazieren gehen. Heute kannst du mal die Treppe nehmen. Heute kannst du dir erlauben, zu spüren, ob es sich eigentlich gut anfühlt, wie du mit dir selbst umgehst. Heute kannst du auf deine inneren Signale achten, und heute kannst du nur das essen, was du wirklich brauchst, und das Suchtessen lassen. Für heute kannst du das. Ihr schafft es nur deshalb nicht, gesünder zu werden, weil ihr glaubt, ihr müsstet das ganze Programm bis heute Abend um neun zufriedenstellend erledigt haben. Aber das stimmt nicht, es ist ein Weg mit kleinen Schritten, die alle für sich genommen sehr wohl gegangen werden können.

Es gibt auch Quantensprünge auf dem Weg; einige Dinge kannst du nicht in kleine Schritte unterteilen. Die großen Schritte begegnen dir aber erst dann, wenn du in der Lage bist, sie zu gehen. Fang heute mit dem an, was dir Spaß macht, was du sowieso verändern willst – sei es, dass du dich zu einem Yoga-Kurs anmeldest, sei es, dass du ein neues Rezept ausprobierst. Alles, was du zum Positiven änderst, öffnet dein System für neue Energie und Freude. Die Lichtsprache ist, zumindest auf der Erde, die Sprache der Liebe, der Freude und des Mitgefühls. Und sobald du dich in dir selbst wohl zu fühlen beginnst, kannst du sie immer leichter spüren. Wenn dir etwas wirklich Freude macht, dann ist das tatsächlich Lichtsprache, dann gehört es zu deinem Seelenplan!

Die göttliche Ordnung kommuniziert mit dir über das körperliche Gefühl von freudiger Aufregung, Ekstase, Leichtigkeit, Ruhe, Entspannung und innerem Jubel. Meistens verwechselst du das mit süchtiger emotionaler Aufregung, mit innerer Anspannung und mit dem Herzklopfen, das dir die Angst beschert. Kennst du Menschen, die nur dann spüren, dass sie jemanden lieben, wenn sie Angst bekommen, ihn zu verlieren? Das ängstliche Herzklopfen ist das Zeichen von Liebe, wie es uns ja auch in vielen Filmen gezeigt wird. Na, herzlichen Glückwunsch. Was ist mit dem sanften Öffnen des Herzens, was mit dem Jubeln in der Brust, mit dem warmen Gefühl im Bauch, mit der Freude und dem Glitzern in den Augen? Das spürst du nicht, weil deine Augen sowieso nicht mehr glitzern, denn das Leben und die Arbeit haben dir das Glitzern gründlich ausgetrieben. Richtig? Nun, das mag sein, aber nur weil du es zugelassen hast.

Du kannst die Frequenz wählen, in der du leben willst, doch du kannst auch den Sender wechseln. Und genau das tust du, indem du dich anders zu verhalten beginnst. Wenn du so tust, als wärst du bereits im Energiefeld von Liebe, Erfüllung, Glück und Leichtigkeit, wenn du dich verhältst, als liebtest du es, dich gesund zu ernähren und dich zu bewegen, wenn du

in die Natur gehst, wenn du das Rauchen, Trinken, das süchtige Computerspielen lässt, dann hebt sich dein Energiefeld. Aber du musst es, ganz
konkret und körperlich tun, und nicht nur im Geist und nicht nur eine Absichtserklärung abgeben. Das Feld von Liebe, Erfüllung, Leichtigkeit und
Glück ist schon da, auch in deinem Leben. Du kennst es, du kannst dich
wahrscheinlich relativ leicht geistig in diesen Zustand versetzen. Aber hier
hast du auch einen Körper, und der will endlich mitspielen!

Der Himmel will nicht mehr besucht werden, sondern sich auf der
Erde verwirklichen. Und das geht nur über eure Körper, denn diese sind
es, welche die Handlungen ausführen. Sie sind das Werkzeug für das Tun,
ohne sie könnt ihr nichts verwirklichen. Die Zeiten sind vorbei, in denen
ihr innerlich aussteigen, euch in lichte Gefilde begeben und euren Körper
»sicher und geschützt, angefüllt mit goldener Flüssigkeit« zurücklassen
konntet.

Eure Körper wollen die Frequenz der Liebe und der Fülle erleben, nicht
mehr nur ein schwerfälliges Vehikel sein, sondern ein Ufo mit Hyperraum-
antrieb. Wenn du dafür sorgen willst, dass dein Körper lichter wird, also im
wahrsten Sinne des Wortes mehr lichtvolle Energie halten und aufnehmen
kann, dann brauchst du Zellen, die es aushalten, schneller zu schwingen.
Eine ziemlich bekannte Form, das zu üben, ist Tantra. Man nutzt sexuel-
le Energie, die ja ziemlich stark und hoch sein kann, um die Nerven zu
trainieren, immer höhere Erregungszustände auszuhalten – ohne dabei
abzustumpfen! Und das ist der Trick. Es geht eben nicht darum, immer
stärkere Reize auszuhalten, seien sie nun sexuell oder sonst wie, sondern
einen immer höheren Zustand des Energieflusses aufrechtzuerhalten.

Dein Körper wird widerstandsfähiger, wenn du das übst, elastischer,
geschmeidiger und feiner. In Meditationen kannst du immer mehr Energie in dich aufnehmen und innerlich dennoch wach und präsent bleiben.
Wenn du meditierst und die Energie zu hoch wird, schaltest du normaler-
weise ab. Du bist dann irgendwo; die Nerven schützen sich und bilden eine
Art energetische Haut, weil es sich zu Beginn fast unangenehm anfühlt, zu
intensiv. Es erfordert erhöhte Konzentration und die Bereitschaft, innerlich

noch ein bisschen offen zu bleiben – wie beim Yoga, wo man die Dehnung immer noch ein klein wenig länger aushalten sollte.

Wenn du übst, immer lichter zu werden, indem du dahin gehst, wo hohe Energien herrschen, und die Orte verlässt, innen und außen, die dein Feld herunterziehen, dann kannst du irgendwann völlig wach und präsent bleiben, während du sehr schnelle Schwingungen spürst. Dein Körper vibriert, aber du fällst nicht mehr innerlich in Ohnmacht oder brichst die Meditation ab, im Gegenteil. Dein Bewusstsein kann im Körper bleiben, weil deine Zellen den Zustand nicht nur aushalten, sondern ihn dazu nutzen können, sich zu transformieren. Wenn sich eine so trainierte Zelle vermehrt, gibt sie die Information weiter, und dein Körper wird allmählich neu aufgebaut. Irgendwann hast du gar keine Lust mehr, dich in niedrigen Feldern aufzuhalten, sie machen dich über Gebühr müde und zwingen dich, gesunde und eben hochschwingende Orte aufzusuchen.

Gerade jetzt ist es deine Aufgabe, dafür zu sorgen, dass du auf der Erde verwurzelt bleibst und dennoch in immer höhere Bewusstseinszustände kommen kannst. Deinen Körper auf diese Weise zu trainieren hat nichts mit dem Sport zu tun, den du kennst, nichts damit, dass du »Fit for fun« sein oder so lange wie möglich jung und schlank aussehen willst. Das sind alles Folgen, aber nicht das Ziel. Das Ziel ist es, ein fein abgestimmtes Instrument zur Verfügung zu haben, das hohe Lichtenergien halten kann, das als stoffliches Feld dient, zum Beispiel schnell schwingende Engelenergie auf die Erde zu bringen, immer reinere Liebe und stabile Lichtfrequenzen, welche die göttliche Ordnung im wahrsten Sinne des Wortes verkörpern. Hast du das erreicht, bist du, einfach nur weil du da bist, wie eine wandelnde Lichtsäule. Du brauchst gar nichts mehr zu tun, deine Energie ist so hoch, dass sie die anderen einfach ansteckt, während du neben ihnen im Supermarkt in der Schlange stehst.

Du kannst dir sicher vorstellen, dass du deine Lebensweise auf die Dauer ziemlich verändern musst, um da hinzukommen. Das liegt nicht daran, dass sie falsch ist, sondern daran, dass es Zeit wird, in ein neues Energiefeld zu wechseln; und da gelten nun mal andere Gesetze. Deine

Lebensweise war bis heute genau richtig für dich. Aber jetzt wird sie sich vielleicht verändern. Du kannst dich nicht selbst bei der Arbeit ausbeuten und gleichzeitig hohe Energien halten, weil das nicht zusammenpasst, es sind unterschiedliche Musikstücke, unterschiedliche Radiosender. Auf die Dauer musst du dich für einen entscheiden. Für eine Weile kannst du sicher noch hin und her schalten, aber irgendwann gefällt dir das alte Zeug sowieso nicht mehr, weil du es zu oft erlebt und gehört hast.

Du kannst dich nicht von energetisch unbrauchbarem Zeug ernähren, wenn du im wahrsten Sinne des Wortes gute Nerven haben willst. Aber das Schöne ist, du wirst es auch gar nicht mehr wollen. Hier geht es nicht um Dogmen, sondern um deine vollkommen persönliche innere Checkliste dessen, was dir gut tut und was nicht. Trink Kaffee, so viel du willst, wenn du spürst, dass es dich nicht herunterzieht. Aber sei achtsam: Das kann von Tag zu Tag variieren. Das gilt auch für Fleisch: Iss es, wenn es dir guttut. Alle Vorschriften sind wieder nur alte Energie.

Es gibt ein absolut unbestechliches inneres Richtig oder Falsch, und dich daran zu halten ist deine Verantwortung und Aufgabe. Du wirst immer besser spüren, was dir guttut und was nicht. Und das Tollste ist, du wirst Lust haben, das zu tun, was dir gut bekommst, selbst wenn es dich Überwindung kostet, weil du, statt ins Fitnesscenter zu gehen, lieber Fast Food essen würdest. Du lässt die kurzfristigen Befriedigungen los (natürlich nicht immer, man muss es ja nicht übertreiben, aber die meiste Zeit) und widmest dich deinem langfristigen Ziel.

Wenn du deinen Körper auf »Freude« umprogrammieren willst, dann tue Dinge, die dir bewusst körperliche Freude bereiten, und nimm sie wahr. Lass dir den Wind durch die Haare streichen – das kannst du nur spüren, wenn du auf der Erde bist und einen Körper hast. Schreibe dir eine Liste mit allem, was dir körperlich Freude macht. Lasse dir eine Massage geben, gehe in die Sauna und schwimmen, tanzen, spüre die Natur mit allen Sinnen; lasse dich so oft wie möglich von jemandem umarmen, bei dem es dir angenehm ist. Abgesehen davon, dass sich dein Immunsystem stabilisiert, wenn du Dinge tust, die dir Freude bereiten, erziehst du dich selbst dabei um. Du wirst nicht mehr durch Schmerzen und Unbehagen lernen, sondern durch Freude. Du wechselst vom Bestrafungs- ins Lustprinzip.

Susanne:

Wenn wir die Lichtsprache in all ihrer Klarheit und Schönheit erfahren wollen, die Freude am puren Leben spüren wollen, dann brauchen wir besonders auf der körperlichen Ebene einen echten inneren Systemwechsel, und den erhalten wir, wenn wir bewusst das tun, was uns körperlich Spaß macht. Wir unterschätzen oft den rein körperlichen Genuss, weil er uns so unspirituell und vergänglich vorkommt. Nun, er ist vergänglich, aber gerade deshalb sollten wir ihn auskosten, solange wir hier sind! (Bitte missverstehe und missbrauche diese Worte nicht, um dich einer wie auch immer gearteten Sucht hinzugeben. Schokoladeneis zu essen gehört vielleicht dazu, wenn du es dir nie erlaubst, weil es dir ungesund oder kindisch vorkommt; wenn du aber eine Zuckersucht hast, dann streiche es von der Liste, und erinnere dich daran, wie gut es sich anfühlt, sich zu bewegen!)

Die Fähigkeit, deinen Körper mit seinen Empfindungen zu genießen, ist deine Eintrittskarte zu mehr Gesundheit und zu diesem fein gestimmten Zustand, in dem du spürst, dass du innerlich und äußerlich wirklich rein bist, deinen Ton ganz und gar unverzerrt spielen kannst. Dein Körper ist nun mal das Instrument, mit dem sich deine Energie ausdrückt. Wenn es verstimmt oder verschmutzt ist, dann kannst du noch so gute Absichten haben, noch so toll meditieren oder voller Licht sein, es wird nicht bemerkt, weil es sich im Außen, also durch dein Handeln und deine bloße Präsenz, nicht zeigt.

Du kennst sicher auch Menschen, die super meditieren können, Reiki im zehnten Grad geben und was sonst noch alles, die dir aber körperlich irgendwie fast unangenehm sind, oder? Das liegt an der offensichtlichen Diskrepanz zwischen dem, was sie sagen, und dem, was sie tatsächlich im täglichen Leben tun. Dein Körper ist wie Raumschiff, deine irdische Energieform. Nutze sie oder auch nicht, die Verantwortung kann dir niemand abnehmen.

Unser Körper

Dein Körper kann immer mehr zu deinem fein gestimmten Instrument für energetische Schwingungen werden. Du spürst dann ganz direkt, wie sich eine Situation anfühlt, und brauchst dich nicht nur auf irgendeine Ahnung zu verlassen. Deine feinstofflichen Kanäle, die sich in deinem Körper befinden, deine Meridiane, sind frei, und du nimmst am eigenen Leib wahr, was das Leben von dir will, weil du dem Pfad der Freude folgst. Wenn sich etwas nicht leicht und frei anfühlt, dann ist es das auch nicht, schon gar nicht mehr in der neuen Energie.

Meistens spaltet ihr euren Körper irgendwie von eurer bewussten Wahrnehmung ab, und das ist auch ganz logisch: Wenn du dir überlegst, womit du den ganzen Tag umgehen musst, wie viel Angst du aushalten, wie viele absurde und lebensfeindliche Informationen du verdauen musst, wie oft du innerlich einfach abschalten musst, um einigermaßen handlungsfähig zu bleiben, dann ist es schon erstaunlich, dass dein Körper überhaupt noch daran denkt, hin und wieder zu atmen. Zum Glück passiert das automatisch, ihr würdet wahrscheinlich alle einfach umfallen, weil ihr innerlich gar nicht anwesend seid. Höre bitte einmal bewusst die Nachrichten, und spüre dabei, was in dir passiert. Das hältst du gar nicht aus – und das musst du auch nicht, weil es völlig verrückt ist.

Viele Dinge, die du tust, könntest du gar nicht machen, wenn du deinen Körper spüren würdest. Du wärst schachmatt gesetzt vor Magenschmerzen oder Herzdrücken. Du kannst nicht bei vollem Bewusstsein zuhören, wenn dir jemand erzählt, wie viele was oder wer auch immer bei einem Angriff von wem auch immer getötet worden sind, du musst innerlich abschalten.

Willst du wirklich beginnen, deine Aufmerksamkeit sanft zu ermutigen, in deinen Körper zurückzukehren, lernen, dass dein Körper ein guter Ort ist, wirst du nicht umhinkönnen, über kurz oder lang deine Lebensumstände zum Guten und Gesunden hin zu ändern. Du kannst nicht innerlich wach und lebendig sein und dich gleichzeitig ausbeuten, zu viel arbeiten oder Dinge tun, die dir gegen den Strich gehen, weil du es nun zu deutlich spürst. Du wirst empfindsamer, aber auf eine gute, lebendige, dem Leben dienende Weise. Das heißt nicht, dass du nun lebensuntüchtig werden sollst.

Tut es dir körperlich weh, wenn ein Baum gefällt wird, dann zeigt das natürlich auch, wie empfindsam du bist, aber auch, wie offen dein Energiefeld für alle möglichen Informationen ist. Segne den Baum, segne die Baumgeister, verneige dich vor ihrem Schicksal, und lasse sie los. Es hilft niemandem, wenn du jede Energie bewahren willst, es sei denn du spürst ganz deutlich, dass du einen Auftrag hast.

Bitte immer wieder die Schutzengel der anderen, ihnen zu helfen, ihre Last zu tragen. Bitte übernimm du sie nicht, auch wenn du sie nun klarer zu spüren beginnst. Es hilft wirklich niemandem. Der Sinn der Empfindsamkeit liegt nicht darin, dass du dir die Last der Welt auflädst, sondern darin, dass du offener und zugänglicher für alle möglichen Informationen wirst. Deshalb brauchst du noch lange nicht darauf zu reagieren. Du nimmst einfach nur viel deutlicher wahr, was energetisch passiert. Das fordert dich nicht automatisch auf, zu handeln, außer, es betrifft dich und du bekommst einen klaren inneren Impuls – dein Herz schlägt rascher und du wirst irgendwie aufgeregt, wie von innen angeschubst. Lernt, die Entscheidungen der anderen zu achten, auch wenn sie euch nicht gefallen, es sei denn ihr erhaltet andere innere Anweisungen.

Folgender Satz ist sehr hilfreich, wenn du empfindsamer wirst:

> *Ich lasse deines bei dir und meines bei mir; ich segne dich, und ich segne mich selbst.*

Wenn du deinen Körper spüren willst, dann beginne damit, bewusst zu atmen. Schicke leuchtendes, farbiges Licht in deine Zellen. Das ist eine Basisübung, und sie bewirkt immer wieder Wunder. Richte deine Aufmerksamkeit auf die Grundlage für dein Leben auf der Erde, auf deinen irdischen Körper, und ignoriere ihn nicht länger aus reiner Hilflosigkeit. Konzentriere dich auf dich selbst, sammle deine Energien ein, und wende dich nach innen.

Hier nun eine Übung, die dich ganz einfach zur Ruhe kommen lässt:

Heilungsversprechen der Engel

Nur für heute erlaube dir, dich ganz und gar zu fühlen. Erlaube dir besonders, die Bereiche wahrzunehmen, in denen du wie erstarrt bist. Wir sind bei dir und schicken dir unser ganzes Mitgefühl, unsere Liebe und unsere Heilkraft, wenn du es erlaubst. Das Einzige, was wir brauchen, um dich zu heilen, ist deine Bereitschaft, die erstarrten Stellen in all ihrer Energie zu fühlen. Mehr gibt es nicht zu tun. Du brauchst weder besonders tief zu atmen noch komplizierte Rituale durchzuführen. Nimm nur wahr, wie sich dein Energiefeld anfühlt, wo du weich und lebendig bist und wo nicht. Erlaube dir für heute, alles zu lassen, was dir den Blick auf die Starrheit versperrt, und nimm unsere Liebe und unsere Heilkraft an.

Mehr gibt es nicht zu tun. So sei es.

Meditation: Informationen aus der geistigen Welt wahrnehmen

Auch die folgende Meditation kann dir helfen, zur Ruhe zu kommen. Das ist die Voraussetzung dafür, dass du die feinen Informationen, die du aus der geistigen Welt bekommst, überhaupt wahrnehmen kannst!

Stelle dir bitte vor, dein ganzer Körper wäre wie ein Glas, das mit Wasser gefüllt ist. In diesem Wasser ist eine ganze Menge Sand verrührt, der im Wasser herumwirbelt. Dieses Wirbeln spiegelt deine innere Unruhe. Du kannst erkennen, wie die einzelnen Sandkörner durcheinanderwirbeln und aneinanderstoßen, scheinbar ziellos im Wasser umherirren und immer wieder aufgewirbelt werden. Das

Kapitel 8

Wasser sieht richtig schmutzig aus mit diesem vielen Sand. Jetzt stelle dir vor, du bringst das Glas mit dem sandigen Wasser an einen ruhigen Ort. Du stellst es hin, und es kommt zur Ruhe.

Langsam beginnt der Sand in dem Glas und auch in dir hinabzusinken. Der oberste Rand des Wassers wird schon viel klarer. Der Sand sinkt tiefer und tiefer in deine Füße und Beine hinein und macht sie schwer und stabil. Das Wasser wird immer klarer, während sich deine Füße und Beine langsam mit Sand füllen. Schwerer und schwerer werden deine Füße und deine Beine. Das fühlt sich sehr gut an, und du spürst vielleicht schon, wie du nach und nach ruhiger wirst.

Das Wasser wird immer klarer, nur noch wenige Sandkörner schweben im Wasser herum. Du wirst noch ruhiger, und auch die letzten setzen sich schließlich ab. Jetzt ist der ganze Sand auf den Boden des Glases gesunken. Deine Beine, Füße und auch dein Beckenbereich sind schwer und warm. Das Wasser in der oberen Hälfte des Glases, Bereich von Kopf und Brust, ist sehr klar und wirkt erfrischend. Dein Schutzengel schickt einen ganz hellen Lichtstrahl in das Wasser – vielleicht taucht er dazu einen Finger hinein, oder er schickt ihn dir einfach so. Das Wasser leuchtet auf, es wird hell und klar, immer reiner und frischer, während der Sand ruhig am Boden liegt. Du sitzt oder liegst ganz still, damit auch der Sand liegen bleibt. Es fühlt sich für dich sehr gut an, oben ganz klar zu sein, während deine Beine und Füße schwer und warm sind, und du versinkst noch tiefer, immer in Ruhe. Mehr und mehr entspannst du dich.

Jetzt gießt dein Schutzengel eine Flüssigkeit in das klare Wasser hinein, vielleicht ein bisschen Rosa oder Blau, vielleicht etwas ganz anderes. Du erkennst nun am Boden des Glases, ob sich im Sand Gegenstände befinden, die gar nicht zu dir gehören. Liegt dort etwas, nimmt dein Schutzengel es heraus. Vielleicht legt er dir auch einen Kristall, ein Herz oder einen anderen Gegenstand hinein, ein Symbol für neue Energie, eine neue Verhaltensweise, neue Kraft.

Nun nimm wahr, ob das Verhältnis zwischen Wasser und Sand rich-

tig ist. Vielleicht nimmt dein Schutzengel etwas Sand oder Wasser heraus, vielleicht aber füllt er Wasser oder auch Sand nach. Sei sicher, es geschieht genau das, was du brauchst, damit du auch körperlich wieder ins Gleichgewicht kommst.

Ist dein Schutzengel fertig, bleibe ruhig und kehre bewusst in deinen Körper zurück. Versuche, die Klarheit zu bewahren, ebenso die Stabilität.

Du kannst allerdings auch körperlich nur frei werden, wenn du alle seelischen Anteile, die allzu traurig, verängstigt oder einfach müde sind, ins Licht schickst. Niemand braucht hier zu sein, die Erde ist kein Gefangenenlager. Es ist wichtig, dass du dich voll und ganz auf das Leben auf der Erde einlassen kannst – und dass alle seelischen Anteile, die keine Kraft mehr haben, endlich heimkehren dürfen. Entlasse sie nach Hause. Sie haben dir lange gedient, haben es dir ermöglicht, viele Erfahrungen zu machen.

Es gibt Seelenanteile, die so schnell schwingen, so feinstofflich sind, dass ihnen allein das Inkarnieren schon weh tut, weil sie sich in viel zu langsame Schwingungen hinuntertransformieren müssen, um das zu tun. Lasse all die Anteile, durch die du Erfahrungen von Mangel, Leere, Sehnsucht und Heimweh erleben konntest. Du hast das alles erfahren, deine Zellen kennen es zur Genüge, die Akasha-Chronik* ist nun voll davon. Die Zeiten sind endlich vorbei, in denen du dich selbst zu Inkarnationen verpflichtetest, in denen du karmisch ausgleichen musstest. Alle Energien, die nicht hier sein wollen, gehören vielleicht auch einfach nicht mehr auf die Erde – und wer weiß, vielleicht wollen sich ganz neue Seelenanteile inkarnieren?

Es folgt nun eine Meditation, die jene Seeleanteile entlässt, die gehen wollen:

---

* ein alter indischer Begriff aus dem Sanskrit, der eine Aufzeichnung der feinstofflichen Energien aller geschichtlichen Ereignisse einschließlich aller Gedanken und Gefühle bezeichnet, auch die deiner eigenen Geschichte

Heimkehr

Mache es dir bequem, und bitte die seelischen Anteile, die sich auf der Erde unglücklich fühlen, die trauern, die nach Hause wollen – wo immer das ist –, zu dir. Vielleicht siehst du sie als Bild, als Symbol, als inneres Kind, als dich selbst in einem bestimmten Alter. Fühle, was du fühlst, lasse es einfach zu; vielleicht kommen Erinnerungen. Erlaube dir vor allem, wahrzunehmen, dass du bzw. dieser Anteil nicht mehr auf der Erde sein will. Vielleicht spürst du das nun zum ersten Mal in aller Deutlichkeit.

Frage diesen Anteil, ob er etwas braucht, um hierzubleiben; frage ihn, was ihn trösten könnte. Vielleicht bekommst du ein Gefühl dafür, oder es zeigt sich ein Symbol wie ein Herz oder ein Delfin, oder du spürst, dass der Teil in dir eine Umarmung braucht. Gib ihm, was er braucht … Wie reagiert er? Lässt er sich trösten, halten? Spürst du, dass er Kraft bekommt? Wahrscheinlich nicht, oder? Sicher hast du schon oft versucht, dich mit ihm zu versöhnen, ihn zu erden, ihn zu überreden, hierzubleiben, weil du nicht wusstest, dass er selbstverständlich auch die göttliche Erlaubnis hat, zu gehen.

Nun stelle dir bitte eine Lichtsäule vor, die aus reiner göttlicher Liebe besteht. Erlaube dem Anteil, der nicht mehr hier sein will, einfach in dieses Licht hineinzugehen und dort zu bleiben. Sobald er darin ist, kommen Engel und holen ihn ab. Sie geleiten ihn zurück in das Reich deiner Seele oder an den spirituellen Ort, an den er gehört. Der Seelenanteil wird dort geheilt und beruhigt. Wenn du magst, dann danke ihm, dass du durch ihn sehr viele der Erfahrungen machen konntest, die du dir für viele Inkarnationen vorgenommen hattest. Du kannst dich sogar vor ihm verbeugen und ihn für das Schicksal achten, dass er dir die Erfahrung ermöglicht und dich ertragen hat. Fühle die Befreiung, wenn du diesen seelischen Anteil nicht mehr im Körper mit dir herumträgst.

Unser Körper

Nun stelle dich bitte selbst in diese Lichtsäule hinein, warte dort einen Moment … Vielleicht gibt es seelische Anteile, die erst jetzt kommen möchten, dann öffne dich dafür … Erlaube den Energien aus deiner Seele, die jetzt für dein Leben wichtig sind, in dich einzuströmen, und fühle ihre Kraft … Lasse dich ganz und gar durchfließen von neuen Energien, von nie da gewesenen seelischen Anteilen, von Freude und Stärke, die du so vielleicht noch nie gespürt hast …

Bleibe in diesem Bewusstsein, während du gleichzeitig langsam wieder deinen Körper wahrnimmst, in deiner Zeit die Augen öffnest …

Sei willkommen auf der Erde!

Warum ist es so wichtig, auf die Dauer in einer guten inneren Verfassung zu sein, wenn du die Lichtsprache verstehen und ihr folgen willst? Das ist ganz einfach. Die Sprache des Lichtes basiert auf der göttlichen Ordnung, wie wir es schon oft gesagt haben, und sie sagt dir in jeder Minute, Sekunde, in jedem Augenblick, was der göttliche Plan für dich bereithält, wie eine göttliche Lösung aussehen würde. »Göttlicher Plan« bedeutet nicht, dass alles festgeschrieben und in Stein gemeißelt ist.

Selbst wenn es das wäre, spielt es für den Prozess, in dem du dich befindest, letztlich keine Rolle. Es ist, wie es ist. Damit du diesen Plan aber verstehen kannst, in jeder Minute an eine echte Lösung angeschlossen bist, brauchst du das Geschenk der Inspiration, der Eingebung. Diese Eingebungen bekommst du nur, wenn du dich im entsprechenden Energiefeld aufhältst, wo »Eingebungen bekommen« mit im Programm steht – und das ist das Feld der Freude und der inneren Freiheit.

Das Feld ist die Begeisterung am Leben selbst, an den Themen, mit denen du dich beschäftigst, und dieser aufrichtige Wunsch, das Leben zu nehmen und zu leben. Wenn du nur ein bisschen auf der Erde herumschaust, dich nicht richtig auf sie und das Leben einlässt, dann bist du nicht wirklich angeschlossen. Dein Versuch, dem Leid zu entgehen, indem du nur mit ein paar wenigen Prozenten deiner Energie im Körper bist, funktioniert nicht, denn die Werkzeuge, das Leben zu meistern, die Tatkraft, die Inspiration, der Mut und die Kraft des Herzens stehen dir nur dann voll zur Verfügung, wenn du auch wirklich da bist! Deshalb ist es so wichtig, alle Teile, die nicht mehr hier sein wollen, zurück in das riesige Energiefeld deiner Seele zu schicken und den Energien, die sich inkarnieren wollen, Raum zu schaffen.

Susanne:

Weißt du, wir sind hier, um den Himmel auf die Erde zu bringen. Aber meistens schaffen wir das nur bis zur Ätherebene. Kennst du das: Du meditierst, bist in einem wunderschönen Zustand, und dann sagt dir jemand: »So, wir verlassen jetzt diesen Ort und kehren zurück in unseren Körper«? Wir verlassen also die hohe Schwingung und kehren in die niedrige zurück? So haben wir das früher gemacht, ich auch. Jetzt geht es folgendermaßen:

Wenn du wieder meditierst, dann erlaube dem Körper (noch besser: Weise ihn ausdrücklich an), diesen hochenergetischen Zustand zu spüren, nimm ihn mit allen Sinnen wahr, fühle das Kribbeln! Dadurch lernen deine Zellen diese Zustände kennen, und sie beginnen, sich zu verändern, sie programmieren sich um, bis sie diese höhere Schwingung als normal und stabil empfinden. Damit kannst du sehr viel mehr Energie in den Zellen halten, dein irdisches Energiefeld wird höher, schwingt schneller. Du selbst bringst nun den Himmel auf die Erde.

Das, was wir Engel in hohen Dimensionen tun, tust du auf der Erde: Du hältst das Licht im Körper. Dein Körper ist wie eine Stimmgabel, die in einem reinen Ton schwingen will. Ist diese Stimmgabel ein wenig verrostet oder gar verbogen, dann spürst du vielleicht zunächst einen Druck im Herzen oder Schmerzen im Rücken. Wenn du die hohen Energien im Körper zulässt, dann spürst du sehr deutlich die Stellen, die noch niedriger schwingen. Warum? Weil an diesen Stellen die Synapsen der Zellen anders programmiert sind. Die Zellen werden zwar angeregt, aber die Signale, die sie immer weitergeben, sind die des Drucks oder Schmerzes. Das heißt nicht, dass du das bis jetzt bewusst mitbekommen hast, aber die Zellen sind auf diese Botenstoffe programmiert. Daran erkennst du, wie lange sie diese Informationen schon weitergeben. Jede Zelle reagiert chemisch und elektrisch auf Reize und auf Informationen, die aus anderen Zellen kommen. Und wenn du sie anregst, indem du in ein hoch schwingendes Energiefeld eintrittst, wie das beim Meditieren geschieht, kann sie das noch nicht von den normalen Reizen unterscheiden. Sie nimmt nur die Anregung wahr. Doch wenn du das übst, verändert die Zelle die chemischen Reaktionen. Sie lernt um: Sie merkt schließlich, dass ein bestimmter Stoff immer wieder ausbleibt, dass die elektrischen Impulse aber stärker werden und dass andere Stoffe anklopfen – und sie verändert ihre Zellwand. Damit können nun andere Informationen passieren. Wenn die Zelle sich teilt, gibt sie diese neuen Informationen weiter.

Nach sieben Jahren Meditation hast du einen Körper, dessen Zellen wissen, wie man Lichtenergie hält. Sie wissen es nicht nur, sondern haben diese Information fest gespeichert und vererben sie weiter. (Nach sieben Jahren deshalb, weil sich dann alle Zellen des menschlichen Körpers komplett erneuert haben. Natürlich spürst du schon nach ein paar Wochen oder gar Tagen, wie gut dir das tut, und du gewöhnst dich daran.) Du kannst dich auf alles programmieren und tust es letztlich auch. Es sind deine Gewohnheiten, die deinen Körper programmieren, nicht deine Absichten oder deine Ideen, sondern das, was du tust. Denn deine Handlungen sind es, welche die biochemischen und die elektrischen Reaktionen im Körper stabilisieren und trainieren.

Das nennt man Lernen, und du weißt selbst, dass du nur durch Wiederholungen lernst, nicht durch Absichtserklärungen und nicht dadurch, dass du darüber nachdenkst, dass du lernen solltest. (Über den Stoff selbst nachzudenken hilft natürlich sehr!) Oder wie hast du dich früher auf deine Klassenarbeiten vorbereitet? Du hast dir die Informationen, die du gebraucht hast, immer wieder durchgelesen, sie in Zusammenhang gesetzt mit dem, was du schon kanntest, und damit dem Gehirn immer wieder die gleichen Impulse gegeben. Vielleicht hast du dir Spickzettel geschrieben – eine effektivere Art zu lernen gibt es gar nicht, denn du musst dich dabei ausdrücklich mit dem Wesentlichen beschäftigen, willst du es in stark verkürzter Form auf einen kleinen Zettel schreiben. Informationen, die sich mit etwas verknüpfen lassen, was bereits im Gehirn gespeichert ist, die sich also in irgendeinen Zusammenhang bringen lassen, bleiben zwischen zehn und dreißig Minuten erhalten und werden durch Verbindung mit der Nukleinsäure in unseren Gehirnzellen als Materie in unseren Zellen gespeichert.

Wie genau das funktioniert, erforscht die Neurowissenschaft zurzeit. * Ist dir klar, was das heißt? Wir erforschen die Brücken zwischen geistiger und materieller Welt. Wundervoll, nicht wahr? Die so in unseren Zellen nun stofflich vorliegende Information kann durch Wiederholung und Verknüpfung mit einer bestimmten Erfahrung oder bereits gespeichertem Wissen immer weiter verstärkt werden, bis sie im Langzeitspeicher der Zelle als fester Bestandteil angelegt ist.

Die Information erlischt nach einer gewissen Zeit, wenn du sie nicht wiederholst, die Informationen also nicht erneut aktiviert wird, oder wenn sie mit nichts, was du kennst, in einen Zusammenhang gebracht werden kann. Das unterstützt noch einmal unsere Bitte an dich, so viel wie möglich zu lernen und bewusst mit allen Sinnen zu erfahren, damit sich möglichst viel Lichtsprache in deinem Gehirn verankern kann. Das heißt nicht, dass die neuen Informationen in einer Schublade abgelegt werden, sondern, dass dein Gehirn sie in einen sinnvollen Zusammenhang setzt. Die Informationen erlöschen allerdings auch, wenn ein schwerer Schock eintritt, weil dann viele Nervenverbindungen einfach gekappt werden, wie bereits vorher erklärt.

Informationen gelangen nun über Botenstoffe vom Kurzzeit- in das Langzeitgedächtnis. Dieses stellt Kopien von ihnen her. Sie werden in Form von Eiweißmolekülen fest in den Zellen eingelagert. Damit sind sie jederzeit automatisch abrufbar; sie gehören nun zu den Datenbanken, mit denen dein Gehirn eingehende Informationen vergleicht. Wenn du also viel

---

*   Mehr Informationen darüber findest du z.B. unter http://www.uni-heidelberg.de.

über Engel, über Liebe, über Vertrauen, über Leichtigkeit und Glück weißt und erfahren hast, dann ist dein Körper entsprechend programmiert. Dann vergleicht er alles, was er erlebt, mit diesen Zuständen – und sorgt dafür, dass du sie wieder erlebst!

Also: Hab Spaß, tue das, was dir echte Freude bereitet, sorge gut für dich, lasse dich massieren, buche eine Ballonfahrt, gehe tanzen, lasse deinen Körper osteopathisch oder sonst wie behandeln, damit deine »Stimmgabel« rein und frei wird. Ernähre dich gesund, und bewege dich – dann bist du ein idealer Kanal für hohe Lichtkraft, und es geht dir tatsächlich von Tag zu Tag besser …

Hier bieten wir dir eine Meditation an, mit der du deinen Körper auf Liebe, Freiheit, Fülle, Freude oder was auch immer du willst, programmieren kannst:

Meditation: Die Kraft des Wassers

Lege Entspannungsmusik auf. Setze oder lege dich bequem hin. Schließe deine Augen. Erlaube dir zu träumen. Sinke tiefer und tiefer, hinein in deinen inneren Raum des Friedens und der Harmonie, hinein in den Raum, der unangetastet bleibt von oberflächlichen Energiezuständen. Du brauchst nicht zu wissen, wie das funktioniert und wo dieser Raum ist; erlaube dir einfach, hineinzusinken, indem du dich dafür entscheidest.

Du träumst ein bisschen, siehst einen Wald, hohe Bäume, Farne, Blumenteppiche und zartgrüne Lichtungen. Ein kleiner Weg windet sich durch den Wald. Es sieht aus wie im Märchen. In der Ferne hörst du ein Plätschern und Glucksen, und die Luft wird sehr belebend und frisch. Der Wald wird ein wenig dichter; dunkelgrüne, bemooste Felsen tauchen am Wegesrand auf, es wird feucht. Du atmest tief durch, fühlst dich jetzt schon sehr viel freier und reiner als noch vor wenigen Minuten. Nun ist das Plätschern ganz nah, es ist zu einem Rauschen angewachsen.

Der Wald öffnet sich zu einer Lichtung. Vor dir taucht der klarste Wasserfall auf, den du je gesehen hast. Wie ein Schleier aus funkelnden Kristallen strömt er über die moosbewachsenen Steine. Ein riesiger Fels teilt ihn in zwei Hälften. Unerschütterlich steht er da, während das Wasser um ihn herum in ein kleines Becken hineinströmt und -sprudelt. Eine Trauerweide neigt sich über das Wasser. Du setzt dich und lässt dich vom dem Tanz der Elemente in den Bann ziehen. Das Wasser strömt in immer neuen Formen und Farben über die Felsen, je nachdem, wie sich das allmählich stärker werdende Licht der Sonne darin verfängt. Die Gischt sprüht, nährt damit das Moos auf den Felsen. Das Zusammenspiel von Wasser, Licht, Erde und Luft ist so harmonisch, dass du dich immer tiefer entspannst.

Du schaust dich ein wenig um – und entdeckst auf einer Lichtung ein Lagerfeuer. Du konntest das Prasseln des Feuers nicht hören, weil der Wasserfall so rauscht, aber jetzt zieht es dich an. Du gehst zu dem Feuer hinüber und setzt dich, lehnst dich an einen Baum und ruhst dich aus. Du spürst jetzt, wie erschöpft du bist, wie viel du für dich, aber vielleicht auch für andere trägst, und du genießt diesen Moment der Ruhe. Auf einmal erscheint eine Wesenheit: Der Hüter des Feuers nähert sich.

»Was ist dein Begehr?«, fragt er, und du weißt zwar nicht, was er meint, aber auf einmal kommt es dir so vor, als könnte er dir all die schweren Lasten abnehmen. Noch bevor du es ausgesprochen hast, spürst du deine Bürden wie einen schweren Mantel, wie einen Umhang oder einen Rucksack.

»Wenn du wirklich bereit bist, die Schwere loszulassen, dann zieh sie

aus, und gib sie mir«, hörst du die Stimme der Wesenheit sagen; es ist allerdings eher wie ein Gedanke, den du wahrnimmst. Du überlegst und triffst eine Entscheidung: Ja, du bist bereit, all das, was dich schwer sein lässt, hinter dir zu lassen, denn du weißt, es ist nicht im Sinne der Schöpfung, dass du dich quälst, vielmehr sollst du das Leben als freudigen Tanz der Möglichkeiten genießen. Du befreist dich also von dem Rucksack, Umhang oder dem Mantel und übergibst ihn dem Hüter des Feuers.

Der Hüter nimmt ihn und wirft magische Kräuter in das Feuer. Es lodert auf einmal violett auf; die Flammen schlagen sehr hoch, und du spürst eine wahrhaft schicksalhafte Kraft. Hier verändert sich wirklich etwas, das spürst du ganz deutlich. Die Wesenheit wirft nun deinen Mantel, Rucksack oder Umhang ins Feuer. Tiefe Erleichterung durchströmt dich – vielleicht aber wirst du auch traurig oder bekommst gar Schuldgefühle, denn dass du all diese Lasten getragen hast, hatte einen Grund, einen tieferen Sinn, der sich nun mit auflöst. Helle Funken sprühen zum Himmel, als die Last verbrennt, und du bekommst die Energie, die in dem Rucksack oder dem Umhang gebunden war, als reine Lebenskraft zurück. Sie strömt in dich ein und füllt die Stellen auf, die sich zuvor leer anfühlten.

Auf einmal scheint es eine gute Idee zu sein, deine Kleidung auszuziehen und dich unter dem Wasserfall zu erfrischen und zu reinigen. Du legst dein Kleiderbündel an den Rand des Beckens und tauchst einen Fuß in das Wasser. Es hat genau die richtige Temperatur, ist so, wie du es jetzt brauchst. Du steigst in das Felsbecken hinein und hältst vorsichtig einen Arm unter das strömende Wasser. Es prasselt auf dich herab; dein Arm beginnt sofort zu kribbeln und sich lebendig anzufühlen. Du stellst dich vollständig darunter und spürst, dass dieses Wasser etwas ganz Besonderes ist.

»Es ist programmiert«, hörst du eine Stimme im Kopf sagen. Du schaust dich um und siehst den Hüter des Feuers am Rande des Beckens stehen. Die Wesenheit lacht und winkt dir zu.

Vor deinem inneren Auge kannst du sehen, wie wunderschön die Wassermoleküle angeordnet sind. Sie sehen aus wie faszinierende, glitzernde Schneeflocken – im Wasser scheint die Information »Liebe« gespeichert zu sein. Du erinnerst dich daran, dass du schon gehört hast, dass man Wasser programmieren kann, und spürst plötzlich, wie sich dein Körper zu verändern beginnt. Der Wasserfall fängt an, auch das Wasser in deinem eigenen Körper zu verändern. Die Informationen, die in dem Wasser des Wasserfalls gespeichert sind, übertragen sich nun in deine Zellen. Liebe, Frische, Reinheit, Lebendigkeit und Klarheit strömen in dich ein und verankern sich in deinem körpereigenen Wasser. Du spürst ganz deutlich, wie dein Körper reagiert, und je länger das Wasser über dich hinwegströmt und dich reinigt, desto klarer und harmonischer ordnen sich die Wassermoleküle in deinem Inneren an. Wenn du willst, dann kannst du den Prozess unterstützen. Welche Informationen willst du in dir tragen? Freiheit? Leichtigkeit? Sicherheit? Stabilität? Freude? Egal womit du das Wasser in dir programmieren möchtest, hier und jetzt ist ideale Ort und der ideale Zeitpunkt, das zu tun. Was willst du verwirklichen? Womit willst du dich selbst aufladen? Welche Qualitäten möchtest du in deinem Leben haben? Du spürst, wie dein Körper kribbelt, vitaler oder auch ruhiger wird und sich tatsächlich etwas in dir verändert – nicht nur in Gedanken, sondern auch in deinem physischen Körper. Du bleibst so lange unter dem Wasserfall, bis du spürst, dass sich deine Wassermoleküle harmonisch ausgerichtet haben. Du kannst jederzeit wieder herkommen und dich von allem befreien, was du nicht mehr brauchst, und dich neu ausrichten.

Du steigst nun aus dem Becken, und die Wesenheit gibt dir ein Gewand. Dieses Gewand schützt dich, erklärt sie dir, es hält die Energie im Körper und legt sich wie eine sanfte Hülle um deine Aura, damit du in deiner eigenen Energie und Kraft bleiben kannst, egal was von außen an dich herangetragen wird. Wieder spürst du körperlich, dass du geschützt bist. Dein Energiefeld verstärkt sich, und du nimmst es mit allen Sinnen wahr. Du dankst der Wesenheit und verlässt diesen wunderschönen Ort, doch du weißt, dass er dir jederzeit zur Verfügung steht.

Mit vollkommen neuer Energie und einem inneren Hochgefühl kommst du in den Raum zurück, in dem du dich befindest. Doch du behältst die hohe, belebende Energie der Liebe in dir, körperlich verankert, sie ist ein Teil von dir geworden und wirkt von nun an in deinem Leben.

Was du in diesem Kapitel gelernt hast:

- Dein Körper ist, wie all deine anderen Werkzeuge beziehungsweise Instrumente auch, ein äußerst fein gestimmter Seismograph, der auf deine Umwelt reagiert und feinste Energieströmungen wahrnimmt.
- Unsere Sucht nach einer klischeehaften, in wenigen Worten beschreibbaren und plakativen Schönheit hindert uns an unserem gesunden und ureigenen, kraftvollen Selbstausdruck.
- Alles, was du heute für dich und deine Gesundheit tun kannst, solltest du auch heute tun: Heute kannst du zehn Minuten spazieren gehen und auf deine inneren Signale achten. Du kannst nur das essen, was du wirklich brauchst. Für heute kannst du es!
- Die göttliche Ordnung kommuniziert mit deinem Körper über das Gefühl von freudiger Erregung, Leichtigkeit, innerer Ruhe und körperlich gefühlter Freude. Verwechsle es nicht mit süchtiger, emotionaler Aufregung und dem Herzklopfen, das dir die Angst beschert!
- Tue so, als wärst du bereits im Energiefeld von Liebe und Glück, verhalte dich so, als liebtest du es, dich gesund zu ernähren und dich genügend zu bewegen.
- Deine Zellen gewöhnen sich an den Zustand erhöhter Aufnahmebereitschaft. Irgendwann kannst du gar nicht mehr anders, als dich

in gesunden, lichtvollen und hochschwingenden Energiefeldern aufzuhalten.

- Du brauchst den Körper als feingestimmtes Instrument, das hohe Lichtfrequenzen aufrechterhalten kann, als stoffliches Feld zur Verwirklichung von Liebe, als Verkörperung von schnellschwingender göttlicher Ordnung.

- Dein Körper selbst wird zur wandelnden Lichtsäule, wenn du übst, hohe Energiefelder aufrechtzuerhalten und dich entsprechend verhältst.

- Willst du auch körperlich zum Ausdruck von sehr lichtvollen Energien werden, kommst du nicht umhin, auf die Dauer alles zu lassen, was deine Schwingungen verlangsamt.

- Wenn du deinen Körper auf »Freude« programmieren willst, dann tu Dinge, die dir Freude bereiten – heute!

- Schreib dir eine Liste mit allem, was dir körperliche Freude bereitet, und verwirkliche die Punkte auf deiner Liste.

- Beginne damit, besser und bewusster zu atmen. Schicke leuchtendes, farbiges Licht in deine Zellen, atme das Licht ein und alles Schwere aus, immer wieder.

- Lasse auf die Dauer alles hinter dir, was dich schwer macht und dich davon abhält, die Liebe zu verwirklichen.

- Deine Gewohnheiten programmieren deinen Körper. Konzentriere dich auf deine wahren Absichten.

- Sorge bewusst gut für dich, bewege dich, ernähre dich gesund, dann wirst du automatisch zu einem Kanal für hohe Lichtkraft. Das Licht kann gar nicht anders, als sich in deinem Leben zu verwirklichen.

9.
Die inneren Kinder

Das Jahrhundert wird zu den
größten gehören, wenn dieser
Traum, in seinen ersten Tagen
geträumt, in seinen letzten einmal
in Erfüllung geht: Freie Kinder
zu schaffen wird die vornehmste
Aufgabe dieses Jahrhunderts sein.

Rainer Maria Rilke
(1875–1926), Dichter

Helle und dunkle innere Kinder

Wenn du leicht und frei leben, entspannt und freudig deiner inneren Stimme folgen willst, musst du dich mit deinen inneren Kindern auseinandersetzen. Das sind Energiefelder, die sich als Kinder vor deinem inneren Auge zeigen können. Ihre Energie ist sehr kindlich, das heißt, diese Anteile in dir reagieren wie ein Kind – genauso begeistert, freudig und vertrauensvoll, aber auch genauso leichtgläubig, unvernünftig, verstockt, trotzig, verletzt und eigensinnig. Es gibt dunkle und helle innere Kinder; glückliche und magische, aber auch verletzte Kinder, die vor Schmerz oder Angst fast erstarrt sind.

Diese Kraft in deinem System beeinflusst dich weit mehr, als dir vielleicht klar ist. Die meiste Zeit reagieren Menschen, wie es ihr inneres Kind vorgibt, nicht gemäß dem erwachsenen und bewussten Teil ihrer Persönlichkeit. In vielen Büchern wird das innere Kind beinahe heiliggesprochen, es wird wie ein Engel dargestellt, wie eine unter allen Umständen gute Kraft. Das ist die helle Seite des inneren Kindes, über sie stehst du in Verbindung mit lichtvollen Kräften und mit Lebendigkeit, in ihnen findest du den liebevollsten, vertrauensvollsten und verspieltesten Teil deines Selbst.

Aber auch der lichte Teil in dir kann verletzt, traurig oder müde sein. Vielleicht gibt es Anteile deines inneren Kindes, die gar nicht mehr auf der Erde sein wollen, weil sie überfordert sind von all den Aufgaben, die sie hier zu erledigen haben oder zu haben glauben. Musstest du als Kind zu viel Verantwortung tragen, bekamst du zu wenig Schutz oder Zuwendung, so verbiegt sich dein inneres Kind. In diesem Fall zeigt es sich immer, wenn eine Situation schwierig wird und du dich ihr nicht gewachsen fühlst, wenn du überfordert, verzweifelt oder hilflos bist. Der Erwachsene in dir kann mit nahezu jeder Situation umgehen, und falls nicht, dann findet er eine Lösung, indem er sich für gute Ideen aus deinem Verstand, aus geistigen Reichen oder aus deinem Unterbewusstsein öffnet.

Gefühle von Verzweiflung und Überforderung gehören zu dem inneren Kind, denn es ist tatsächlich überfordert und hilflos, kann wirklich nicht mit der Situation umgehen. Am Ende dieses Kapitels findest du eine Meditation, mit der du das Kind nach Hause schicken kannst, in einen Zaubergarten, in dem es sicher und geschützt ist und von wo aus es gute Kraft in dein Leben senden kann, ohne die Verantwortung für eine Situation tragen zu müssen, für die es einfach zu klein ist.

Im besten Fall strahlt das innere Kind Lebendigkeit, Spontaneität, Freude und eine lichte, helle, magische Kraft aus. Es wohnt in deinem Herzen, spielt dort mit Engeln, reitet auf Einhörnern, hat Spaß am Leben und sorgt dafür, dass du lebendig, frei und freudig durch dein Leben tanzt.

Die verletzten lichten Teile deines inneren Kindes hingegen brauchen Schutz und Heilung, Trost und Zuversicht, einfach deine Liebe und Achtsamkeit. Sie sind angebunden an die Liebe, dienen dem Herzen und unterstützen deinen spirituellen Weg. So sind sie leicht zugänglich und lassen sich trösten, sind offen für neue Wege und reagieren bereitwillig auf Licht und deine liebevolle Fürsorge.

Da gibt es aber auch den anderen Teil, das dunkle, verschlossene innere Kind. Es steht im Dienste des Egos, ist nicht interessiert an Heilung oder an Lösungen, die dem Wohle aller dienen. Dieses Kind denkt nur an seine eigenen Bedürfnisse. Es hat keinen Sinn, dass du diesen Teil leugnest oder romantisch verblendest, denn dann lernst du ihn nicht kennen und kannst ihn nicht als gute Kraft in unserem System willkommen heißen. Das dunkle innere Kind ist egoistisch; es lügt, betrügt und kämpft dafür, dass alle deine Bedürfnisse erfüllt werden – so, als wärst du der einzige Mensch im Universum.

Und genau das ist die Aufgabe des Egos: Es erhält die Illusion der Trennung aufrecht, sonst könntest du die Erfahrung der Dualität gar nicht machen. Das dunkle innere Kind unterstützt die Bemühungen deines Egos, irgendwie zurechtzukommen und dafür zu sorgen, dass du bekommst, was du brauchst – und zwar solange du nicht weißt, dass du in Wahrheit nie getrennt von Gott und der Anbindung an die göttlichen Gesetze warst.

Das Problem mit dem dunklen inneren Kind ist, dass es nicht einfach nur deshalb mit seinen Bemühungen, dich auf jedwede Art mit Lebensenergie zu versorgen, aufhört, nur weil du jetzt beginnst, die geistigen Gesetze besser zu verstehen. Es ist trotzig und eigenwillig; das ist seine Energie. Und es ist eine wichtige Kraft, bis du weißt, woher du die Energie zum Überleben bekommen sollst. So lange drängt dich das dunkle innere Kind, andere auszunutzen, zu betrügen, zu belügen und alles zu tun, um die Aufmerksamkeit, also die Lebensenergie, der anderen zu erhalten. Das dunkle Kind weiß genau, wie es andere manipulieren kann, denn es ist genauso angeschlossen an die magische Kraft der inneren Kinder wie der lichte Anteil.

Seine Kraft bindet andere und dient dem Ego, nicht der Liebe. Es kann auch besonders süß und lieb sein, will es bemerkt werden. Allerdings fühlt es sich nicht besonders lieb an, denn es ist nicht an anderen interessiert, nur an sich selbst. Es ist das dunkle innere Kind, das dich dazu bringt, dich anzupassen und alles zu tun, was andere wollen, um Liebe zu bekommen. Es ist auch das dunkle Kind, das dich machtbesessen sein und keine andere Meinung neben sich gelten lässt. Es nicht an Kooperation und Zusammenarbeit interessiert, nur daran, recht zu behalten und nicht beschämt zu werden. Es beeinflusst dich und alle anderen, redet dir ein, es wäre in Ordnung, zu lügen, zu verheimlichen und zu verschleiern, obwohl dein Herz es besser weiß. Immer, wenn du im Brustton der Überzeugung Dinge schönredest, obwohl du es besser weißt, spricht dein dunkles inneres Kind aus dir.

Dieser Teil in dir weiß es eben nicht besser. Es ist deine Aufgabe, ihn zur Ordnung zu rufen, ihm die neue Ordnung zu vermitteln und es unter Kontrolle zu bekommen. So wie verantwortungsbewusste Eltern ihre Kinder nicht einfach machen lassen, was sie wollen, sondern durchaus auch streng durchgreifen, wenn das Kind gegen seine eigenen Interessen handelt, so ist es sinnvoll, zu lernen, mit dem dunklen inneren Kind umzugehen. Wenn du zum Beispiel süchtig nach etwas bist, dann ist das die Kraft des dunklen Kindes. Es sorgt dafür, dass du bekommst, was du brauchst, allerdings auf höchst unerleuchtete und von allem abgespaltene Weise. Wenn du in einer Beziehung lebst und dauernd versuchst, deinen Partner oder deine Partnerin zu kontrollieren, dann zeigt sich auch hier das dunkle innere Kind: Es hat Angst, verlassen zu werden, und fühlt sich deshalb im Recht.

Das dunkle innere Kind ist nicht der Meinung, dass Loslassen eine gute Idee ist. Es glaubt, das Recht zu haben, andere zu binden und zu manipulieren, deshalb kann man nicht mit ihm diskutieren. Noch einmal: Was es tut, ist seine Aufgabe, aber die hat es unterdessen mit Bravour erfüllt. Es wird Zeit für dieses dunkle Kind, sich auszuruhen und Bekanntschaft mit dem lichten Kind zu machen.

Oder findest du es besonders erwachsen und reflektiert oder gar spirituell bewusst, innerlich die Arme zu verschränken und dich starrköpfig zurückzuziehen? Du handelst nicht besonders spirituell, wenn du dem anderen Lebensenergie in Form von Aufmerksamkeit raubst – ihm nicht erlaubst, ein Gespräch zu beenden, obwohl alles gesagt ist; ein Nein nicht akzeptierst; dich über die Maßen zurückgewiesen fühlst, wenn du eine Grenze aufgezeigt bekommst. Das dunkle innere Kind ist besitzergreifend und keinen Argumenten zugänglich, weil es unter anderem seine Aufgabe ist, dafür zu sorgen, dass du, auch wenn du scheinbar von der göttlichen Kraft abgespalten bist, mit Lebensenergie versorgt wirst.

Das dunkle innere Kind ist es auch, das innerlich um sich schlägt und sich dabei selbst verletzt. Es bewahrt alle alten Wunden und Schmerzen, es erinnert sich an alle Situationen, in denen du beschämt wurdest, und hält sie für die alleinige Wahrheit. Es ist sehr verletzt, aber es ist gleichzeitig trotzig und will nicht geheilt werden, sondern die innere Spaltung aufrechterhalten. Es besteht darauf, dass du nicht liebenswert bist. Wie gesagt: Das ist seine Aufgabe innerhalb deines Systems, aber es wird nun Zeit für dich, anders damit umzugehen und die Kontrolle zu übernehmen. Wenn du eine innere Stimme hast, die dir immer wieder sagt, dass du nicht schön, klug oder erfolgreich genug bist, eben einfach nicht liebenswert, dann kann das zwar die Stimme deiner Mutter oder deines Vaters sein, aber den Schmerz erhält das innere dunkle Kind aufrecht, indem es dich immer wieder darauf hinweist. Es will gesehen werden, ja, aber in erster Linie wird es Zeit, ihm zu sagen, dass es sich so nicht zu benehmen hat. Das dunkle Kind ist nicht »nett«, und es hat keinen Sinn, es zu romantisieren.

Ein Kind, das Spinnen die Beine ausreißt, gibt vielleicht seinem Forscherdrang nach, doch es handelt wider jedes Mitgefühl. Das ist kindlich, aber dennoch ist es im wahrsten Sinne des Wortes nicht in Ordnung, weil es Teile der göttlichen Ordnung, nämlich das Mitgefühl für andere, die Achtung vor dem Leben des anderen, außer Acht lässt. Deshalb muss es zur Ordnung gerufen werden. Das dunkle innere Kind hat kein Interesse an Mitgefühl oder Liebe, es erhält den Schmerz und die Trennung aufrecht und verbeißt sich in seinen Trotz. Wir können nicht mit ihm diskutieren, denn es legt keinen Wert auf Verständigung. Es braucht eine klare Grenze, wie das Kinder eben brauchen.

Es gibt den Spruch »Kinder und Narren sagen die Wahrheit«, und er wird besonders gern von antiautoritären Eltern angewandt, wenn ein Kind sich ungebührlich verhält. Zu einer Frau in der Straßenbahn »Du hast aber einen dicken Bauch« zu sagen ist nicht liebevoll, und es ist nicht »die Wahrheit«, sondern schlicht ungezogenes Verhalten, das verletzt und vollkommen unnötig ist. So verhalten sich die dunklen inneren Kinder uns gegenüber, und deshalb brauchen sie eine klare Zurechtweisung. Bitte denke daran: Die inneren Kinder verhalten sich und reagieren wie Kinder und sind Argumenten nicht zugänglich – du kannst mit deinem Kind nicht darüber diskutieren, ob es ins Bett geht oder nicht. Ein Merkmal von Kindern ist, dass Bedürfnisse sofort und auf der Stelle erfüllt werden müssen. Erst mit der Zeit lernen sie, einen Moment zu warten, ohne dabei zu verlieren. Bedürfnisse gar nicht zu erfüllen ist natürlich auch nicht richtig, und ein inneres Kind wird zu Recht traurig oder ungeduldig, wenn man es vergisst oder übergeht.

Susanne:
Die innere Wahrheit widerspiegelnd wäre es zum Beispiel, wenn ein Kind sagt: »Ich will die Tante aber nicht küssen«, wenn sie zu Besuch kommt. Das

wiederum erlauben die Eltern natürlich nicht, denn die Tante könnte sich zurückgewiesen fühlen, und damit stünden sie schlecht da. Drei innere Kinder – das der Tante, die sich beleidigt zurückzieht, wenn sie nicht geküsst wird; das der Mutter, das sich mal wieder nicht gut genug fühlt; das des Vaters, das Angst hat, versagt zu haben – gegen eins – damit hat das Kind leider verloren und muss die Tante küssen. Es küsst die Tante widerstrebend – wird wütend, schämt sich und ist traurig.

Seine Bedürfnisse sind nicht ernst genommen worden, seine Grenzen wurden dramatisch missachtet, es ist beschämt worden und wird nun womöglich noch dafür gelobt, dass es sich erfolgreich verbogen hat ... Das innere dunkle Kind schwört Rache, und es wird sie ausführen, selbst wenn es sich dazu gegen sich selbst wendet. Das lichte innere Kind wendet sich traurig ab; es versteht die Welt nicht mehr: Wo sind denn Liebe und Klarheit, wenn man sie mal braucht?

Wenn uns diese dunklen inneren Kinder in uns begegnen, dann ist es wichtig, sie an die Hand zu nehmen und sie aus ihrer selbst erschaffenen Trotzecke herauszuholen. Sie brauchen klare Ansagen; im Gegensatz zu den lichten inneren Kindern, sind sie Argumenten nicht zugänglich, denn ihre Aufgabe ist es, die innere Abspaltung von der göttlichen Ordnung zu ermöglichen und aufrechtzuerhalten. Treten wir ihnen jedoch energisch und bestimmt entgegen, dann fügen sie sich rasch. Wenn wir wirklich die göttliche Ordnung im Sinn haben und bereit sind, dem großen Ganzen zu dienen, dann geben sie rasch nach.

Letztlich ist natürlich auch das Bestreben der dunklen Kinder nichts anderes, als den Weg zurück in die Einheit zu finden. Je deutlicher sie sich zeigen, je verstockter und trotziger du in einem Bereich unseres Lebens auf einem bestimmten Ergebnis bestehst, beleidigt bist, deine Ziele durchsetzen willst, desto näher bist du bereits an dem Punkt, an dem nur noch Loslassen hilft. Wenn du etwas unbedingt willst und glaubst, dein Heil hinge vom Erreichen eines Zieles ab, dann frage dich bitte in einer ruhigen Minute, ob du dein Heil, deinen inneren Frieden, nicht gerade durch diesen dringenden Wunsch verhinderst. Damit meinen wir nicht, dass du die Erfüllung deines Wunsches verhinderst, sondern den Frieden, der jetzt, in diesem Moment, in dir herrschen könnte.

Alles, was zu dir gehört, kommt auch zu dir, und zwar zur richtigen Zeit und auf die angemessene Weise. Du kannst dich entspannt zurücklehnen und der guten Dinge harren, die da auf dich zukommen. Du kannst mit dir und der Welt in Frieden sein und schlicht das erledigen, was heute für dich auf der göttlichen Liste steht. Alles, was deinem Lebensplan dient, kommt; alles, was nicht kommt, gehört nicht dazu. Es ist ziemlich eigensinnig, dennoch darauf zu bestehen – aber das ist die Energie des dunklen Kindes. Es fügt sich nicht, schon gar nicht einer wie auch immer gearteten Ordnung, ist rebellisch und trotzig. Wenn du ihm nun begreiflich machst, dass es gesund ist, der göttlichen Ordnung zu folgen, und ihm versicherst, einfach weil es stimmt, dass es natürlich alles bekommt, was es braucht, um erfüllt und glücklich zu sein – dass es die Tante nicht zu küssen braucht, wenn es das nicht will –, dann gibt sich auch das dunkle Kind rasch zufrieden.

Der Augenblick ist gekommen, die Verantwortung für deine inneren Kinder zu übernehmen. Es gilt, dich nicht länger mit ihnen zu identifizieren und aus ihrer verletzten Energie heraus zu agieren, sondern sie wahrzunehmen, den Überblick zu behalten und frei und handlungsfähig zu bleiben. Es wird Zeit, die dunklen inneren Kinder nach Hause zu schicken.

Hier ist eine Meditation, die jedes Mal, wenn du sie durchführst, ein wenig anders ist, je nachdem, welcher Aspekt deines inneren Kindes gerade angesprochen wird.*

---

* Diese Meditation findest du auch auf der CD *Die Heilung des inneren Kindes.*

Meditation: Die Heimat des inneren Kindes

Lege ruhige Musik auf. Mache es dir bequem. Entspanne dich. Vor deinem inneren Auge entsteht eine wunderschöne Landschaft, die deiner Seele entspricht. Es gibt einen kleinen Weg, einen Pfad, und du gehst ihn gemächlich und friedlich entlang. Du nimmst die Landschaft mit all deinen Sinnen wahr, entspannst dich, lässt dich verzaubern.

Auf einmal entdeckst du ein kleines Kind, ein Mädchen oder einen Jungen. (Wundere dich nicht: Als Frau kannst du durchaus auch ein männliches inneres Kind haben – und umgekehrt.) Vielleicht kennst du das Kind schon, vielleicht nicht.

Achte besonders darauf, ob es dich kennt und auf dich zukommt. Dieses Kind ist eventuell sehr verletzt; möglicherweise spielt es auch friedlich mit den Tieren auf der Wiese oder im Wald, in dem es sich befindet. Schau es dir in Ruhe an, und gehe bitte mit ihm um, wie du mit einem Kind umgehen würdest, das du sehr liebst und das du beschützen möchtest.

Womöglich bist du mit einem Mal gar nicht mehr in der Natur, sondern findest dich in einer Situation wieder, in der du sehr verletzt wurdest. Schau dir die Situation genau an. Nimm die Gefühle des Kindes wahr – und dann greife ein: Hole das Kind endlich aus der Gefahrenzone, behüte und beschütze es. Du bist jetzt erwachsen, und du kannst für dein inneres Kind das tun, was deine Eltern oder andere nicht oder nicht immer tun konnten. Du bist nun die Mutter oder der Vater, eben die Vertrauensperson deines inneren Kindes.

Vielleicht aber sitzt das Kind auch ganz friedlich da und heißt dich vertrauensvoll willkommen. Nimm es in die Arme, wenn du möch-

test und wenn es das zulässt. Und dann sage ihm, dass du einen wunderbaren Ort kennst, einen Zaubergarten, in dem seine tiefsten und geheimsten Wünsche und Sehnsüchte erfüllt werden, in dem es behütet und geschützt ist, in dem es sich nie wieder einsam fühlt. An diesem Ort wird es nie wieder verletzt werden, es darf sich endlich entspannen und bekommt, was es braucht. Sage ihm, dass du gekommen bist, um es endlich nach Hause zu bringen.

Du gehst den Weg weiter, und dein inneres Kind begleitet dich. Vielleicht trägst du es, vielleicht nimmt es deine Hand, vielleicht aber springt es auch vergnügt vor dir her. Allmählich wird die Natur immer geheimnisvoller, magischer, schöner. Du fühlst dich wie in einem besonders geheimen Teil deiner inneren Landschaft, und so ist es auch.

Auf einmal kommst du an ein Tor. Ein Wächter steht davor, er ist groß und machtvoll. »Was ist dein Begehr?«, fragt er dich mit ernster Stimme, und du antwortest: »Ich bringe mein Kind nach Hause.«

Augenblicklich öffnet sich das Tor, und du betrittst den Zaubergarten des inneren Kindes. Dein inneres Kind hüpft begeistert hinter dir her, womöglich ist es auch bereits vorausgerannt. Der Zaubergarten ist wunderschön, hier findest du alles, was das Herz deines inneren Kindes begehrt. Der Hüter des Gartens, ein großer, sehr heller Engel, tritt auf dich zu. Er begrüßt dich und das Kind sehr liebevoll und fragt es nach seinen geheimsten Wünschen.

Du brauchst sie nicht zu kennen, es genügt, wenn dein inneres Kind weiß, was es braucht. Manchmal ist es sogar besser, wenn du diese Wünsche nicht kennst, damit du sie nicht bewertest und abtust. Nur weil du als Kind nicht bekommen hast, was du brauchst, heißt das noch lange nicht, dass deine Wünsche nicht dennoch vollkommen angemessen waren und sind.

Nun entsteht vor deinem inneren Auge eine Szene, die genau das erfüllt, was dein inneres Kind braucht. Sein innigster, dringendster, geheimster Wunsch wird erfüllt, auf die Weise, die jetzt genau richtig ist. Es kann sein, dass es auf einem Einhorn reitet oder mit Engeln fliegt. Oder sein innigster Wunsch ist es, Zeit mit liebevollen Eltern zu verbringen; dann sind sie auf einmal da und geben ihm, was es braucht. Vielleicht braucht es Schutz, Spielgefährten oder eine Bühne, auf der es sich ganz frei und ungehindert zeigen und ausdrücken kann, oder ein Tier, das es begleitet. Vielleicht will es mit den Engeln in das Engelreich zurückfliegen und dort bleiben. Dann bitte es, von dort oben gute Kraft in dein Herz zu senden. Vertraue dem Prozess, du bist hier sicher und geschützt.

Was auch immer dein inneres Kind braucht, damit seine und somit auch deine geheimsten und dringendsten Sehnsüchte gestillt werden, hier und jetzt bekommt es seinen Wunsch erfüllt. Sei ganz offen für die Art und Weise, wie das passiert; hier kann wahrhaftig alles geschehen, gleich, wie unsinnig es dir zunächst auch vorkommen mag. Für das innere Kind ist es genau das Richtige, und du wirst gleich spüren, wie sich etwas in dir zu füllen beginnt, etwas in dir zur Ruhe kommt. Wenn dein inneres Kind bekommt, was es braucht, dann musst du nicht länger im Außen nach billigen, unzureichenden Ersatzbefriedigungen suchen. Verstehst du? Dann kann im Außen kommen, was leicht und einfach zu dir kommt, aber es muss kein dringendes inneres Bedürfnis mehr erfüllt werden.

Sieh dein Kind, wie es erfüllt und glücklich ist, wie es endlich bekommt, was es braucht, und wisse, dass deine Wünsche in diesem inneren Zaubergarten immer erfüllt werden. Hier kann dein Kind heilen, hier kann es sich erholen, hier ist der Ort, an dem es ganz werden darf und seine Liebe, Zauberkraft und Freude entfalten kann. Dieser Platz befindet sich im Inneren deine Herzens, und von dort aus kann das innere Kind nun seine Liebe und Glückseligkeit in dein Leben hineinstrahlen lassen.

Wann immer du von nun an bemerkst, dass dein inneres Kind Verantwortung für eine schwierige Situation übernehmen will, wann immer dieses hilflose und verzweifelte Gefühl über dich kommt, kannst du es zurück in den Zaubergarten schicken, den Hüter des

Gartens bitten, für das Kind zu sorgen, und deine Aufgaben mit Hilfe deiner Schutzengel und deines Seelenplanes lösen.

Es sind gerade die dunklen inneren Kinder, die in den Zaubergarten geführt werden müssen. Du wirst dich wundern, wie rasch sie ihre Trotzhaltung ablegen und endlich zu Hause ankommen.

Spüre ganz deutlich hin; der Zaubergarten befindet sich in der Mitte deines Herzens. Bitte das innere Kind, dir seine Energie dorthin zu senden. Nimm wahr, wie sich das anfühlt, wie warm und frei dein Herz auf einmal wird. Wann immer du traurig bist, wann immer du dich an eine Situation erinnerst, in der dein inneres Kind sehr verletzt wurde, egal ob du bereits erwachsen oder noch ein Kind warst, betritt als Erwachsener die Situation, hole dein Kind heraus, und schicke es zurück in den Zaubergarten. Hier findet es für immer Liebe, Schutz und Heilung.

Bewahre das warme Gefühl im Herzen. Erlaube, dass es sich in deinem ganzen Körper ausbreitet, und nimm deine Umgebung wieder wahr. Bleibe innerlich mit deinem Kind verbunden, und öffne deine Sinne gleichzeitig für deine äußere Welt. Recke und strecke dich, und sei ganz zuversichtlich: Du hast nun einen Schutzraum für den verletzlichsten, liebevollsten Teil deines Selbst gefunden!

Was du in diesem Kapitel gelernt hast:

- Es gibt lichtvolle und dunkle Anteile des inneren Kindes in dir.
- Häufig lässt du unbewusst zu, dass einem inneren Kind eine Erwachsenenaufgabe übertragen wird. Das merkst du daran, dass du dich überfordert fühlst. Schicke es spielen, und versichere ihm, dass es nicht seine Sache ist. Du, als Erwachsener, wirst dich darum kümmern, denn du hast die Kraft.
- Deine inneren Kinder sind meistens sehr verletzt, und es wird Zeit, dass du dich ihnen zuwendest, indem du sie zunächst anerkennst.
- Auch die inneren Kinder brauchen klare Grenzen; sie müssen an die Hand genommen und aus der inneren Trotzecke oder dem Schmerz herausgeführt werden.
- Lerne, die Verantwortung für deine inneren Kinder zu tragen und sie zu schützen, wie es gute Eltern tun würden.
- Identifiziere dich nicht länger mit dem Schmerz der dunklen inneren Kinder, sondern beginne, für sie zu sorgen.
- Schicke deine inneren Kinder, wann immer sie dir begegnen, in den Zaubergarten. Hier sind sie geschützt und können geheilt werden.

Nachwort

Nun weißt du, was ich weiß. Zusammen mit meinen Engeln habe ich dir alle Werkzeuge, die ich bis jetzt kenne, an die Hand gegeben. Begib dich nun auf deine eigene Suche, gehe auf deinem Weg weiter voran. Es ist dein tiefes Sehnen nach Wahrheit, das dazu führt, dass du die Wahrheit erfährst – was immer sie für dich bedeutet. Um den Weg brauchst du dich dann nicht weiter zu kümmern. Von jetzt an begegnet dir sowieso alles, was du brauchst; sei ganz zuversichtlich. Es ist dein tiefes Sehnen, das dich zur inneren Wahrheit führt. Wenn du nicht wirklich und wahrhaftig auf die Suche gehst und bereit bist, alles zu tun, was dein Herz von dir verlangt, wenn du dieses innere Brennen nicht spürst, sondern nur ein bisschen von irgendetwas wissen willst, dann findest du den Weg in die Tiefe der Mysterien nicht. (Was aber auch nicht weiter schlimm ist, denn dann suchst du sie ja ohnehin nicht …)

Auch dieses Buch kann dich nur ein kleines Stück begleiten. Die wahren Antworten liegen in dir selbst, in deinem Herzen, in dem, was du ganz allein, ganz verborgen und leise in dir spürst, in dem, was du meist nicht ausdrücken und in Worte umsetzen kannst. Vielleicht brauchen wir das aber auch gar nicht, denn im Herzen sind wir jenseits von Sprache miteinander verbunden und an die Schöpfung angeschlossen.

Sobald Gott dich bereit findet, muss er in dein Wesen einströmen, geradeso wie der Sonnenschein sich auf die Erde ergießen muss, wenn die Luft klar und rein ist. Sehnendes Verlangen schafft Liebe, und Liebe überwindet alle Hindernisse. Sie ist die größte Kraft, der selbst Gott nicht widerstehen kann.

Meister Eckhart (1260–1327), Mystiker und Philosoph des Mittelalters
Du bist ein untrennbarer Teil der göttlichen Ordnung, Kraft und Liebe. Du selbst bist ein Teil jenes Reiches, das du so voller Sehnsucht suchst. Ja, du

suchst dich letztlich einfach selbst, denn du BIST Gott. Etwas anderes gibt es in diesem Universum nicht. Der Weg zurück in dieses Reich ist in gewisser Hinsicht eine Illusion, du hast es ja nie verlassen (können). Wenn du das weißt, kannst du dich getrost auf die Suche machen. Dann kannst du sie als das Spiel erkennen, das es ist. In Wahrheit bist du nie von deinem Platz im Reich des Lichtes fortgegangen, und letztlich ist das alles, woran du dich zu erinnern brauchst.

Möge dich dieses Buch dabei unterstützen und dich an Liebe, Leichtigkeit, Fülle, Freiheit und Lebendigkeit erinnern – an die Schöpfung Gottes, so, wie er sie gemeint hat.

Susanne Hühn

Begleitung

Susanne Hühn
Wie dein Schutzengel dich führt
Meditationen für Kinder
Spielzeit: 32:26 Min.
ISBN 978-3-89767-221-5

Susanne Hühn
Channel werden für die Lichtsprache
Die Meditationen
Mulitbox mit 3 CDs
Spielzeit: 198:34 Min.
ISBN 978-3-89767-369-4

Susanne Hühn
Meditation für Zwischendurch
Zwei geführte Meditationen mit Musikbegleitung
Spielzeit: 50:38 Min.
ISBN 978-3-89767-317-5

Kinder liebe Fantasiereisen! Mit Delfinen spielen, mit dem Schutzengel lachen, im Traumland spzierengehen – die Meditationen hüllen die kleinen Hörer ein in eine fürsorgliche Wolke aus Worten und Bildern. Sie führen die Kinder in die Ruhe, in innere Welten und auf höhere Ebenen des Bewusstseins. Diese CD bietet den Kindern Schutzmöglichkeiten für die verschiedensten Situationen an.

Mit allen geführten Meditationen aus dem vorliegenden Buch bekommt der Hörer einen direkten Zugang zu höheren Anteilen des eigenen Bewusstseins.

Die Meditation *Kristall des Vertrauens* enthält eine sehr kraftvolle und zugleich sanfte spirituelle Information, die Sie befähigt, der Ihnen innewohnene Weisheit wieder zu vertrauen und Zweifel loszulassen.
Mit Hilfe der Meditation *Rhythmus des Herzens* kommen Sie sich selbst und der Erfüllung Ihrer Bedürfnisse nahe. Sie erleben den Pulsschlag Ihrer Seele, verankern ihn in Ihrem Körper und damit in Ihrem Leben.

Susanne Hühn

Loslassen

Durch ihren eigenen Genesungsweg aus der Beziehungssucht erkannte Susanne Hühn die fast magische heilkraft des äußerst erfolgreichen 12-Schritte-Programms, das verschiedene Selbsthilfegruppen anwenden. In ihrer im Schirner Verlag erschienen Reihe „Loslassen" zeigt sie, wie man jenes Genesungsprogramm auch in anderen wichtigen Lebensbereichen anwenden kann.

Besuchen Sie Susanne Hühn auf ihrer Website:
www.susanne-huehn.de

Susanne Hühn
Loslassen und Vertrauen lernen
Spirituelle Selbstverantwortung und innere Heilung
128 Seiten
ISBN 978-3-89767-140-9

Susanne Hühn
Loslassen und Heilung erfahren
12 Schritte zur Gesundheit
216 Seiten
ISBN 978-3-89767-234-5

Das Buch beschreibt einen spirituellen Entwicklungs- und Genesungsweg, der eine echte, tiefgreifende Verhaltensänderung zum Ziel hat, und zwar unabhängig davon, ob man alle Ursachen für das störende Verhaltensmuster kennt oder nicht – die Ursachen zu kennen reicht noch längst nicht aus, um das Verhalten tatsächlich zu verändern.

Die Autorin wendet in diesem Buch die bewährte 12-Schritte-Methode an, um Sie zu mehr Heilung und Lebenskraft zu führen. Sie zeigt Ihnen, wie Körper, Seele und Geist zusammenhängen und was passiert, wenn Sie diesen Zusammenhang ignorieren, wie das so oft geschieht. Sie erfahren, wie Sie sich selbst in die Hände Ihrer inneren Selbstheilungskräfte und Ihrer göttlichen Führung begeben können und wie Sie Heilung erfahren.

www.schirner.com